THE FOUNDERS' FORTUNES

*How Money Shaped
the Birth
of America*

建国者的财富

金钱如何塑造了美国的诞生

Willard Sterne Randall

[美] 威拉德·斯特恩·兰德尔 / 著

陈平 / 译

山西出版传媒集团　山西人民出版社

图书在版编目（CIP）数据

建国者的财富：金钱如何塑造了美国的诞生 /（美）
威拉德·斯特恩·兰德尔著；陈平译. -- 太原：山西
人民出版社，2025. 2. -- I3BN 978-7-203-13383-4

Ⅰ．K712

中国国家版本馆 CIP 数据核字第 2024TZ7500 号

著作权合同登记号：图字 04-2024-015

Copyright© 2022 by Willard Sterne Randall

建国者的财富：金钱如何塑造了美国的诞生

著　　者	（美）威拉德·斯特恩·兰德尔
译　　者	陈　平
责任编辑	贾　娟
复　　审	李　鑫
终　　审	梁晋华
装帧设计	陆红强

出 版 者	山西出版传媒集团·山西人民出版社
地　　址	太原市建设南路 21 号
邮　　编	030012
发行营销	0351-4922220　4955996　4956039　0351-4922127（传真）
天猫官网	https://sxrmcbs.tmall.com　电话：0351-4922159
E-mail	sxskcb@163.com（发行部）
	sxskcb@126.com（总编室）
网　　址	www.sxskcb.com

经 销 者	山西出版传媒集团·山西人民出版社
承 印 厂	鸿博昊天科技有限公司

开　　本	655mm×965mm　1/16
印　　张	22.25
字　　数	278 千字
版　　次	2025 年 2 月　第 1 版
印　　次	2025 年 2 月　第 1 次印刷
书　　号	ISBN 978-7-203-13383-4
定　　价	98.00 元

如有印装质量问题请与本社联系调换

献给南希和露西

序　言

　　1789 年 4 月，当乔治·华盛顿（George Washington）准备离开弗农山庄前往纽约参加总统就职典礼时，他匆忙给最亲近的朋友和亲人写了信。华盛顿本无意谋求总统一职。在 35 年间他断断续续打了不少仗，如今他更愿意"在自己的种植园里度过余生"。[1] 他在给独立战争期间并肩作战的战友亨利·诺克斯（Henry Knox）的信中写道："我在就职总统的道路上所怀有的心情，无异于一名罪犯在前往刑场时所怀有的心情。我十分担忧我的同胞们对我的期待会过高。"[2]

　　和独立战争结束 6 年后的许多美国人一样，华盛顿在经济上捉襟见肘。他担任大陆军统帅长达 8 年之久，却没有获得任何薪水或退休金，仅能够报销有着完备记录的费用。他被迫荒废自己的农庄，后者正是他的主要收入来源。总的来看，独立战争削减了华盛顿一半的净资产，而他几乎无法再弥补这些损失了。英国在战后对美国贸易实施的高压限制措施，使华盛顿的谷物失去了主要的加勒比市场，而战前他小麦的销售地——地中海市场则落入了北非私掠船之手。战后的经济衰退使全国的现金和信贷都变得短缺。一些居住在华盛顿边境农场的佃农没法继续缴纳租金，华盛顿只能将他们告上法庭并将其赶出农场。

　　华盛顿向他最喜欢的侄子乔治·奥古斯丁·华盛顿（George Augustine

Washington）吐露心声："如果这场［选举］没有发生的话，我将不得不省吃俭用的日子，因为我的收入不足以应付我自退役回归个人生活之后的开销。"[3] 一旦担任总统，他将获得 2.5 万美元（约合今天的 75 万美元）的年薪，这是当时美国的最高收入。很明显，乔治·华盛顿需要这份工作。

在那个充满前所未有的变化的时代，和美国这个新的共和国的其他建国者一样，华盛顿所做的主要决定都受到了他个人经济状况的影响。

1776 年，当建国者们在费城依次在《独立宣言》（Declaration of Independence）上署名时，他们从字面意义上相信该宣言的最后一行文字："以我们的生命、我们的财产和我们神圣的荣誉，互相宣誓。"[4] 正如本杰明·富兰克林（Benjamin Franklin）所说，如果失败的话，他们"毫无疑问将会被一一绞死"[5]——很可能他们将面临英国人为处决叛徒设置的可怕的行刑方式：绞刑、将犯人沿街拖拽到刑场和肢解，而且他们的财产将会被没收。

但是他们的财产究竟是什么呢？这些财产将会对重大政治决定和美国早期制度中那些对后世具有形塑性意义的政策产生什么样的影响呢？将会带来哪些经久不息的重要后果呢（如果真有的话）？通过仔细研究建国者们的财务状况以及他们为塑造一个新的国家而做出的前所未有的决定，本书尝试回答这些重要而及时，且前人几乎从未探究过的问题，让建国者们的资产情况更为明晰，同时阐明，尽管建国者们十分清楚建国过程中可能面临的巨大风险，但他们并不一定要求得到同等的回报。

一个多世纪前，哥伦比亚大学教授查尔斯·A. 比尔德（Charles A. Beard）驳斥了他所说的"宪法起源和性质的法学理论"[6]，撼动了通常来说呆板的、神圣化的美国历史的根基。他用如下假说取而代之：在美国政治制度的发展过程中，起主要作用的是经济原因。比尔德教授在其 1913 年的著作《美国宪法的经济观》（*An Economic Interpretation of the Constitution of United States*）中指出，经济力量不仅贯穿于美国宪法的形

3

成和被采纳的整个进程，而且还决定了宪法中最为重要的那些条款。比尔德推动了美国进步史学流派的发展，他认为"基本上所有商人、放贷人、证券持有人、制造商、货运商、资本家、金融家以及与他们有合作关系的人"都支持宪法，而反对宪法的则是在国会中没有代表权、不蓄奴的农民和欠债人。比尔德由此得出如下结论：新的宪法并非"全体人民"的产物，而是经济利益集团的产物，后者想要从宪法中有所获益。[7]

在20世纪初，学者仅能接触到短暂的《邦联条例》（Articles of Confederation）生效时期有关各州的少量记录。比尔德利用这些记录出版了其研究成果。很长一段时间后，才开始出现大量有关建国者及其对美国的建立和政策所产生的影响的个人论述和政府文件。在本书中，我对于建国者的财务情况和经济利益，以及他们做出决定的驱动因素进行更为深入的分析，以此为比尔德教授这一著名假说提供更多信息。

在我们这个时代，公众对于个人财富对国家治理的影响有着强烈兴趣。本书探究和详述了个人财产情况对美国建国时代的领导人所产生的影响及其程度，对独立战争产生的原因和进行的方式做出了全新的阐释；分析论述了建国者个人在面对挑衅性的英国法律和政策时，是如何缔结至少部分地基于其经济处境的具有商业利益竞争关系的松散联盟的，以及这个新生国家的领导人是以什么样的方式并且为何选择比《邦联条例》更为保守的联邦宪法的。

本书描述了随着革命思想在独立战争后如暴风雨般的几十年间的发展，以及随着建国者们努力将他们的理论论述转变为现实可行的政治体制，他们是如何改变效忠对象的。

在脱离英国的这段重要时期里，从做出有关战争与和平、贸易与税收的决策的关键时刻可以看出，随着建国者们变化着的经济处境推动新的法律和制度的形成，他们每个人都在争相发挥自己的个人经历的作用。

4

目　录

第 1 部分

"通往财富的道路"

第1章 "省下的一便士"

  1723 年一个阳光明媚的周日早晨，17 岁的本杰明·富兰克林来到费城。他是一个离家出走的学徒，又冷又饿，浑身脏兮兮。前一晚他整晚都睡在一艘敞开式的小船上，这艘船是由他帮忙划过特拉华河的。从市场街的一头望过去，他能看到一个挤满轮船、堆满货物的码头，更远处是一排排紧密相连的砖砌房屋、一个延绵三个街区的室内市场，以及衣着整洁、以家庭为单位前往教友聚会所的人们。他跟着人群走进了聚会所，随后便睡着了；被一名满面笑容的教友派教徒叫醒后，他问教徒附近的面包店怎么走，在那里他花掉了身上的最后一块荷兰元。

  此时的本杰明·富兰克林身材高大、胸膛宽阔，已经是一名杰出的印刷商了。他来到这座美洲最大的城市，正如乔治·华盛顿在半个世纪后来到这座城市时一样，对于在此找到工作信心满满。他认为他在波士顿是绝对找不到工作的，因为他的讽刺文章惹怒了当地的清教徒和政界人士。来费城之前，富兰克林卖掉他的一半藏书，买了一张荷兰轮船的卧铺票，前往比波士顿还要小的纽约市。他没有在纽约找到工作，不过他打听到费城的一家印刷厂有空缺的工作岗位。从纽约去往费城要途经新泽西，两个城市相距 90 英里。

富兰克林出生于波士顿，家中共有 17 个孩子，他排行第 8。他的父亲是一名从事蜡烛和肥皂制作的移民。在富兰克林来到费城的第 5 年，即在他 22 岁时，他自己编辑和发行了《宾夕法尼亚公报》（*Pennsylvania Gazette*）。

在该报 1729 年 10 月的创刊号上，富兰克林为他出版的第一本图书刊登了广告，即艾萨克·沃茨（Isaac Watts）充满韵律的《大卫诗篇》（*Psalms of David*），一本经久不衰的畅销书。不过作为一名出版商，富兰克林最大的成就还是来自他自己的那支生花妙笔。1732 年，他出版了《穷理查年鉴》（*Poor Richard's Almanack*）。这本书使用农村方言，语言诙谐有趣，包含清教徒的道德说教、天气预报、居家技巧和令人难忘的谚语格言，目的在于劝导人们勤劳节俭。该书平均每年销售一万本，也就是说，每 100 名殖民地居民每年都要购买一本；这使得该书成为美洲殖民地仅次于《圣经》（*Bible*）的最受欢迎的读物。

富兰克林发现，为了销售数量如此庞大的书籍，他必须采用耗资更大的、跨殖民地的业务运作规模。他在自己位于费城的印刷厂将这本书的铅字版和印刷文稿制作完成，然后将这些文稿运送至波士顿、纽波特、纽约、威廉斯堡和查尔斯顿的合作印刷商那里，由他们进行书籍装订和销售，这些合作印刷商通常是他的亲戚和从前的学徒。

富兰克林身体力行地将穷理查的劝导付诸实践。1735 年 6 月出版的《穷理查年鉴》建议道："认真对待你的营生，你的营生会成为你的后盾。"富兰克林在《一位年长商人给年轻商人的建议》（Advice to a Young Tradesman, Written by an Old One）中给出如下忠告：

> 谨记时间就是金钱……谨记信誉就是金钱……通往财富的道路和通往市场的道路一样清晰明了。这条道路主要取决

于两个词：勤劳和节俭。

　　富兰克林将自己定位为一位"睿智的老者"，"不厌其烦地劝诫参加拍卖会的人们"。他用谚语格言填满了年鉴页边空白的"狭小空间"。他后来在自传中解释道，"牧师和士绅"购买《穷理查年鉴》，并将其"免费分发给贫穷的教区居民和佃户"。这些谚语格言将"获取财富的方法"和"拥有美德"联系起来，"穷人更加难以在为人处世上一直都忠厚老实……一个空空如也的袋子很难笔直地立住"。[1]

　　他在位于市场街的房子的前部开了一个文具店，出售纸张、茶叶、咖啡、奶酪、记事板、铅笔、煤烟制的颜料、他的兄弟姐妹在波士顿制作的肥皂、他自己发明的铁质炉子、彩票，甚至还有奴隶，他将后者的售卖广告刊登于《宾夕法尼亚公报》上。他从伦敦进口图书；他在1744 年列出的图书目录包含 600 种图书。为了满足"这里不同口味的朋友"的需要，他订购了宣传手册，这些手册涉及"所有好的或坏的书籍，只要能够引发人们关注并有好的销量"。[2]

　　1739 年 11 月 8 日，《宾夕法尼亚公报》特别提到一名年轻的福音传教士来到费城。25 岁的乔治·怀特菲尔德（George Whitefield）是一名英国国教牧师。他从罗得岛一路宣讲布道至佐治亚，所到之处皆吸引了前所未有的人群。他所做的有关地狱磨难的布道引发了一场宗教复兴运动，这场运动将撼动英属北美殖民地的政治和社会根基，同时极大地增加本杰明·富兰克林的财富。

　　在嫉妒的神职人员的排挤下，大多数教堂将怀特菲尔德拒之门外。最终，他在大街和空旷的场地上进行布道。他的声音十分响亮，十分清晰，两个街区外都能听到，听众多达 2.5 万人，至少根据富兰克林无法证实的估算是这样的。

　　怀特菲尔德从英国来到北美殖民地时已经非常知名了，几乎没有教堂能够安然容纳他那些数量庞大的听众。《宾夕法尼亚公报》在报道中写道，在波士顿的老南教堂（Old South Church），"大量人群在布道开始前就拥挤在内"。当"一些人折断木板制作椅子时"，一个"冒冒失失的人"叫嚷着说楼上旁听席要塌了，由此引发了一阵恐慌：

> 一些人从楼上的旁听席跳到楼下的椅子上，另一些人从窗户跳了出去，楼下的人则慌忙地挤在一起想要出去，好些人被推倒在地，遭到踩踏，其中不少人身上青一块紫一块，一些人则是骨头折断了。

据很有可能由富兰克林的妹妹简（Jane）——她是怀特菲尔德的信徒——提供给《宾夕法尼亚公报》的细节信息来看，五名信徒命丧于这次恐慌事件。[3]

有时，听到邮件递送员带来的怀特菲尔德即将到达某个城镇的消息，数以千计的信徒会从周边乡村涌入城镇，以一睹这位声名卓著的有着金色头发的福音传教士的风采并聆听他的布道。《宾夕法尼亚公报》驻纽波特的记者（也是富兰克林的亲戚）在一篇报道中提到，怀特菲尔德不得不同一天在英国国教教堂进行两次布道，以照顾教堂一次容纳不下的信众。

通常情况下有些小气的富兰克林参加了怀特菲尔德在费城进行的一场布道。富兰克林在其自传中回忆道，在参加这场布道之前，他就很清楚怀特菲尔德的目的在于募集捐款，以在佐治亚修建一个孤儿院：

> 我意识到他准备在布道结束时进行募捐，我暗下决心不捐出一分一毫。我口袋里有一把铜币、三四个银币和五个金币。在布道进行过程中，我的态度开始软化，我决定捐出那把铜币。

随后，布道中的内容让我对这一决定感到羞愧，我决定捐出那些银币。他的布道太精彩了，所以到结束时我把口袋里连同金币在内的所有钱全都掏了出来，放在了募捐的盘子里。[4]

富兰克林嗅到了一丝商机；在怀特菲尔德结束第一次费城之行以前，富兰克林和他见了一面。他们共同商讨后，缔结了互惠互利的出版合作关系。

怀特菲尔德这名巡回布道的福音传教士继续他的布道活动，一路去往佐治亚；富兰克林则火速着手出版他的布道词。此外，富兰克林还签署了合同，出版怀特菲尔德的《日记》（*Journals*）和《布道》（*Sermons*）的美洲版，以及他将在美洲写的其他所有书籍。

1739 年 11 月，富兰克林在《宾夕法尼亚公报》上宣布怀特菲尔德布道词的首版出版。几天时间里，就有 200 份订单订购全套布道词。怀特菲尔德的布道词融合了自传、基督教语篇和游记等多种内容，语言平实无华，一经出版立刻成为畅销书籍。很快，富兰克林便将一箱箱的书籍沿大西洋海岸运送，同时运往北美殖民地内陆地区，最终抵达各地的杂货店、书店和印刷厂。在 1739 年至 1741 年间，富兰克林印刷出版了怀特菲尔德的 110 本书。富兰克林与怀特菲尔德合作所获得的利润超过了富兰克林自己的畅销书《穷理查年鉴》所获得的利润。仅在 1740 年这一年，怀特菲尔德的著作和印刷成册的布道的销售额就占据了北美殖民地所有出版物销售额的 30%。[5]

那一年是富兰克林截至当时最为成功的一年。他一边沉浸于喜悦中，一边忙于出版拉尔夫·厄斯金（Ralph Erskine）《福音十四行诗》（*Gospel Sonnets*）的通俗韵文版、沃茨《大卫诗篇》的第二版和他的《赞歌与精神诗篇》（*Hymns and Spiritual Psalms*）的第一版。他招募了两名出版合作者，一名是他从前的学徒、来自纽约的詹姆斯·帕克（James

11

Parker），一名是来自波士顿的查尔斯·哈里森（Charles Harrison）。富兰克林印刷文稿的开头和结尾部分，帕克印刷其余部分，哈里森将文稿装订成册。他们的合作开创了将图书的印制和发行分开的先河。

尽管一直以来《宾夕法尼亚公报》和《穷理查年鉴》给富兰克林带来更多的收益——这两者的收益大约占其收入的一半，但是富兰克林意识到，从事图书出版更加受人尊敬，并提升了他在其他印刷出版商和读者中的声望。

在北美殖民地，富兰克林首次出版了同为印刷商的塞缪尔·理查德森（Samuel Richardson）的《帕梅拉，或受到奖励的美德》（*Pamela, or, Virtue Rewarded*），它可以说是第一部英语小说。这本小说的售价是6先令，当时一个长条面包的售价是1便士（换言之，这本小说的价格等同于120个长条面包*），因此该小说被人们视为奢侈之物。这一次，富兰克林将未装订的小说书稿运送至波士顿、纽约和威廉斯堡，在他的读者中就有年轻的乔治·华盛顿。

富兰克林通过《宾夕法尼亚公报》来预售他出版的图书，很快订购者的数量就超过了图书的印刷数量。因此他优先把图书出售给那些提前付款或者拿着现金来店里购书的人们。他的账目本上记录了上千条零售记录。

当富兰克林开始进行科学试验时，他在从马萨诸塞到佐治亚的各地的报纸上宣传他的创新发明，这为他带来了更多的顾客和读者。他将收益用于不动产投资，最终在费城拥有了89处可供出租的地产。

富兰克林被宾夕法尼亚殖民地议会指定为官方印刷商，他发现每年的新法律都保障了他报纸的利润。很快他又被任命为宾夕法尼亚殖

12

---

* 此处的先令、便士是英国的旧辅币单位，1先令=12便士，所以这里疑似应为72个长条面包。——编者注

民地议会的书记员。以开办企业作为起点，富兰克林获得了他在政界的第一个职位，即市议会议员。

当伦敦的皇家邮政官员批评富兰克林的印刷业对手安德鲁·布拉德福德（Andrew Bradford），指责他汇款拖延、迟缓时，富兰克林通过他在伦敦的人脉进行游说，以获取费城邮政局长这一肥差。他将账目记录得准确无误，并且具有扭亏为盈的能力，这为他的晋升铺平了道路，随后他被任命为英属北美殖民地副邮政总长。

富兰克林很快便向人们证明了他干邮政总长一职得心应手，正如他作为印刷商和出版商干得得心应手一样。他给邮政局长们下达详尽细致的指令，为所有邮局引入统一的记账模式和标准化的表格，这些改革使得费城和纽约之间的邮寄量增加两倍，让寄往新英格兰的邮寄量增加一倍。他走访了最南直至弗吉尼亚的所有邮局，让邮政业的收益增加两倍，第一次让英属北美殖民地有了切实有效的邮政服务。

富兰克林此时的身份属于皇家官员，年薪为 600 英镑（约合今天的 11 万美元）。他第一次有了不常见的政府报销账目，这使得他能够随心所欲地游历于北美大陆，并且将他出版的报纸和《穷理查年鉴》运送至各地而不用支付邮费。

富兰克林和怀特菲尔德的出版合作事业的利润十分丰厚，因此富兰克林及其家人能够搬到一所更大的房子，这栋房子与市场街相距 4 户人家。他们摈弃穷理查提倡的俭省节约的明证几乎立即就出现在了《宾夕法尼亚公报》上：他们家遭到了盗窃。被盗窃的物品清单中包括一件带有丝绸衬里的大衣和一顶河狸皮帽子。

1742 年春，有消息传来，乔治二世国王（King George Ⅱ）对西班牙宣战了。《宾夕法尼亚公报》散播了如下消息，即西班牙私掠船正在加勒比海周边攻击与西班牙殖民地进行非法贸易的英国商人。《宾夕法尼亚公报》的读者很快知晓了英国对于佛罗里达的入侵、腓特烈二世

（Frederick the Great）对于西里西亚的入侵，以及神圣罗马帝国皇帝查尔斯六世（Charles VI）的死讯。

在大西洋沿岸的英属北美殖民地为进攻做准备时，费城的苏格兰商人装备了一艘名为"乔治号"（*George*）的私掠船，以便与西班牙人展开战斗；当他们要求教友派占主导、持反战立场的宾夕法尼亚殖民地议会拨款时，却遭到了断然拒绝。当法国与西班牙联手对抗英国时，《宾夕法尼亚公报》的专栏不仅充斥着关于远方战斗的描写，而且还有关于西班牙和法国的私掠船大胆驶入特拉华湾并夺取前往费城的4艘船的讲述。

在新英格兰，民兵们登上一艘英国军舰，以围攻位于路易斯堡的法国堡垒。在纽约，来自加拿大、由法国人率领的印第安人袭击了萨拉托加和奥尔巴尼，并放火烧了萨拉托加。宾夕法尼亚的德国志愿者与富兰克林唯一的儿子威廉（William）骑马北上，威廉身着英国近卫步兵掌旗官的红色制服。年轻的威廉因为带队执行危险的巡逻任务而晋升至殖民地的最高军职：上尉。

战火最终燃烧至爱好和平的教友派的领域。葡萄牙和西班牙的私掠船袭击特拉华河，洗劫了距离费城不到30英里的种植园，并且在费城这座不设防的城市以南仅仅数英里处夺取了一艘船。自从由威廉·佩恩（William Penn）建立以来，宾夕法尼亚殖民地在65年间一直与印第安人和平相处。这个完全属于佩恩家族的殖民地从未有过任何防御上的准备。

随着进攻愈益接近费城，而殖民地议会却依然拒绝为防御拨款，富兰克林开始发声了，因为一旦印第安人来袭，他将损失惨重。他在《宾夕法尼亚公报》上撰文指出，教友派信条不是"绝对地反对防御性战争"。[6]

富兰克林写了一本名为《纯粹的事实》（*Plain Truth*）的小册子，

并将其英文版和德文版免费发放。在这本小册子里，富兰克林认为保护和服从是对等的义务。作为人民服从的交换条件，政府有义务保护人民。富兰克林召集了一场费城市民大会，在会上为向殖民地议会递交的请愿书征集 500 个签名。他征集到了 1 000 个签名，但议会仍然拒绝拨款。

富兰克林于是呼吁志愿者组建民兵队伍：两万名苏格兰长老会教徒和宾夕法尼亚的德国人蜂拥而至，争相加入。富兰克林成立了总体防御协会（Association for General Defense），并创设了一项彩票，其收益将用来从波士顿订购大炮和轻武器。随后他骑马去往纽约市，向纽约殖民地政府借用枪支。富兰克林的民兵队伍在宾夕法尼亚各地演练，他们携带着"装备有刺刀的上好的滑膛枪"，其中有些枪支是富兰克林卖给他们的。[7]

14

富兰克林设计并且与数百名志愿者一起建造和武装了两座河上堡垒。一座堡垒被称为联盟堡垒，沿河而建，长约 400 英尺，里面摆满了借来的大炮。另一座堡垒是一个架设有 11 门炮的炮台，距离富兰克林的房子和工厂很近，步行就能到达；这座堡垒保护着索赛蒂希尔和富兰克林自己可观的产业。富兰克林为城市的防御出钱出资，这为其他商人树立了范例；而且他还参加夜间的保卫巡逻任务。

尽管经历了持续 6 年的重大危机，但富兰克林的事业却繁荣兴旺，这主要得益于他和乔治·怀特菲尔德的合作。当欧洲的外交官们最终齐聚巴黎并且中止了战争（这让美洲殖民者备感厌恶）时，敌对的帝国相互交还了占领的领土，一切恢复至战前的状态。富兰克林解散了民兵队伍，成为一位跨殖民地的领袖和新生的商业阶级的发言人。他第一次被选入宾夕法尼亚殖民地议会。

他让从前的短工大卫·霍尔（David Hall）成为他在费城的印刷和图书发行事业的正式合伙人。在随后的 18 年里，富兰克林和霍尔公司

（Franklin & Hall）给富兰克林带来了年均 467 英镑（约合今天的 7.6 万美元）的收益。加上纽约和查尔斯顿的合作事业的收入，以及在费城出租地产的收益，富兰克林的总收入达到每年 2 000 英镑（约合今天的 30 万美元），这使他跻身美洲最富裕的人士之列。

本杰明·富兰克林初到费城时是一个一贫如洗的 17 岁离家少年，等到了 42 岁，他已经成为宾夕法尼亚最有影响力的人士之一，这主要归功于他所积累的财富。现在，他可以摆脱印刷厂日复一日的例行工作，投身于科学试验、畅销书《穷理查年鉴》和经济哲学文章的写作，以及日益增多的政治活动中了。

第 2 章 "我每天的持续收获"

乔治·华盛顿因为其祖母的关系，声称自己是英国国王爱德华三世（King Edward III）的后裔。对年轻的乔治来说，如此高贵的血统在现实生活中几乎不能带来任何财富，毕竟他与这位国王不仅相距 400年之久，而且中间还横亘着大西洋。乔治在 11 岁时成了孤儿，少年时期的他几乎身无分文，连喂马的玉米都买不起。

在乔治的先辈中，最后一位出生于英国的是劳伦斯·华盛顿（Lawrence Washington），劳伦斯的经济情况还不错——至少有一段时间还不错。他年轻时离开位于北安普敦郡的家族庄园前往牛津求学，入读布雷齐诺斯学院。毕业后，他成为牛津大学的学监（负责执行纪律的人），在英国内战中其职责包括将清教徒从大学教师队伍中清除出去。当清教徒得势以后，劳伦斯则变成了清除的对象，最终在贫困中死去。乔治·华盛顿的曾曾祖父因为效忠王室而身败名裂。

保皇分子被驱逐出牛津，这使得劳伦斯的儿子约翰（John）无法接受大学教育。约翰决定到进出口行业闯荡一番，因此他在一名伦敦商人位于泰晤士河码头的账房当学徒。当时英国正在全世界建立起一个欣欣向荣的商业帝国，其货物在英国本土的第一个落脚点就是泰晤士河码头。正是在那里，约翰学会了商业知识。

年轻的约翰·华盛顿决定运用这些新获取的经验，从事烟草再出口贸易。从英属美洲殖民地进口的所有烟草中，有40%是通过伦敦再次装船运送至欧洲市场的。约翰将他那为数不多的继承所得都投资在了一艘满载着工业制成品的商船上，并且作为登记在册的大副随船渡过大西洋，抵达了弗吉尼亚，后者宣称自己是保皇党庇护地。

商船在波托马克河停泊，约翰下船上岸，想要进行一些货物交换。就在那时，突然刮起一阵大风，商船被吹翻。约翰帮忙将船打捞上来，但船上的大多数货物都被水浸透了。眼见继承所得全都付诸东流，当下他便决定不再返回英国，就这样他成为华盛顿家族在美洲的第一人。

上岸后，约翰遇到了一位年老的种植园主——纳撒尼尔·波普（Nathaniel Pope），纳撒尼尔认为约翰·华盛顿正是其女儿丈夫的合适人选，这位马里兰殖民地的议会成员，预付了华盛顿等值80英镑的黄金（约合今天的1.2万美元），并且给出遗赠700英亩河边土地的诱惑条件。约翰与安妮·波普（Anne Pope）结了婚，一夜之间，他就在弗吉尼亚获得了他的家族曾经在英国享有的社会地位。

约翰·华盛顿的机会主义给华盛顿家族的性格增加了两点特征：执着于赚钱和获取公职。到30岁时，约翰已经是一名成功的商人和种植园主了；在他到达美洲后的10年间，积累了5 000英亩未开发的土地。在这个全新的社会中，他还成为一名拿薪酬的公职人员。他担任的公职包括县验尸官、遗产受托人、儿童监护人、县法院的法官，以及最值得一提的，县民兵队伍的中校；弗吉尼亚皇家总督因此给他支付薪酬，这让他收益颇丰。

约翰的长子劳伦斯（Lawrence）出生于1659年。大约在同一时间，约翰开始从英国引进契约劳工。弗吉尼亚政府为了促进该殖民地边境地区的拓殖定居，制定了"人头权利制"，即殖民者每引进一名契约劳工便可获得 50 英亩土地。约翰一共"带来"了 63 名白人契约劳工。他的邻人们将他选入了弗吉尼亚殖民地下议院。

安妮·波普·华盛顿在 9 年中生育了 5 个孩子。在她去世后，约翰·华盛顿很快再婚了。他选择了安妮·杰拉德（Anne Gerrard），一位两任丈夫均已去世的寡妇。第二任华盛顿夫人是一位精明的商人，也从事契约劳工进口生意。作为嫁妆，她为约翰买下了一座磨坊和一家酒馆，外加一栋法院大楼和一座监狱；约翰把这些产业都租借给了殖民地政府。他还与殖民地事务负责人签订了一项秘密条约，在公布原先的政府赠地失效的消息之前，他可以测量土地，然后迅速将这些土地的特许权归为己有。正是通过这项内幕交易，约翰·华盛顿获得了未来的弗农山庄的所在地。这场谋划共获取 5 000 英亩土地，约翰·华盛顿占有一半份额，这使得华盛顿家族稳稳地居于波托马克地区有头有脸的家族之列。

约翰去世后，他将大部分土地留给了儿子劳伦斯，后者担任了一系列公职，从中获得了不少薪酬，过得像乡绅一般。劳伦斯被选入弗吉尼亚殖民地下议院，同时还是威斯特摩兰县的治安官。他与弗吉尼亚殖民地下议院已故议长的女儿米尔德里德·沃纳（Mildred Warner）结婚，婚后育有 3 个孩子。劳伦斯在 37 岁去世。

劳伦斯去世时，他的次子奥古斯丁（Augustine）——乔治·华盛顿的父亲——才 3 岁。奥古斯丁的母亲米尔德里德改嫁，并带着孩子与新任丈夫去往英国。奥古斯丁的母亲不久后去世，她的丈夫便将奥古斯丁送回威斯特摩兰县，并送其入读当地的阿普尔比文法学校；奥古斯丁在那里度过了 4 年快乐时光。与此同时，他母亲在弗吉尼亚的亲属为了她的遗产而对簿公堂。

奥古斯丁回到弗吉尼亚后由一位担任斯塔福德县治安官的叔父抚养长大。长大成年后的他有着一头金发，身材高大，为人友善，大家都叫他格斯（Gus）。他在 21 岁时结婚，并拥有了 1 740 英亩土地。他在金钱使用上非常审慎，将钱投入铁矿开采，并在自己的土地上建造了一座高炉。

当英国与瑞典开战后，北美殖民地停止了从英国进口铁，弗吉尼亚随之出现了铁矿开采热潮。格斯发现了蕴藏丰富的铁矿，为了获取相关权益，他乘船去往伦敦与英国投资者谈判，后者给予他一家新的铁矿开采和加工厂——普林斯匹欧制铁工厂（Principio Iron Works）——1/6 的所有权。

当格斯带着大额合同回到弗吉尼亚时，他才发现在他去英国期间，他的妻子和 4 岁的女儿都去世了。带着亡妻留给他的 3 个孩子，他很快觅得了下一任妻子：玛丽·鲍尔（Mary Ball），弗吉尼亚殖民地下议院一位议员的女儿。格斯在伦敦时与她初次相遇，她去往伦敦是为了被引荐至英国社交圈。他们于 1731 年春结婚，几个月以后，他们的第一个孩子乔治·华盛顿出生了。

格斯拥有一万英亩林地，但是过着非常俭朴的生活。他对 50 名奴隶的辛苦劳作所得进行再投资，以获取适宜烟草种植的更好的土地。随着更多的孩子降生，格斯把他们放上木筏，送往河流上游 40 英里处一个占地 2 500 英亩的农场。这个农场名为埃普斯沃森（Epsewasson），位于波托马克河边，是格斯多年间积累所得。多年后，这个农场将更名为弗农山庄。

当乔治·华盛顿 5 岁时，他第一次见到他的同父异母的哥哥劳伦斯（Lawrence）和奥古斯丁（Augustine），两人在英国上完学后返回弗吉尼亚。乔治尤其喜欢劳伦斯，他敏感、聪明，举手投足温文尔雅，说话时常引经据典。格斯将埃普斯沃森的房子和农场都给了劳伦斯。

乔治 7 岁时，詹金斯的耳朵战争（War of Jenkins' Ear）爆发。英国人下令从陆地和海上进攻哥伦比亚的卡塔赫纳，该地是新西班牙最坚固的堡垒。美洲的英国殖民者首次被要求参加英国的海外远征。身着红色制服、负责征兵的军官带着鼓手和旗帜趾高气昂地来往于城镇之间，建立起了第一支美洲军团。劳伦斯·华盛顿立即申请加入，并获得了上尉军衔。

劳伦斯全新的猩红色马裤、海军蓝色外套和镶金边的帽子让年幼的乔治眼花缭乱，赞叹不已。黄铜制的锃亮的颈甲从劳伦斯的脖颈处垂下，深红色的腰带上悬挂着一把银质短剑。劳伦斯上尉乘船南下到达加勒比地区，在那里遭遇了惨败，他所在的美洲军团的伤亡率高达90%，罪魁祸首是包括黄热病和疟疾在内的诸多热带疾病。

小乔治有 4 年时间几乎没有见过父亲，他的父亲时常离家，只为不断地寻求更多的土地、更多的矿藏、更多的收入。当格斯在家的时候，乔治会跟着他在附近转悠，通常会和他一同骑马前往炼铁炉所在地，观看铁器的烧制。有一次，格斯去往西部进行土地勘测。当他回来后，乔治看着他将昂贵的勘测工具收起，并稳妥地锁在库房里。

格斯在频繁的离家期间，安排了一名囚犯教乔治读写和计算。每天早晨，乔治乘坐渡船前去弗雷德里克斯堡的一所木头搭建的学校上学，为入读英国的阿普尔比文法学校做准备，劳伦斯和奥古斯丁也在这里接受过教育。但乔治将永远不会跨过大西洋去往英国了，而且他的正规教育很快也要结束了。

乔治刚满 11 岁时，格斯去世，留下了弗吉尼亚的一万英亩土地、普林斯匹欧制铁工厂 1/6 的所有权，以及一群牛。他的大部分财产都给了劳伦斯。当乔治 21 岁时，他将得到占地 260 英亩的费里农场（Ferry Farm）、2 100 英亩未开发的土地，以及 10 名奴隶，这些遗产暂时由他的母亲管控。乔治·华盛顿还未进入青春期就成了一名奴隶主。

费里农场的生活变得日益简单朴实。玛丽·华盛顿非常强调纪律和自制。她的继孙女［罗伯特·E. 李（Robert E. Lee）的妻子］传承了这一传统，即她"要求身边的人迅速且按照字面意思遵守她的指令，这颇像是军队里对下属的要求"。[1]乔治·华盛顿从少年时代起就知道命令听起来是什么样的，以及不遵守命令带来的痛苦。玛丽对于谁可以骑她的马这一点尤其要求严格。她不允许任何人骑她视为宝贝的枣红色母马。当乔治无视这条规定并跳上这匹马时，马儿先是前蹄腾空，后仰站立，然后摔倒在地，脖颈处的一根血管破裂，形成了致命伤。因为这个鲁莽的行为，玛丽永远都无法原谅他。

玛丽生育了6个孩子，乔治是她的长子。乔治从未写过关于童年的事情，也很少谈论自己的受教育经历。他总共接受了大约8年非正规的学校教育，包括语法、逻辑、数学、历史、地理和测量方面的学习。现存的华盛顿的最早学习文件是3个笔记本，约有218页，里面是普通书写体的数学和测量练习。多名家庭教师让他抄写法律文书，管理种植园需要用到这些知识。他还用了整整20页来抄写一本16世纪的手册中有关良好行为的110项准则，这本手册是法国耶稣会士用来训练年轻贵族的。这本册子可能是本杰明·富兰克林印刷出版的，他定期向威廉斯堡订购《弗吉尼亚公报》的书店发放《修身守则》(*Rules of Civility*)。

在乔治14岁以前，劳伦斯一直在指导他的学习，这一切都瞒着乔治的母亲。劳伦斯以一种小心翼翼的方式让乔治为军事生涯做准备，包括让他学习一名荷兰导师教授的击剑课程。在劳伦斯的严密注视下，乔治学到了哪些知识，这一点一查便知。在他的笔记本中，有一门课程的标记日期为1745年8月13日，从中可知他在13岁时学会了几何。他很快便对学习数学充满了热情。

他的笔记本中包括50页的练习，这些练习集中体现了他那个时代的种植园主、商人和商船水手所需的数学训练，其中还有关于货币和信贷以及弗吉尼亚汇率的详尽的基础训练。一个笔记本中记载有19页的几何定理和定义。另一个笔记本中记载有十进制数字、单利、货币兑换、几何问题、平方根准则和平面三角学。最后一个笔记本全部用来记载"测量土地的技术"。在这本笔记中，乔治展示出他为"林地"勘测员这一职业接受了充分的训练。在15岁时，乔治给哥哥的萝卜田绘制地图，这是他的第一份有薪酬的工作。

劳伦斯对他的同父异母弟弟的影响不仅限于教育方面。1743年，劳伦斯与弗吉尼亚最有权势的家族之一的成员结婚，这让乔治见识到了一个他从未知晓过的社会阶层。托马斯·费尔法克斯（Thomas Fairfax）是第六代费尔法克斯男爵，他是弗吉尼亚北部500万英亩土地的唯一所有者。他的堂兄威廉·费尔法克斯（William Fairfax）上校最近在波托马克河边修建了一栋名为贝尔瓦尔（Belvoir）的宏伟的庄园宅第，该宅第距离弗农山庄4英里。劳伦斯娶了费尔法克斯上校的女儿安（Ann），后者将弗农山庄布置成最新的乔治时代风格。

在费里农场的生活没有教导乔治如何适应这样一所房子。在这里，所有人都穿着鞋子；在这里，有多间独立的客厅，这样跳舞的人和玩惠斯特牌或卢牌的人就不会相互干扰了；在这里，餐桌上和起居室里，人们妙语连珠，会引用伦敦出版的日报《旁观者》（Spectator）中的内容，该报由约瑟夫·艾迪生（Joseph Addison）和理查德·斯梯尔（Richard Steele）创办，颇具影响力。年轻的乔治在费尔法克斯男爵的图书室里发现了大量往期的《旁观者》，他如饥似渴地阅读其中的内容，这让他了解了乔治时代英国的政治和幽默风趣。在他看来，《旁观者》更像是初级读物，而非讽刺小报。该报教会了他少许希腊语和拉丁语，读到的那些措辞表达他都熟记于心；多年后，他像所有其他绅士一样，能够在信件和军队指令中恰如其分地引经据典。

正是在贝尔瓦尔，乔治第一次见到英国贵族：费尔法克斯男爵是首位定居美洲的贵族。贝尔瓦尔的起居室、音乐室、餐厅和大图书室里满是身着伦敦最时髦服饰的客人。在牌局和炉边谈话中，乔治·华盛顿学到了各种礼仪礼节，将来有一天他会憎恶这些礼仪礼节并将其推翻。下午时分，乔治常常在听完费尔法克斯男爵关于妇女的慷慨陈词后与他骑马猎狐。乔治骑术精湛，给费尔法克斯男爵留下了深刻印象。

随着时间一年年过去，费尔法克斯男爵逐渐喜欢上了身材高大、举止优雅的年轻的乔治。当他决定出售谢南多厄河谷一部分几乎和新泽西的面积一样大的土地时，他注意到乔治还有一项非常有用的技能：勘测。乔治当时已经是一名熟练的勘测员，费尔法克斯男爵想要帮这个年轻人一个忙。男爵最好的勘测员需要一名强壮的年轻助手来搬运日用物资、照料马匹、清理树林下方的灌木丛、拖拽测量用的链条、运送经纬仪，并在他照准距离时稳稳扶住定距标杆。到 16 岁时，华盛顿已经拥有了强有力的双臂和粗糙的双手。

他还拥有对边疆探险而言最重要的特质：耐力。1748 年 3 月 11 日，他骑马从贝尔瓦尔出发，前往西部进行探险活动。但是首先，乔治得征得母亲的允许。在他说明他此行将会获得报酬之后，她同意了他的探险之旅。

22　　乔治的首次西部之旅是他人生中的一个关键节点，因为这标志着他的独立。他之前需要征得母亲的允许，但是现在他不再需要向她要钱了。随着口袋里逐渐有了辛苦挣得的现金，他开始记账。每当他的勘测工作获得报酬之后，他都会添置时髦的衣服。他买了一把剑，学习击剑课程。他还带钱回家，替母亲分担抚养 5 个弟弟妹妹的开销。

他还赢得了新的声望。那些去往边疆探险并平安返回的人们获得的尊敬是他们通过其他方式无法获得的。他们会讲述自己的探险经历，这让他们成为炉边聚会的焦点。乔治离开家乡时还是一个少年；当他回来时已经长成为一名受人尊敬的年轻人了。有了熟练的勘测技术傍身，乔治·华盛顿在 16 岁时就能够闯荡天下了。

在基本上未获开发的美洲殖民地，勘测被视为一项重要且备受尊敬的技术，熟练的勘测员供不应求。乔治作为勘测员的助手，负责新的亚历山大市的建筑用地规划，他在 17 岁生日后不到半年的时间里就能够支付获得勘测员执照的费用了。拿到执照的两天后，他接受了第一份完全独立的专业委托任务。费尔法克斯男爵再次雇用他，给出的报酬高于现行酬金，让他带领自己的团队回到谢南多厄河谷，勘测在今天温彻斯特附近的一块 4 000 英亩的土地，用于房屋住宅开发。

毫无疑问，通过费尔法克斯男爵的影响力，乔治在 17 岁时又获得了在新建立的库尔佩珀县任期 3 年的勘测员的职位。在 18 岁之前，乔治·华盛顿凭借勘测工作一年能赚得 125 英镑（约合今天的 18 250 美元），大多数弗吉尼亚种植园主一年都看不到这么多钱；在 1749 年到 1752 年间，他进行了 190 次勘测工作，挣得了大约 400 英镑（约合今天的 6 万美元）。[2]

当收取的报酬越来越高后，他开始购买土地，有时收取土地以代替现金。当一阵投机热潮席卷弗吉尼亚时，瓜分广袤西部土地的宏伟计划激励了 18 岁的华盛顿，他首次用现金购买了如今西弗吉尼亚的 549 英亩土地，外加位于弗吉尼亚和西弗吉尼亚边界的 1 312 英亩土地；一年后，他获得了波托马克河沿岸的 240 英亩土地和温彻斯特新城的两块土地。

在担任库尔佩珀县勘测员的 3 年间，他获得了 2 315 英亩土地，约等于劳伦斯在弗农山庄拥有的土地。乔治·华盛顿在 21 岁生日之前已经拥有了 4 830 英亩土地，这使他得以跻身弗吉尼亚的上层阶级。[3]

23

第3章 "联合，或死亡"

乔治·华盛顿对英国当局的首次反抗不是出于爱国理念，而是因为后者要对他迅速增长的个人收入征税。弗吉尼亚皇家总督罗伯特·丁威迪（Robert Dinwiddie）决定实施一项旧有的规定，要求所有勘测员上缴收入的1/6，用以资助威廉与玛丽学院。辛苦劳动所得将要被征税，用来资助那些富裕种植园主的子弟们的教育，这让华盛顿愤怒不已。他决定收起勘测工具，不再干这一行了。

他厌倦了为费尔法克斯家族服务，但同时他也面临这一现实，即除了勘测工作所得和土地投资的不多的收入以外，他几乎不可能挣得足够的钱以过他早已习惯的那种生活方式了。他不得不进行一些大胆尝试，以使自己继续跻身于在他看来他天生所属的社会阶层。

现在，他把目光投向英国军官这一职业。四代华盛顿家族成员在弗吉尼亚民兵队伍中表现出色，其中劳伦斯担任指挥官，这是民兵队伍中最高的永久性（也是有薪酬）的官职。乔治明白劳伦斯费了多少力气才进入弗吉尼亚的精英阶层。乔治举手投足得体规范，对于边疆生活很有经验，但他缺乏军旅经验。他将不得不依靠家族关系、有权势的费尔法克斯家族的帮助以及十足的勇气来开创一番事业。

1752 年，悲剧再次降临到年轻的乔治的生活中。劳伦斯的健康状况日益恶化，在他奄奄一息之时，乔治帮助他起草复杂的遗嘱。他发现他最终将继承一堆投资——还有债务。在短期内，劳伦斯让乔治成为其遗嘱执行人，并让他暂时管理他们的父亲在普林斯匹欧制铁工厂的份额。如果劳伦斯的妻女去世时没有继承人，那么乔治将会得到弗农山庄。不过，劳伦斯最重要的遗产也许是作为弗吉尼亚民兵指挥官所拥有的地位。

乔治离开劳伦斯的病榻，急忙赶往威廉斯堡，要求得到皇家总督丁威迪的接见。他已经给丁威迪留下了深刻印象，后者经常为他的土地购买签署专利，并十分清楚他的背后有费尔法克斯家族的支持。

弗吉尼亚殖民地下议院决定将劳伦斯原先的民兵指挥官的职位划分至 4 个地区。丁威迪任命乔治为最南部（也是最不重要的）地区的民兵指挥官，这一地区位于詹姆斯河和北卡罗来纳边界线之间。他的军衔是少校，职责是监督民兵训练。一年 100 英镑（约合今天的 1.5 万美元）的薪水使他的现金收入翻倍。乔治将他能找到的所有军事书籍都借来，并且以少校身份继续游说总督和他自己的赞助人，帮助他获得北部地区指挥官的职位，他认为这一职位理应是他的。最后他成功地得到了这一职位。

劳伦斯的去世还给乔治带来了一样有价值的东西：劳伦斯在一家土地投机公司——俄亥俄公司（Ohio Company）的份额，该公司的组织者包括劳伦斯和其弟奥古斯丁。俄亥俄公司得到了一块皇家特许的、位于俄亥俄山谷的、占地 20 万英亩的林地，希望在此建立一块殖民地和一个与当地印第安人做生意的贸易帝国。公司股东们还设想修筑一条连接俄亥俄山谷和切萨皮克湾以及大西洋的公路。

该公司成功地说服了英国当局，获得许可给契约劳工提供从英国出发的免费船票，这些契约劳工将为公司工作 7 年，清理森林、修筑道路、修建贸易站，以换取作为佃农留在当地的权利。该公司的组织者承诺用 3 年时间让 100 户家庭在一座小型堡垒周边定居，这座堡垒将由股东出资修建。他们必须迅速行动，否则将会失去特许权和投资；但如果他们成功的话，将会另外获得皇家特许的 30 万英亩土地。他们在弗吉尼亚偏僻多山的地区和今天马里兰西北部的坎伯兰岬口之间开辟出一条 80 英里长的道路，修建了一座带有防御工事的贸易站，并开始出售土地。

罗伯特·丁威迪是一名富有的苏格兰商人，他参与了俄亥俄公司的投资。当他被任命为弗吉尼亚皇家总督之后，该公司的股票价值骤增。他抵达殖民地时带来了新的资本，还有满满一船和印第安人进行交易的加农炮和货物。他准备运用这个新的职位来赚取更多的财富。丁威迪吸引了其他身居高位的英国官员参与俄亥俄公司的投资，这些官员包括马里兰和北卡罗来纳的皇家总督、弗吉尼亚殖民地下议院的大多数议员、一位公爵，还有伦敦的商人。现在，任何一项丁威迪认为能确保俄亥俄公司成功的现场交易都成为英国的外交政策。但在法国政府看来，该公司的所作所为不过是英国扩张殖民势力的托词和掩饰而已。

劳伦斯·华盛顿去世后，丁威迪总督成为俄亥俄公司的掌权人。他很清楚，法国人及其印第安盟友都不承认该公司对于俄亥俄地区的所有权。法国人为了强调他们没有失去对俄亥俄山谷的兴趣，开始从魁北克向南直至五大湖地区建造一系列的堡垒。

正是在这一时期，1753 年 2 月，在华盛顿 21 岁生日以及他宣誓就任弗吉尼亚北部地区民兵指挥官的那一周，法国人对俄亥俄地区发起了进攻。他们在今天宾夕法尼亚州西北部的富兰克林附近，以及今天纽约州布法罗附近的伊利湖普雷斯克岛修建了马尚堡，摧毁了俄亥俄公司在马里兰西北部威尔溪的贸易站，用他们自己的围桩包围的营地取而代之。

27

乔治二世国王亲自签署命令，下令丁威迪总督对法国人的军事威胁予以回击。丁威迪将对法国人下达最后通牒，令其立即离开俄亥俄地区。如果他们拒绝的话，"［我们］兹严格要求和命令［你们］用武力将他们驱离"。[1]

华盛顿从费尔法克斯上校那里获知，将会挑选一名前往法国人阵地的特使，他知道机会来了。丁威迪将通过特使使英国人介入到弗吉尼亚和新法兰西之间。无论是谁带去丁威迪的最后通牒，此人都不仅代表着弗吉尼亚，而且还代表着英国。华盛顿急忙赶往威廉斯堡，直接向丁威迪说明来意。他身为民兵指挥官，已经是总督的执行代表了；而且尽管他是弗吉尼亚3名民兵指挥官中年纪最轻的，但却是对边疆事务最有经验的。

在那个时代，年轻的华盛顿可称得上身材高大、仪表堂堂，他比大多数男性高出一个头。他身高6英尺4.5英寸，体重209磅，健壮又结实。这个年轻人经历了边疆生活的磨砺，意志坚定，身体强壮；丁威迪看得出来，他没有任何软弱之处。他早已通过勘测任务证明了，他具有在荒野中跋涉1 000英里的耐力。华盛顿既不会说法语，也不会说任何一种印第安语，但他提出他可以带上翻译。

年轻的华盛顿如愿被任命为特使，担负外交斡旋和情报收集的职责。1753年4月16日，华盛顿身着鹿皮装出发了，一同随行的有一名翻译、两名猎人和两名毛皮商人。在大雨大雪中艰难行进了两周后，华盛顿将丁威迪的最后通牒带给了马尚堡的指挥官，后者告诉他："［法国人］是绝对会占领俄亥俄地区的。"

在一支法国护卫队的伴随下，华盛顿一行人向北行进去往普雷斯克岛，将丁威迪的信件交给那里的指挥官。当法国军官召开紧急会议之时，华盛顿获悉他们计划招募印第安人来追捕"零星出现的我们的所有贸易商人"。印第安人已经剥了8名商人的头皮，并将俘虏的其他商人送往魁北克。当华盛顿提到那些失踪商人的名字时，法国指挥官突然对弗吉尼亚的最后通牒做出了答复。他不会将军队撤回。

华盛顿在恶劣的寒冬季节以骑马、划独木舟和穿着雪鞋徒步行走的方式在 79 天的时间里跋涉了 1 000 英里，最后抵达威廉斯堡。他写成的 7 000 字报告轰动一时。丁威迪将该报告呈交给行政委员会召开的紧急会议，令殖民地印刷商付印，并与华盛顿绘制的俄亥俄山谷的示意图和地图一同递送至位于伦敦的贸易和种植园委员会（Board of Trade and Plantations）。华盛顿的报告在弗吉尼亚全境广为阅读，在其他殖民地再次印刷，本杰明·富兰克林的《宾夕法尼亚公报》也刊登了该报告。

华盛顿少校向丁威迪总督和他的委员会提议，弗吉尼亚在阿勒格尼河和莫农格希拉河的交汇处（两条河流在此形成俄亥俄河）修建一座堡垒。丁威迪成功地让弗吉尼亚殖民地下议院拨出足够的款项来建造堡垒。该机构还准允征召 200 名民兵驻守该堡垒，并承诺将再派驻 500 名民兵。华盛顿接到命令，负责招募驻守部队所需人员的一半。

丁威迪在为新的民兵团寻找合适的指挥官时遇到了困难。他找不到作战经验丰富的军官，最后选定威廉与玛丽学院一位上了年纪的数学教授约书亚·弗赖伊（Joshua Fry）来带领民兵团。弗赖伊是一名备受尊敬的边疆居民，有与印第安人谈判的经验。但是他的健康状况不佳，难以担此职责，并且不久就因摔下马受伤去世了。

在得知数以百计的法国人正划着独木舟沿俄亥俄河而下之后，丁威迪将华盛顿提拔为中校。华盛顿接到指令后，带领所有可以召集的人马立即出发，争取在法国人之前赶到俄亥俄河的岔口，并在那里建造一座坚固的堡垒。

但华盛顿没有忘记他是俄亥俄公司的股东，他的队伍正是要从该公司的土地上穿行而过。他说服公司的管理者（这些人都比华盛顿年长且经验更为丰富），让他们相信他们的首要任务是清理出一条足够宽阔的道路来通行大篷车和大炮。这条道路不仅眼前可具备军事用途，而且将来还具备民用用途。这条道路无疑也将会让他的投资升值。

在潮热的密林中，当华盛顿用勘测工具规划路线时，他手下的159名军士开始了极其繁重的工作，包括砍伐树木、清理灌木丛、挖掘出大石块和树桩。令人难以置信的是，他们成功地在阿巴拉契亚山脊上开拓出一条可供通行的40英里长的道路。在一个有两条溪流交叉流淌的名为大草地（Great Meadows）的郁郁葱葱的峡谷里，华盛顿的队伍安顿了下来。

华盛顿很快获悉，一支人数可观的法国分遣队在仅仅数英里外扎营。这支法国分遣队由大约40名法国人和印第安人组成，他们睡在临时搭建的营房里，指挥官是约瑟夫·库隆·德·维利尔斯（Joseph Coulon de Villiers），他们从半建成的迪尤肯堡出发，该堡垒的选址恰好就是华盛顿提议建造一座英国堡垒的地点。派遣这支队伍的目的在于警告弗吉尼亚民兵队伍，让他们离开法国领地。

华盛顿决定发起突袭。当他们悄悄潜至距离这支法国分遣队的营地不到100码处时，华盛顿大声喊出进攻的指令。弗吉尼亚民兵队伍猛烈开火，持续了整整15分钟。当枪声停止后，10名法国军人倒在地上，或死或伤，其中包括维利尔斯。被俘获的法国人坚称他们是外交使团，这让华盛顿震惊不已。

有些北美洲的英国人认为阿勒格尼山脉以西的土地可由他们自由使用，这些人后来将会夸赞华盛顿的行动，将其视为对法国人掠夺行为的英勇的打击。但这一次突袭给了法国人进行大规模反击的理由，而且华盛顿发现自己深陷印第安人的地盘。

随着法国军队逐渐逼近，华盛顿决定在一个凹陷的地形处站稳阵脚，他把这处地方命名为尼塞瑟提堡*，这个名字颇有些宿命论的味道。他已经浪费了一个多月的时间来修建道路，而不是在高地上建造坚固的堡垒。现在，他的队伍中整整一半的士兵只能靠玉米和未腌制的牛肉艰难度日，而且他们受到痢疾的折磨，身体虚弱，无法进行战斗。雪上加霜的是，华盛顿不知道如何设计堡垒。他让那些疲惫不堪的士兵砍伐橡树，草草地搭起一圈围桩，露出地面的部分仅有 8 英尺高。当他清点手下人员时，才发现随行的印第安人已经消失不见了。

1754 年 7 月 3 日这天下着雨。躲在树后的法国士兵向排列密集但矮得可怜的围桩开火。围桩内任何敢抬起头来开火的人非死即伤。9 小时过后，华盛顿队伍中 1/3 的士兵或死或伤。最后，他不得不面对这个无可逃避的事实，即没有援军来增援。

法国指挥官给华盛顿提供了书面的投降条款。如果英国人回到弗吉尼亚，那么他们不会被俘虏，但必须留下加农炮。他从前的击剑教练担任此次行动的翻译，虽然现在他身负重伤，但华盛顿不得不倚仗他的法语知识。在忽明忽暗的烛光下，他费劲地翻译着 assailir 这个词。对法国人来说，这个词只有一个可能的意思：暗杀。

华盛顿投降，等于承认法国对整个广阔的俄亥俄地区的所有权。法国人如今完全拥有阿勒格尼山脉的西坡地区和俄亥俄河的所有支流，这使得他们掌控了北美的内陆地区。华盛顿不得不以自己的名誉发誓，一年内都不再拿起武器参加战斗，如此他才能够带领幸存的民兵徒步回到 40 英里外的威尔溪。尽管法国人做出了保证，但印第安人还是抢走了华盛顿的行李，其中包括那些昂贵的勘测工具。

丁威迪总督在知悉尼塞瑟提堡的溃败后，要求华盛顿进行反击，并保护俄亥俄公司的投资。当华盛顿拒绝这一要求后，丁威迪解除了

---

* 原文为 Fort Necessity。Necessity 意为"必要"。——译者注

他的指挥官一职，将他的军衔和薪酬降至副官级别。俄亥俄公司在俄亥俄山谷长达 5 年的昂贵投资——以及华盛顿想要从他哥哥在该公司的份额中获得收益的打算——几乎全都烟消云散了。

然而，当华盛顿骑马抵达威廉斯堡准备当面向总督报告时，让他万分惊讶的是，他已经变得非常知名了，他的名字出现在报刊和总督们呈递给国王的报告中。甚至连伦敦的报纸都报道了他的事迹。华盛顿并没有因为遭遇败仗而受到指责，反而是周边殖民地的总督们因为没有给他增援而遭到斥责。

当英国陷入战争狂热后，年轻的华盛顿上校——在约书亚·弗赖伊去世后，他被提拔至这一军衔，当时他还在俄亥俄地区进行战斗——成为在新世界英国对抗法国帝国扩张的象征。乔治二世国王读到一篇文章，里面引用了华盛顿给其弟约翰信中的一句话："我听到子弹的呼啸声，这个声音令人着迷。"[2]

当华盛顿得知他的上校军衔被取消后，他甚至都没有接受丁威迪授予他的新的上尉军衔。他想要结束军旅生涯，开始当一名种植园主。突然之间，弗农山庄成为他的了。华盛顿的寡嫂在襁褓中的女儿夭折后另嫁他人，并搬离去了别处。1754 年圣诞节刚过，华盛顿就继承了弗农山庄，同时还有 18 名奴隶。他到达新居时身体状况不佳，而且再次身无分文。

在乔治·华盛顿投降时，来自 6 个殖民地的代表抵达了纽约殖民地的奥尔巴尼，准备召开第一次美洲殖民地会议。一般情况下，英属殖民地只会与伦敦当局沟通联系，殖民地之间不会有任何交流。但是在 5 月 9 日发行的《宾夕法尼亚公报》上，本杰明·富兰克林刊登了一篇文章，叙述了法国人在俄亥俄地区的推进以及他们修建迪尤肯堡的情况，并且配上了很有可能是美洲第一幅政治漫画的插图：一条被切断为八截的蛇，下面是其说明文字"联合，或死亡"。

　　3 年来，富兰克林私下里一直在论述以下做法的必要性，即殖民地联合起来并制定协调一致的计划以应对法国人的威胁。他提议组建一个由国王任命并支付薪酬的军事主席领导的殖民地防御联盟。各殖民地议会选举产生的最高联席议会——每个殖民地根据其对总经费做出的贡献派出 2 到 7 名代表——将具有立法权，其立法必须得到主席和国王的同意。主席和最高联席议会还对印第安人事务拥有管辖权，包括新土地的购买。富兰克林这一计划的灵感来源之一是易洛魁联盟（Iroquois Confederacy）的大和平法则（Great Law of Peace）。

　　联盟议会，即轮流在各殖民地首都举行的会议，将负责防御并被授权修建边境堡垒、为驻军支付薪酬，其资金来源于对酒精饮料，以及用富兰克林的话来说，对"例如茶叶等奢侈品"征收的税额。就其与皇家总督的关系而言，联盟议会相比殖民地议会拥有更大的权力，但其权力比重不如英国议会相对于英国国王的权力比重。

　　一共 25 名代表齐聚奥尔巴尼，他们在古老而宏伟的 3 层荷兰法院大楼里召开会议。在与印第安人进行会谈的间隙，由每个殖民地各选出一名代表所组成的指导委员会，在 4 天的时间里仔细考虑富兰克林计划中的每一项。委员会否决了富兰克林关于最高联席议会主席由军人担任的提议，并且不同意将茶叶单独列出以作为增加税收的对象，而是建议征税的目的在于"削弱奢侈品消费的积极性，而非让一个行业承受不必要的负担"。

　　1754 年 7 月 10 日，参加奥尔巴尼会议的所有代表一致同意富兰克林关于建立防御联盟的计划。该计划如果被采纳的话，将要比《邦联条例》早出现 30 年。不过，正如后来所证明的，所有殖民地的立法机构都否决了这一计划。没有殖民地的一致同意，英国贸易委员会就不需要将奥尔巴尼的联盟计划提交给议会。"殖民地议会没有同意该计划，他们都认为其中包含了太多特权；在英国，该计划被认为包含了太多民主。"[3]

本杰明·富兰克林没有感到特别惊讶：他逐渐意识到，大多数殖民地居民的视野仍然十分狭隘，彼此间心怀嫉妒，并且对任何集中统一的征税机构心存疑虑。在他的《自传》（*Autobiography*）中，他认为如果他的计划得到采纳的话，"殖民地可能不会那么快地脱离宗主国"：

> 我现在依然认为，大西洋两岸本可以皆大欢喜的……以这样的方式联合起来的殖民地本可以足够强大到保护自己；本没有必要从英国派来军队；当然，后来英国假装要向美洲征税及其引发的血腥冲突，本可以避免的。[4]

第4章 "谁会想到呢？"

34　　　乔治·华盛顿特别渴望成为一名英国军官，而不仅仅是一名弗吉尼亚民兵。他曾目睹这一身份让他同父异母的哥哥劳伦斯受到人们的尊敬，以及随之似乎由深红色的军官制服、肩带和短剑所带来的社会地位的提升，这些都让他十分向往。尽管他可以声称拥有王室血统，而且数代华盛顿家族成员都曾担任弗吉尼亚民兵军官，但他发现，人们更愿意听从英国军官的指令而非民兵军官的指令，而且无论民兵军官的军衔多高，英国军官都不会听从。他曾目睹身着红色制服、神采奕奕的哥哥在英国贵族温文尔雅的社交圈备受欢迎，以及他与贵族家庭的联姻。年轻的华盛顿经济条件一般，也没有资格继承大笔财产，他梦想通过军事上的荣耀来获得泰德沃特地区的官职、特权和受人尊敬的地位，这一切在他看来都是他与生俱来的权利。

　　1755年2月，他梦想中的英国军人由海路到达了美洲。16艘英国运兵船在诺福克停泊，带来了有史以来踏上弗吉尼亚土地的第一批英国正规军，也是有史以来英国派往美洲的规模最大的一支队伍。这些英国军人身着装饰有闪亮的黄铜纽扣的红色制服和黄褐色马裤，齐步行军前进，队伍前面有40面军鼓敲得咚咚响，30多支横笛吹得尖厉刺耳，还有旗帜飘扬挥舞，旗帜上是玫瑰和蓟花花环装饰的罗马数字。这一壮观的场景让年轻的华盛顿看得心潮澎湃。他后来写道，他很喜欢当时的场景。虽然他在尼塞瑟提堡遭遇了失败，但他现在比之前任何时候都更加坚定地要从军。

当英国政府得知法国人在俄亥俄河源头修建了堡垒，国王的枢密院在白厅召集会议。对于派遣英国军队到北美与法国人开战一事，国王乔治二世表示完全反对；英国和法国还在围绕一份协议的最后一些细节进行谈判，该协议正是为了结束英法间的上一场战争。

但国王的顾问们持相反意见。哈利法克斯伯爵（Earl of Halifax）是贸易和种植园委员会主席，严格来说负责殖民地事务。他坚持认为，英国和美洲殖民地的联合进攻绝对有必要，这样才能将法国人驱赶回加拿大。他的观点得到了坎伯兰公爵（Duke of Cumberland）威廉·奥古斯都亲王（Prince William Augustus）的支持，后者统领英国军队，并且是法国人的宿敌；他指责法国人支持了1745年的苏格兰起义。

威廉亲王广为人知的绰号是"卡洛登屠夫"（Butcher of Culloden）。他坚持主张在俄亥俄山谷正面对抗法国人。他选择爱德华·布拉多克（Edward Braddock）少将作为这次远征的司令官。布拉多克曾担任直布罗陀皇家总督，鲜有作战经验。

布拉多克少将乘坐小艇从旗舰"森丘瑞恩号"（Centurion）上来到岸边。然后他抵达了诺福克，随行带来5万英镑（约合今天的525万美元）的专用款项，这些银币和金币由议会拨出。此外，议会还保证给予他自由处理权。除了与他同时抵达北美的2 000名军士以外，他还被授权组建相同人数的殖民地军队。在发出"摧毁迪尤肯堡"的指令后，他将带领军队北上，帮助美洲民兵将法国人驱逐出尼亚加拉堡和尚普兰湖的诸多堡垒。这一行动计划几乎没有预先考虑法国人在面对英国军队的进攻时将会采取的反击。

几个盲点将会给这次远征带来麻烦。其中之一是，显然没有任何一个英国人意识到这次远征将会面临多长的距离和多少自然界的障碍。通往迪尤肯堡的一条更直接的路线在费城以西，贯穿宾夕法尼亚殖民地。

在弗吉尼亚，当丁威迪总督一听到英国军队的计划，马上将俄亥俄公司在威尔溪的贸易站改名为坎伯兰堡，并将其选定为布拉多克远征行动的前进基地。布拉多克对原先旧的贸易站所做的任何改善都将会极大提升该公司地产的价值。丁威迪随后向其合作伙伴发去利润丰厚的合同，以筹备数量庞大的补给物资。

乔治·华盛顿在获悉布拉多克计划的细节后，决定加入他的队伍，尽管这意味着他将违背他的承诺，即整整一年他将不会踏足法国人的土地。当费尔法克斯男爵为布拉多克及其军官举办一场盛大的欢迎宴时，他邀请了华盛顿，后者在宴会上被优雅的英国军官们所包围（这些军官们构成了布拉多克将军的"家人们"），度过了一个兴奋愉悦的夜晚。

华盛顿看到了一个机会，可以让自己脱颖而出，从而成为一名英国正规军军官。他给布拉多克写了一封欢迎信，信中主要详细介绍了他自己过去的从军经历。在那个时代的赞助人体系下，以如此直白的方式寻求新的赞助人的做法十分正常、必要且毫不令人意外，特别是在华盛顿已经不再受皇家总督青睐的情况下。

几周后，一名身着红色制服的信使给弗农山庄送来了布拉多克的参谋长的一封信。华盛顿的反应有点令人惊讶：他特别想依附于布拉多克，但他解释道，他"没有准备好"。[1] 他支支吾吾，但无法拒绝布拉多克的邀请。他说在找到管理农场的人并种植完烟草作物之前，他无法加入布拉多克的军队。又经过几周笨拙尴尬的谈判后，华盛顿同意加入布拉多克的队伍，成为一名不拿薪水的副官，军衔暂时为上尉。

华盛顿因为受困于金钱问题，不得不借用邻居萨莉·费尔法克斯（Sally Fairfax）的矮种马。然后他匆忙向费尔法克斯男爵发去请求，向他借贷 50 英镑（约合今天的 7 500 美元），之后他才买到适合自己骑的马，这又花了他一周时间。

根据他自己的描述，后来他终于追上了布拉多克的队伍，并时常与布拉多克单独相处。这名身材高大、一本正经的弗吉尼亚年轻人和这位喜欢吹牛自夸、纸上谈兵的将军一见如故。正如培养一名未来的英国军官一样，为了奖励华盛顿对自己的推崇和赞美，布拉多克允许他向自己的殖民地军官授予军衔。

华盛顿沉浸于军队生活的各种细节中，以最为直接的方式学习如何成为一名将领。他每天都借来当天的日程并将其誊抄于日记本中，学习并效仿其格式和语言。他与布拉多克的幕僚和军官成为朋友，后者与他分享他们的军事手册。

布拉多克需要将补给物资、食物、武器和私人行李从坎伯兰堡运送至俄亥俄河，但华盛顿发现布拉多克在为这 110 英里的路途寻找马匹和运货车时遇到了阻碍。马里兰总督曾许诺提供 2 500 匹马；但此时却只有 25 匹。布拉多克有好些天曾认真考虑取消这次远征。

军需官发现当地的德国移民农场主不愿向英国国王提供信贷。在本杰明·富兰克林想到一个聪明的计策后，布拉多克的队伍才得以继续前行。富兰克林是以宾夕法尼亚防御委员会主席和副邮政总长的双重身份随行的。

富兰克林在亚历山大市参加总督们的会议时就注意到，英军的总军需官约翰·辛克莱（John Sinclair）爵士一只肩膀上披着类似轻骑兵夹克一样的披肩。他猜测这一细节或许是一个关键信息，能够说服宾夕法尼亚的农场主将他们的大篷马车和车队移交给军队使用。经布拉多克同意后，富兰克林写了一份传单并命人将其印刷，该传单警告这些德国移民农场主，如果他们拒绝配合的话，"轻骑兵约翰·辛克莱爵士"正准备"和一些士兵"抢夺他们的大篷车并烧毁他们的农场。许多德国农场主在移居北美之前，在欧洲战场上曾多次看到这样的轻骑兵式披肩。

富兰克林不得不向这些农场主做出承诺，如果他们的大篷车或马匹丢失的话，他们将会得到补偿。富兰克林在用完了布拉多克给他的现金后，自己垫付了200英镑（约合今天的3万美元）。但农场主们"声称他们不认识布拉多克将军，也不确定他的承诺有多少可靠性，因此坚持主张［由富兰克林支付］履约保证金"。富兰克林给他们打了总计1 000英镑（约合今天的15万美元）的欠条。很快，大约150辆康尼斯多加有篷大货车及其赶车人和259匹驮马踏上了前往布拉多克营地的路途。[2]

富兰克林在与布拉多克的军官们一起用餐时了解到，许多低级军官"总体而言并不富裕"，他们在漫长的行军过程中无法保证自身的物资供给，在"这个亲爱的国度里，什么都买不到"。富兰克林说他可以运用他在宾夕法尼亚议会的影响力来提供"一些物资以供缓解"。

在写给议会的信中，他建议送去"生活必需品以及食物和饮料"这样的"礼物"。他让他的儿子威廉（"他有一些野营生活方面的经验"）拟出一张清单并将其送至费城。两周后，威廉回来了，给每名军官都带来了一匹满载着"礼物"的马：

> 6磅块糖；6磅优质黑砂糖；1磅优质绿茶；1磅优质红茶；6磅优质咖啡粉；6磅巧克力；1/2英担优质白饼干；1/2磅胡椒粉；1夸脱白葡萄酒醋；1块格洛斯特奶酪；1小桶20磅优质黄油；2打老马德拉葡萄酒；2加仑牙买加朗姆酒；1瓶芥末；2只腌制好的火腿；1/2打干牛舌；6磅大米；6磅葡萄干。[3]

作为布拉多克将军的出纳员，华盛顿上尉的任务是为本杰明·富兰克林支付金币。然而，作为在北美军衔最高的英国将领的手下一员，他最关键的身份是这次远征的首席后勤官。他反对将4到5英里长的大篷车队暴露于印第安人的攻击之下。而且根据他近期的经验，他清楚前方的路况有多糟糕。在有些只有12英尺宽的地方，道路上挤满了人、大篷马车和牛群。他敦促布拉多克不要使用大篷车，而是使用驮马，因为前者需要将现有的道路拓宽。

布拉多克感谢华盛顿提出的建议，随后便将其抛诸脑后。他将他的道路视为一个"将重炮运送至山上的巨大机会"。[4]火炮此前从未在北美内陆地区使用过，因此布拉多克相信，这一武器将会发挥决定性作用，特别是在应对印第安人时，后者从未见过该武器。无论华盛顿怎么催促，布拉多克仍然不辞辛劳地继续修筑前方的道路。

条件对他非常不利。因为军队伙食大部分仅限于皇家海军配额的咸牛肉，包括华盛顿在内的许多军官都染上了痢疾。军队已数周没有新鲜肉类、蔬菜和黄油了。

布拉多克让他的年轻助手马不停蹄地忙碌着。他命令华盛顿骑马去威廉斯堡取4 000英镑（约合今天的21.5万美元）的现金支付给士兵们。华盛顿深知这一任务充满了危险，要求派遣一支骑兵护卫队随行，但未能如愿，他也没能召集起一支民兵护卫队。他在给弟弟约翰的信中写道："在这个国家，想要招募一支武装力量的难度不亚于让人起死回生。"[5]

通过对布拉多克3个月的近距离观察，华盛顿了解到英国人在尝试有效地与殖民地打交道时，甚至在紧急情况下，所经历的挫折和失败。1755年6月一整月，布拉多克带领的这支注重仪容仪表的、更适合在阅兵场上耀武扬威的军队，都在沿着一条华盛顿再熟悉不过的路线，艰难地穿行于茂密的橡树林中，直到其通过狭窄的坎伯兰岬口，来到阿勒格尼山脉的西侧山坡。这支队伍远看如一根红色细绳，一天只能前进半英里。

在炎热的夏天修筑道路和运送军队这样艰苦的工作，交给了从边境雇用的殖民地领队和"先遣"劳动队，后者负责砍伐由皇家工兵标记的树木，薪酬以黄金支付。华盛顿在骑马经过尼塞瑟提堡被烧毁的废墟时没有记录下自己的心情，这时距离他在该堡垒遭遇屈辱性的失败已过去将近一年。

当布拉多克着手应对殖民地长期存在的问题时，华盛顿在一旁观察。他在尼塞瑟提堡的惨败使得许多印第安人确信法国人将会在荒野作战中胜出，因而安然待在他们的长屋里。布拉多克对一个由特拉华、肖尼和明戈印第安人部落组成的代表团宣称，"没有野蛮人能够继承"他从法国人手中解放出来的土地，因而得罪了对方，他这样做，对事态发展完全没有帮助。这些印第安人立即转投法国人阵营。当50名印第安武士真的抵达英国人的营地，但坚持要他们的妻子一起加入时，布拉多克一开始拒绝了他们。在英国军人喝着朗姆酒，和这些印第安女人度过了几个狂欢之夜后，布拉多克命令这些女人离开他的营地；那些男人也跟着离开了。

布拉多克花了数周时间和各殖民地进行斡旋。他想要让殖民地议会兑现丁威迪的承诺，即为他的军队拨出和英国政府相同数额的专用款项，但没有成功。在有可能是华盛顿的首次政治辩论中，面对一名愤怒的英国将军的攻击，华盛顿坚决捍卫美洲殖民者的名誉；这名英国将军没有任何谦逊和克制可言。

随着他们向西行进，一路艰辛跋涉，布拉多克和华盛顿逐渐产生了真挚的情感。布拉多克在面对这名年轻的助手时，态度和蔼，充满耐心。在坎伯兰堡，当华盛顿看完英国军队一整天的操练之后，他告诫布拉多克，欧洲战术在森林里击不退印第安人的进攻。布拉多克一边看向其他军官，一边咯咯笑着说："你们觉得这个乳臭未干的男孩说得有道理吗？"[6]

在收到多次警告——英国军队缓慢的步伐正在给予法国人充裕的时间从加拿大调来援军——之后，布拉多克将他的顾问召至指挥官帐篷，就如何加快行军速度询问他们的建议。他一次叫来一名顾问。华盛顿上尉是他叫来的第一名顾问。

布拉多克知道，华盛顿是唯一一名了解当地地形的英军军官。这一次，布拉多克仔细聆听了华盛顿给出的极端建议：将军队拆分为两个部分。派一支精挑细选的快速部队先行出发，携带一些火炮，以对迪尤肯堡展开进攻。步伐稍慢的部队可以随后跟上，继续修筑物资供应道路。布拉多克及其指挥部将随同前行，而病号和大多数大篷车将会被运至后方。当布拉多克将他的高级军官们召集起来开会时，他没有提及这一建议来自华盛顿。大多数军官们都对这一建议表示赞同。

军队里的团长们都支持华盛顿的提议，这让他很自豪。但他也很小心谨慎地不把功劳揽到自己身上，他让布拉多克的下属们相信这是这位将军的建议。

面对英国人展示出的军事力量，法国人在认真考虑之后，从加拿大派出了数以千计的士兵。由职业军人构成的两支欧洲军队将首次正面交锋，争夺对北美的控制权。七年战争（The Seven Years' War），即在世界范围内对贸易路线和殖民地争夺的高潮，开始了。

1755 年 7 月 9 日凌晨两点不到，华盛顿和布拉多克及其部下起床，穿上他们最好的军服。华盛顿将和布拉多克策马并行，随时准备将命令传达给各分队指挥官们。每支分队都快速前进，士兵的制服干净整洁，滑膛枪闪闪发光。华盛顿后来说道，这是他一生中所见过的最激动人心的景象。他看着前行的队伍渡过莫农格希拉河，登上堤岸，如红色浪潮一般消失在幽暗茂密的森林中，不由肃然起敬。

布拉多克派华盛顿向他的士兵们下达命令，让他们吃些东西。士兵们在前一天就已经饥肠辘辘了。他们一边啃着干饼干，一边看着勤务兵挤牛奶，制作朗姆酒，并将酒和本杰明·富兰克林提供的格洛斯特奶酪一块儿给军官们送去。

迪尤肯堡内的法国人也早早就起来了。他们的指挥官克劳德·皮埃尔·佩考迪（Claude Pierre Pécaudy）上尉决定在布拉多克的军队抵近前孤注一掷，后者如果离得足够近，可能会用重炮轰炸堡垒。

到下午3点左右时，英军的先头部队距离法国人的堡垒已不到7英里了。布拉多克的侦察兵在路过一个树木繁茂的山坡时，突然看见一名法国军官赤裸上身，脖子上戴着闪闪发亮的护喉甲，向他们跑过来。侦察兵立即朝他开枪，后者应声倒地而亡。

法国人和印第安人将英国军队冲散并将其包围，他们在树木之间快速移动，与周遭的环境融为一体，难以清晰地辨别。他们中的有些人为了不易被察觉，甚至将身体染成了树干的颜色。他们首先射杀骑在马上的身着红色制服的英军军官，很快英国正规军便只剩下一大群惊慌失措的普通士兵。身着鹿皮装的弗吉尼亚民兵四散开来，用树木作为掩护。英军军官错把他们当成法裔加拿大人，下令向他们不停地开炮，从背后攻击自己的盟友。

当英军士兵掉头逃跑时，布拉多克和华盛顿骑马沿着道路来回奔驰，想要将士兵们聚集在一起。现在布拉多克的顾问中只有华盛顿还活着。布拉多克骑着马来回奔波、用剑背击打四散士兵时的勇敢，让华盛顿难以忘怀。华盛顿的坐骑两次被杀死，其中一匹马翻倒在地，并将他短暂地压得无法动弹。他每一次都能够抓到一匹无主的马。当他在烟雾弥漫的树林中穿行躲闪时，他高大的身材使他成为一个引人注目的目标。随后布拉多克被子弹射中，子弹穿过右臂和胸膛，射入肺部。

华盛顿和弗吉尼亚民兵为英军的撤退打掩护。华盛顿是最后一批渡河的，他找到一辆小型的有篷马车，将布拉多克放了上去。在失去意识之前，布拉多克嘱咐华盛顿带上后备军同行。他依然认为有获得胜利的可能。

华盛顿多年后回忆道，当时他整夜骑马，沿途可见"语言无法形容的震撼的景象……有已经死去和奄奄一息的人，还有受伤的人呻吟着、呼喊着，想要求救，这些足以刺穿铁石做成的心肠"。[7]当到达他曾经对维利尔斯发起进攻的地方，他找到了后备军并命令他们前行。在睡了 11 个小时后，华盛顿发现大多数英国人都逃跑了。

布拉多克在马车中一路颠簸，剧痛不止。他对华盛顿说："谁会想到呢？"他下了最后一道命令：由华盛顿上尉埋葬他。这位将军咽下最后一口气后，华盛顿命人挖了一个很深的壕沟，将身着最好制服的布拉多克放入其中，然后为他吟诵英格兰圣公会的祈祷词。随后，他命令所有马车从坟墓上轧过以压实泥土，以免其被印第安人发现。布拉多克的残兵败将从他头上走过。乔治·华盛顿从布拉多克身上学到了很多，了解到要做好一名军官，哪些该做，哪些不该做。他从未说过布拉多克的不是。但 20 年后，本杰明·富兰克林在其《自传》中对"这整件事"却持否定看法，因为这件事"让我们殖民地人民第一次怀疑，我们对于英国正规军战斗力的高估，其实并没有什么切实的依据"。

> 从他们登陆直至离开殖民地，他们大肆劫掠当地居民，彻底摧毁了不少贫穷的家庭，如果人们反抗的话，还会遭到羞辱、打骂和囚禁。这足以让我们反感这些保卫者了，如果我们真的需要他们的话。[8]

华盛顿发现，英国人拒绝针对美洲的环境做出调适。这一发现令

43

人警醒。他曾经看见身着鲜艳红色制服的士兵列队前进，陷入森林中的埋伏，被赤裸上身、伪装成印第安人模样的人团团包围。

在这一次惨败之后，华盛顿听到一阵混杂着兴奋和恐惧的低语回荡于边境殖民地："英国人被打败了！英国人被打败了！"乔治·华盛顿第一次意识到，强大的英国军队是可以被打败的。

当华盛顿于1755年夏末骑马回到他在弗农山庄的家中时，他有充分的理由不再对英国军队的力量抱有幻想。他在边境度过的两年艰难岁月，似乎除了失败，什么也没有带来。在痢疾和疟疾的夹击下，他差点丧命，体重也下降了35磅。他离家在军队服役期间是没有薪酬的，但他不得不忽略自己的农场，也就是他的主要收入来源。他认为自己的一切都很失败。

但他刚一到家就无比惊讶地发现，他作为布拉多克的助手所展现的英勇和坚定，以及在战火中的无畏，使得自己成为迪尤肯堡惨败中唯一的英雄。他提议将军队分成几部分，这个糟糕的建议让援军无法及时到达，不过这个秘密已经与布拉多克一起被埋葬了。同时被埋葬的还有布拉多克对华盛顿许下的承诺，即给予他作为英军军官的常设军衔。

在威廉斯堡，弗吉尼亚殖民地下议院委任他组建一支新的弗吉尼亚民兵团，以示对他的表彰。该机构还奖励他300英镑（约合今天的4.5万美元），以弥补他在之前的3场战役中的损失——包括那些珍贵的勘测工具。

华盛顿在布拉多克的营地里研究过军官的特权；现在他开始极力地讨价还价。他在布拉多克的军队中服役而不拿薪酬，这个高招如今有了丰厚的回报。

乔治·华盛顿现在完成了向职业军人的转变。23岁的他将率领一支由他亲自设计的小型弗吉尼亚军队。这支军队由 1 200 名士兵组成，是英属美洲殖民地最大的常备军事组织。

他的军衔将是上校，并且可以任命他自己的军官。他的薪酬是每年 500 英镑（约合今天的 7.5 万美元），加上包含 100 英镑（约合今天的 1.5 万美元）伙食费在内的充足的经费以及勤务兵津贴。按照当时英国的惯例，他还将担任民兵团军需官和财务主管，对于经手的所有款项，他都会获得 2% 的手续费。此外，他还将得到一笔军事专款，"〔在他认为〕军队需要的情况下使用"，这越发增添了他的威望。[9]

很难想象，乔治·华盛顿在与政界人士的首次讨价还价中，能获得比这更为成功的结果。

第5章 "人民的领袖"

　　华盛顿和朋友乔治·默瑟（George Mercer）拜访完位于波士顿的英军总部返程时，在费城以北的邮路上，遇到了本杰明·富兰克林和他的儿子威廉。自从布拉多克那次惨败之后，富兰克林和华盛顿就没有见过面了。现在，他们有许多想要讨论的事情。他们都认为，在保卫美洲殖民地这个问题上应该采取更好的举措。和富兰克林一样，华盛顿也渐渐意识到，一个潜在的问题是殖民的方法。新近抵达的移民为了购得便宜的土地，会尽量选择现有殖民地的边远地带，因而远离人烟，易于遭到印第安人的袭击。

　　华盛顿赞同富兰克林的观点，即修筑密实的围栏，并派遣训练有素、由快速巡逻兵构成的小型部队驻守边境，对边境展开经常性巡逻和定期巡视，能够遏制印第安人的进攻。他们一致认为，布拉多克的战败让他们有必要对英国的军事战术进行重新评估。

　　华盛顿也许不是美洲唯一一名努力探寻如何打造更加适合边境战争的新模范军队的军人，但在遭遇了尼塞瑟提堡的惨败之后，他很清楚民兵不是他要找的答案。

　　富兰克林也反对只依靠民兵力量，他写道，民兵能够学到的战术

"通过经验可知，在森林中是几乎或者根本没有用的"。不过，他写道，他最近有理由不像华盛顿那样对民兵进行全面的抨击。

在教友派 75 年的治理下，宾夕法尼亚无须防御来自印第安人的攻击。该殖民地的创建者威廉·佩恩与印第安人建立的关系堪称典范，这使得此地成为殖民者安全的避风港。佩恩与特拉华族印第安首领达成了步行购地协议，后者将佩恩步行一天半所至的土地都卖给了他。这一天半的行走可以说是非常悠闲的散步，中途包括吸烟休息、吃午饭和晚上睡觉。佩恩家族由此获得了一块从特拉华河穿越巴克斯县、延绵 15 英里的弧形土地。

但佩恩第三次婚姻所生的儿子们现在是在外业主，他们作为生活在伦敦的商人，热衷于售出更多土地。他们伪造了一份文书，该文书认可他们进行二次步行购地的权利。这一次，他们命人清理出一条宽阔的道路，雇用了 4 名跑得飞快的人，他们一起不停地跑了 67 英里，将印第安人远远地甩在了后面，由此将宾夕法尼亚殖民地向北推进至纽约殖民地的南部边界。特拉华族印第安人被从传统的狩猎和埋葬之地驱逐后，撤退至俄亥俄山谷，在那里，他们与法国人并肩作战。

1755 年秋天，法国人眼见英国人没有针对布拉多克战败的反击行动，便从迪尤肯堡派出突袭队，袭击边远孤立的殖民定居点。到 10 月时，由多达 200 名特拉华族和肖尼族印第安人组成的突袭队的攻击范围向东延绵数百英里。一支较大的突袭队袭击了萨斯奎汉纳河上的一个殖民定居点，该定居点距离费城不到 100 英里。一名幸存者委托骑马的邮差向富兰克林送去警报："我们每时每刻都可能遭遇敌人。我在我家房子上凿了很多窟窿……并且下定决心要抵抗到最后，希望很快能得到来自殖民地的保护。"[1]

富兰克林现在是宾夕法尼亚殖民地议会防御委员会主席。他迅速向伦敦报告了"一个坏消息"，即"13 名男人和女人被剥去头皮并已死亡，还有 12 名儿童下落不明"。[2]

在教友派的会堂里，人们还在告诫彼此不要偏离和平主义原则，而此时愈益胆大的印第安人一路奔袭，距离费城不过两天的骑马路程。他们将来自苏格兰和爱尔兰的殖民者们的小屋夷为平地，并放火烧毁了许多房屋。当认出突袭队中从前的印第安邻居时，农场主们更为恐慌了。一共 40 个殖民定居点被烧毁，400 名殖民者被杀害。惊慌失措的人们将家当打包，塞进大篷马车，举家向东逃去。印第安人再次控制了宾夕法尼亚的森林地带。

佩恩家族拥有 9 000 万英亩土地的所有权，他们与教友派控制的宾夕法尼亚殖民地议会之间的斗争，使得该殖民地越发难以抵抗来自外界的进攻。佩恩家族想要保卫他们的利益，但不愿放弃他们作为所有者的特权，也不愿掏一分钱。主要由教友派构成的殖民地议会提出对佩恩家族的地产征税，以支付一部分防御费用，但教友派组织不再由教友派成员主导。

如果说宾夕法尼亚有领导人的话，那就是本杰明·富兰克林。作为一名成功的商人——而且是该殖民地最富有的居民之一——他已然成为该殖民地公认的民间领袖。富兰克林主张向私有产业所有者征税以支付边境防御费用，这让殖民地议会的多数派逐渐接受了他。富兰克林认为，私有产业所有者集团利用"教友主义"给其政敌制造障碍。

正统的教友派出于教派原则反对战争，教友派商人则出于另一个原因不愿与印第安人开战：战争将会破坏商业。这些商人的客户是印第安人，后者给他们带来了愈益增多的利润。教友派商人从印第安人那里购买毛皮，并将英国制造的铁锅、毛毯、斧头、刀具和枪支卖给印第安人。

这一政治僵局的结果是：不交税就不提供防御。

在将近 6 个月的时间里，宏伟的新议会大楼的钟声时常响起，召集议会成员们商讨殖民地所面临的危险。议员们一方面听到牧师恳求他们"不要害怕那些杀死身体的人";另一方面听到逃难的人们请求支援武器、食物和衣物;还听到佩恩家族新近的提议,他们想要让教友派为战争特权支付费用。富兰克林在《宾夕法尼亚公报》上发表社论,抨击佩恩家族的特权:哪怕国王也没有要求对其私人产业免税。[3]

11月,富兰克林提出了一项民兵提案。他曾经组建过一支志愿者军队。这一次,他不是匿名地招募志愿者了。他要求进行公开投票,以建立一支官方的殖民地民兵队伍。富兰克林的提案将服役期限定为3周,免去出于良心拒服兵役者和不满21岁的男孩和劳工的兵役,并禁止民兵参与离家超过3天的行军,这使得民兵几乎不可能发起主动进攻。但正统教友派依然将该提案提交至富兰克林的防御委员会进行讨论,借以延迟对其最终投票。

11月24日傍晚早些时候,在又一天令人恼怒的辩论结束后,本杰明·富兰克林出发准备回家。通常来说,载有议员的马车会在大街上鱼贯驶过,当有议员到达自己砖砌的联排房屋时,他便下车与其他议员分别。但在今晚,大街上格外拥挤。富兰克林看到许多康尼斯多加有篷大货车涌入城中,数量之多前所未有。很显然,德国农场主不仅是将货物运往市场;他们满怀怒气地来到费城,要求获得保护。

对许多费城居民而言,这些农场主的到来并不令人欢迎。在宾夕法尼亚殖民地,德裔定居者的数量超过教友派的数量,其人口比例是2:1。随着德裔定居者数量的增长,针对他们的敌意也随之增加。富兰克林起初也很反感德裔定居者。他的一条言论后来将会让他付出巨大代价。他在一本发行于英国的有关人口统计数据的小册子里写道,德国人是"聚居在一起的巴拉丁领地的粗人"。[4]

在宾夕法尼亚定居以后,德国人非常清楚针对他们的偏见。当他们对富兰克林在殖民地议会提出的建立一支全部由志愿者组成的民兵队伍的请求视而不见时，他们的不满已经十分明显了。当法国人率领下的印第安人继续烧毁他们的农场并杀害他们的邻居时，与其依靠奉行和平主义的教友派，他们有更好的办法来保护自己。

他们聚集起来并带上死去的同胞，向殖民地首府进发。400 辆涂着红色和黑色油漆的康尼斯多加有篷大货车由黑色马匹拉着，组成一支延绵 8 英里的车队，向着日耳曼敦前进。1 800 名愤怒的逃难者带着他们的家具、衣柜、食物、堆得高高的床铺，直奔殖民地总督罗伯特·亨特·莫里斯（Robert Hunter Morris）的府邸。当一辆有篷大货车在府邸前门入口停下后，一小队人将车上所载之物轻轻地搬运下来，恭敬地摆放在地上，这是十几名被杀害的德国人的尸体，他们被剥去头皮，身体也遭到肢解，他们是这些逃难者的亲朋好友。

莫里斯总督将这一切归咎于教友派，宣称佩恩家族刚刚授权他从殖民者的年租中扣除 5 000 英镑（约合今天的 75 万美元），"作为免费的礼物"，用于防御（他没有告诉他们，这笔钱将来自无法征收的土地租金，这些土地已经到了印第安人手中）。人群欢呼起来，并大喊了三声"好哇！"，随后他们将尸体放回车上，驱车向议会大楼进发。

到了议会大楼，他们再次将亲朋的尸体小心地摆放在人行道上。在听到议长做出的言辞模糊的保证之后，他们离开了议会大楼。夜幕降临时，这些德国逃难者在空旷的场地上点燃篝火露营，他们所在的街道对面就是本杰明·富兰克林的房子。

那天下午，殖民地议会打破漫长的立法僵局，批准了富兰克林的民兵提案，拨款 5.5 万英镑（约合今天的 580 万美元）"以供国王使用"，即他们对"战争"的委婉表达。议会随之成立了一个防御委员会来监督为战争所做的工作、修筑边境堡垒、组建和武装殖民地的民兵队伍。本杰明·富兰克林通过投票当选为该委员会主席。

战争的范围逐渐扩大，所有参战方都觊觎位于费城以北60英里的利哈伊山谷。对特拉华族印第安人而言，这个由优美的群山环绕的山谷是一片神圣之地，是他们的出生地和埋葬地。法国人向肖尼族印第安人许下承诺，如果后者将山谷中的英国定居者驱逐殆尽的话，就将山谷给予后者；肖尼族印第安人于是向最后一批手无寸铁的特拉华人发出警告：他们要么涂上战漆、拿起战斧开战，要么接受和英国人一样的命运。对法国人而言，利哈伊岬口是基塔廷尼山脉唯一足够宽敞的山口，让他们可以运送大炮攻打费城。

利哈伊山谷是摩拉维亚教徒（Moravians）定居点的中心地带，这批摩拉维亚教徒是卫理公会教派奉行和平主义的德国先驱。他们从威廉·佩恩手中购买了山谷的绝大部分土地，建立起不设武装力量的城镇，并用《圣经》中的名称给这些城镇命名：伯利恒、拿撒勒、以马忤斯。他们修建布道所，向印第安人传教，向其宣扬基督教的救赎理念。在爱好和平的宾夕法尼亚人中，他们是唯一有条不紊地学习印第安文化和语言的人。

在他们的荒野乌托邦的核心地带矗立着伯利恒，该城镇里有医院、面向男性和女性的学院、毛纺厂、商店、为周边诸多山谷服务的磨粉厂、来自美洲第一个自来水厂的活水、药用植物园，以及制造丝绸的养蚕所。

摩拉维亚教徒根据年龄、性别、婚姻状况和职业，居住在有着高高的屋顶、由大鹅卵石和原木建成的住宅里。他们的娱乐方式是在唱诗班无伴奏合唱，收拾得整洁干净的妇女身着黑色长裙、头戴白色帽子，男人们身着硬挺的白色亚麻紧身短上衣和亚麻裤子。在夏季傍晚时分，小提琴、法国圆号、双簧管和长号演奏出的音乐飘到教堂之外，飘进前来参观和祷告的特拉华族印第安人的耳朵。

1755年11月25日，没有音乐响起。在清晨寒冷的曙光中，伯利恒上空响起悲怆的钟声。摩拉维亚教派的主教告诉他的教徒们，在吉内登哈滕，即利哈伊河上游 20 英里处摩拉维亚教派最重要的布道所，发生了可怕的屠杀事件。

特拉华族印第安人居住在牢固结实的石屋里，河对岸是教堂、住宅、商店、谷仓、锯木厂，还有一所向年轻传教士教授特拉华语和莫希干语的学校。当时，大约 100 名特拉华族印第安人，大多为妇女和儿童，留在村子里，稍大一些的男孩和成年男子在外进行一年一度的冬季狩猎。

德国殖民者在费城展示其邻人尸体的同一天，一支肖尼族印第安人突袭队攻击了吉内登哈滕。男人们离开时带走了所有的枪支，留守在村子里的特拉华族印第安人束手无策。突袭队杀死了 11 名传教士，从商店里抢走食物，宰杀了 60 头牛，并将村子里的建筑付之一炬，最后带着掠夺的物品匆忙离去。5 名传教士逃到了森林里，其中一名在 4 个月后被发现死亡，被发现时，他仰卧在地，双手合十呈祈祷状。

富兰克林此前因为跟随布拉多克的军队参加战斗而受到胸膜炎的折磨，此时他还没有完全恢复，但需要再次保卫宾夕法尼亚的现实让他重新振作起来。

富兰克林的儿子威廉与费城社会中各个派别的关系都不错。他与佩恩家中喜欢社交的那些成员们一起玩牌，并与他们的妻子女儿们跳舞。从他那些年轻的贵族朋友那里，他征集到了宾夕法尼亚装备最好、训练有素的骑手。他还从费城及其周边县征募了 500 人，其中许多人是参加过乔治国王战争的老兵。

1755 年 12 月 18 日，费城市骑兵第一部队（First Troop Philadelphia City Cavalry）的 50 名身着制服的骑手，来到防御委员会主席本杰明·富兰克林的红砖小房子外面，此时富兰克林刚刚读完《宾夕法尼亚公报》上一篇恳请招募更多士兵的文章的校样。

防御委员会主席富兰克林一声令下，身着英国近卫步兵红色制服的威廉上尉示意号手吹响集合的号声。威廉想要炫耀展示一番经过重组的费城联合民兵。他骑马行进在队伍的最前方，带领队伍在蜿蜒狭窄的道路上前进了35英里。

第二天下午，当富兰克林父子从南侧山脉俯瞰伯利恒时，他们发现，曾经爱好和平的摩拉维亚教徒在吉内登哈滕屠杀事件之后发生了极大的转变：他们决定自卫。他们请求宾夕法尼亚总督授权他们修建堡垒以控制利哈伊岬口；但他们的请求没有得到回复，现在苏格兰和爱尔兰裔逃难者正蜂拥而至。

摩拉维亚教派的长老们决定修筑他们自己的防御工事——由木头围桩连接的12座大型石头建筑，每一座建筑的下半部分都用方石板加固。

第二天早上，富兰克林父子决定继续前进去往伊斯顿，即佩恩家族最新设立的定居点，这里也挤满了苏格兰和爱尔兰裔逃难者。富兰克林父子一边向这些逃难者送去一车车食物，一边开始执行计划，即修建一系列的前哨站，在每一座城镇都建立起强大的防御基地。

分发武器之后，富兰克林父子花了10个日日夜夜训练新的志愿者。然后他们在民兵的护送下，向西骑行75英里，来到由围桩保护的城镇雷丁，一辆满载枪支的大篷马车随行。一路上，每隔10英里就设有一个围桩，这样任何一名殖民者距离最近的围桩都不会超过5英里。他们计划修建由富兰克林自己设计的小型堡垒，并在这些堡垒中派驻兵力。

富兰克林研读了一本名为《防御工事与几何学的短篇论述》（*A Short Treatise on Fortification and Geometry*）的军事工程方面的大部头著作。他认为，印第安人很少攻击有防御工事的地方，而且木制堡垒，无论多么不结实，在面对没有大炮的敌人时还是很安全的。他草拟了一幅50平方英尺的边境堡垒的原型图。堡垒中架设了费城港口的船只运送来的回旋枪，神枪手将从高台和两个木制碉堡的射弹孔中开枪射击，来保卫堡垒。

在利哈伊河和马霍宁河的交汇处，民兵们挖掘出 3 英尺深的壕沟，并将挖出的泥土装入篮中，在 3 小时内，用它们修筑起了可以抵御滑膛枪的低矮的防护墙。富兰克林标记了一座周长为 455 英尺、由直径为 1 英尺的松木建造的堡垒。他将康尼斯多加有篷大货车拆解，用大货车的轮子帮助马匹拖拽 18 英尺长的木材，这些木材由 70 名摩拉维亚樵夫砍伐、修剪、削尖。

5 个月来，富兰克林计划、构想并慷慨激昂地劝说其他人来加固边境的防御工事；在仅仅 5 天里，他自己的志愿者就建好了艾伦堡，宾夕法尼亚第一道防线中的关键堡垒。这座堡垒距离敌人阵线 30 英里，阻止了法国人的冬季进攻。

当宾夕法尼亚殖民地议会于 1756 年 2 月 7 日开始会议时，本杰明·富兰克林敦促议员们反对继续实行将他们的殖民地推至内战边缘的愚蠢行为。必须反对私有产业所有者集团，如有必要可采取武力手段。在议会大楼外，似乎是为了强调他的观点的紧迫性，两个团的士兵，一个团效忠于他，另一个团由佩恩家族精心挑选的总督莫里斯所招募，在大街上进行演习。

53 日复一日，富兰克林反对莫里斯对法国人发起全面进攻的计划。富兰克林确信，政治行为已经不足以制止这位总督了。在一些教友派信徒、苏格兰和爱尔兰移民，以及德国移民的支持下，富兰克林招募了更多士兵，这一次组建了费城联合步兵团和一个炮兵连。

富兰克林自己预付了 1 000 英镑（约合今天的 15 万美元），从纽约殖民地订购了加农炮。莫里斯得到一小部分英国国教徒、商人和拥有私人地产的官员的支持，拒绝给富兰克林的军官授衔。他一边拖延时间，一边做出最后的尝试，想要将富兰克林收买。如果富兰克林愿意带领莫里斯的军队向西去攻打法国人，那么莫里斯将授予富兰克林将军军衔。

富兰克林很可能不知道的是，乔治·华盛顿刚刚在返回弗吉尼亚的途中对莫里斯总督进行了礼节性拜访，后者对前者提出了同样的条件。莫里斯的儿子曾经担任布拉多克的秘书，他对华盛顿十分友好。华盛顿身着制服前来拜访，这可能让莫里斯觉得，他足以胜任宾夕法尼亚民兵总司令一职。

华盛顿似乎鼓励了莫里斯形成这一观点。如果他无法为保卫弗吉尼亚赢得所需要的支持，那么他可能愿意担任宾夕法尼亚民兵总司令。传言很快扩散开了，说华盛顿已经与莫里斯见面，讨论弗吉尼亚和宾夕法尼亚联合进攻迪尤肯堡的计划，该联合进攻将由华盛顿统帅。

当华盛顿骑马离去以后，莫里斯授予本杰明·富兰克林上校军衔，这是一种欺骗行为，因为他也正在给他自己的军官授予军衔；没有哪个军团从法律上来说可以有两套军官配置。富兰克林接受了莫里斯授予的军衔，决定快速采取行动。

在短短 4 小时里，威廉·富兰克林上尉召集了 700 人的武装力量，并带领他们到达议会大楼广场。在那里列队行进后，队伍向东快速抵达费城学院，当时在那里，支持佩恩家族的军官正在组建他们自己的队伍。富兰克林的军队包围了该学院，并喊话让支持私有产业所有者的领头人出来。大多数支持私有产业所有者的军官都是大学生，他们从一扇侧门溜出，逃之夭夭。

当总督的支持者嘲笑富兰克林的民兵队伍时，富兰克林决定展示一下武力，其手下 1 200 名民兵在雪中操练了一周后，在富兰克林父子的带领下，参加了一场盛大的阅兵式。阅兵队伍最前方是演奏双簧管和小横笛、敲着鼓的男孩，然后是身着鹿皮装的德国樵夫，接着便是身着绿色和红色制服的费城民兵团，他们列队经过总督宅邸。总督就在宅邸中。当富兰克林的队伍到达索赛蒂希尔专门为阅兵式修建的检阅台时，数以千计的观众欢呼起来。民兵团中的每个排都鸣了一响礼炮，然后退场离开。

为了充分证明自己的实力，富兰克林将最重的大炮留到了最后。100名炮兵展示了13门重炮，这些重炮由专门拖拽康尼斯多加有篷大货车的马匹拉着经过检阅台，然后炮兵将这些重炮面向河流排开。富兰克林的民兵队伍又用了两个小时在大街小巷中行进；在队伍的中间是骑在马上的本杰明·富兰克林上校。几天后，莫里斯总督向身在伦敦的托马斯·佩恩（Thomas Penn）递交了辞职信。

富兰克林没有预想到事态的发展。那年夏天，费城的教友派一方面对英国正式向他们的老朋友印第安人宣战的做法深感厌恶，另一方面对他们自己参与到近年来的一些流血冲突中愧疚不已，因此他们集体从议会请辞了。"神圣的试验"结束了。富兰克林刚刚从南方的邮政检查工作中返回，他无法抑制住自己的喜悦之情。他在给伦敦的一位朋友的信中写道："除一人外，所有顽固分子都自愿离开了议会。"[5]

随之而来的权力真空，使得富兰克林在秋季选举中完全控制了议会。佩恩家族的拥护者惊讶地发现，富兰克林已经获得了主要的英国国教徒的支持，他们本来指望由后者来填补教友派留下的议席。一名十分不满的、身为私有产业所有者的官员在给托马斯·佩恩的信中写道："这些老的教徒被传染了，他们现在只不过是富兰克林主义者。"[6]

早在1755年7月，当富兰克林为布拉多克的远征收集物资时，首席大法官威廉·艾伦（William Allen）——支持佩恩家族的、拥有私人产业的派系中最有权势的一名成员，曾秘密传阅过一份请愿书，这份请愿书要求皇家政府采取行动以应对颇受欢迎的富兰克林这一派别。他向伦敦的官员警告道："如果这个充满恶意的、反对[佩恩家族的]利益和政府的党派无法受到来自英国的制约，那么他们[佩恩家族]

的权力和产业将会变得摇摇欲坠……这个反对党派的领导人正在密谋策划，想要毁掉佩恩家族的权力和产业。"[7]

在《宾夕法尼亚民兵法案》（Pennsylvania Militia Act）被签署成为法律的当天，艾伦给伦敦写信，要求国王予以干预，他揭示了宾夕法尼亚许多支持佩恩家族的英国人的真正恐惧之处：

> 这个殖民地中有一半居民是外国人……总体来说，他们在自己的国家都曾经从过军……民兵法案允许他们选择自己的军官……他们可能会加入敌人一方并将英国居民赶走。[8]

艾伦暗示他们的组织者和领袖本杰明·富兰克林将会是一支反英军队的领导人物。

多年来，富兰克林在紧急时刻都能够将人手召集至身边，这使托马斯·佩恩十分忧心。佩恩有一次指责他，说他能够如奥利弗·克伦威尔（Oliver Cromwell）般建立一个"军事共和国"。富兰克林的行为"仅次于叛国罪……他是一名危险人物……他是那种人民的领袖"。[9]当艾伦告诉佩恩，富兰克林手下的民兵傲慢又鲁莽，居然带着没有刀鞘的军刀在大街上行进时，佩恩下定决心，他要在贸易和种植园委员会面前提出充分的理由，说明富兰克林是一名危险的共和分子，必须对他加以制止。

殖民地立法只有在得到国王的同意后才能通过。国王的枢密院可以建议国王随心所欲地否决任何法律。佩恩拥有强大的人脉，包括贸易和种植园委员会主席哈利法克斯伯爵以及坎伯兰公爵，他们对人民运动没有什么耐心。在英国议会解决这个问题之前，没有一个新成立的殖民地立法机构被允许通过自己的民兵法。国王乔治二世大笔一挥，《宾夕法尼亚民兵法案》就变成了废纸一张。

　　边境一带的居民和身处费城的议员们都十分焦虑不安。宾夕法尼亚议会的所有委员会、所有的军事和防御计划、所有和印第安人签订的条约，现在都岌岌可危。特别要提到的是，对本杰明·富兰克林担任边境民兵司令的任命，连同防御委员会本身，都被一并废除了。在赢得令人震惊的幕后胜利之后，托马斯·佩恩发起了一场运动以惩罚富兰克林的反对之举。他想剥夺富兰克林丰厚收入的来源，即副邮政总长一职，该职位是美洲最高的文官职位。

　　无论是与佩恩一派的争斗还是费城的政治权术，都让富兰克林极其厌倦。现在他非常清楚，他必须前往英国，亲自出席议会辩论，以捍卫宾夕法尼亚的利益，也捍卫他自己的利益。如今，教友派开始将印第安人的攻击归咎于佩恩家族的贪得无厌。富兰克林得到大多数教友派信徒的支持，获得任命，他将前往伦敦，代表这一派游说英国议会取消佩恩家族的所有权特许状，将宾夕法尼亚变为一个皇家殖民地。

　　本杰明在他的奥尔巴尼联盟计划中曾经提出修建永久的边境堡垒，由跨殖民地的维和部队驻守。他还曾经提议在阿巴拉契亚山脉以西的新的殖民地建立缓冲区。当时，该计划对大多数殖民者来说过于超前，但现在，主要的反对理由再一次变得明显起来。教友派绝不会同意建立一支常备的民兵队伍，佩恩家族绝不会为这支队伍出钱，德裔和平主义者绝不会加入这支队伍，而且，除非遭到入侵者的直接攻击，费城的商人绝不会为殖民地的防御贡献一分力量。

　　富兰克林知道，修建围桩只是一个脆弱的权宜之计，是一种安全的错觉，用以诱导边境的定居者回到他们的农场。但如果要避免无休止的战争，就需要常年不断的警惕和戒备。富兰克林相信，如果用土地作为报酬的话，将会有人愿意往西，在河谷建立新的殖民地，那里大片无主的森林和草木繁茂、适宜放牧和打猎的土地可以容纳数以千计的新的定居者。

富兰克林在给老朋友乔治·怀特菲尔德的信中透露了他的野心：

> 你提到你时常希望自己是美洲军队的一名牧师。我有时希望我和你一起为国王服务，在俄亥俄河边建立一块殖民地。我想我们可以有效地做到这一点，不用花费国家太多的钱……
>
> 让数量众多的虔诚且勤劳的人们定居于那片美好的土地，这将是多棒的一件事！增加那里的人口、领土、力量和商业，对其他殖民地来说是增加了一份保障，对英国来说是增加了一项优势。[10]

本杰明·富兰克林暂时确保了宾夕法尼亚殖民地的安全，也确保了他自己巨额财产的安全，他实际上已经成为该殖民地的军事和政治领袖，对其立法机构有着巨大的影响力。但他知道他的影响力转瞬即逝。既然殖民地拒绝建立一个相互保护的防御联盟，那么他认为需要有一个军事缓冲区，以将法国人及其印第安盟友围困住。因此，富兰克林不是寻求从英国独立出来，现在他出发前往伦敦，是要劝说国王将宾夕法尼亚变为皇家殖民地。

第6章 "两方炮火之间"

　　经历了3年多的边境战争之后，26岁的乔治·华盛顿体形消瘦，蓝色制服显得很宽松。自从在布拉多克的军队中吃了腐肉之后，他就患上了慢性肠道疾病。冬天，在用于防御的围桩里，浓烟弥漫的壁炉仅能提供些微温暖，这让他患上了严重的胸膜炎，他曾担心自己得了肺结核。他现在极度厌恶战争，想到自己对于军事生涯的断断续续的追求，他既沮丧又懊恼。

　　不过，在回到弗农山庄的家后，他在短时间内就恢复得足够好，可以监督春耕工作了。他开始意识到他可以建造一座豪华的乡间宅第。他用第一次成功的烟草种植赚来的收益翻新庄园。他向一名远房表亲约翰·华盛顿（John Washington，一名伦敦商人）订购了一个壁炉架、250片窗玻璃、墙纸、桌椅和门锁。[1]

　　他专注于打造泰德沃特地区种植园主的生活方式——但仅限于生活方式，而非做事方法。他率领着一支小型边境部队，负责驻守4座边境堡垒；他选择自己掌握这一小小的权力，而不将其下放给下属。他尽可能挑选他自己的军官，后者有任何情况都向他汇报；不论事情大小，所有的命令都由他下达，所有的决定都由他做出。在弗农山庄，他将同样的管理体系用于农事工作。他选择他的农场管理者，事无巨细地告诉他们他明确想要的和期待的是什么。他亲自检查他们的工作，以确保他的指令都得到了实施。作为种植园主，他正在成为一名合格的将军和商人。他全权负责他所知道的以及他所能掌控的事情；至于那些他不明白的事情，他会将责任推给某个更高的权威。

在监督完春耕工作后，华盛顿骑马去往威廉斯堡，就那些长期困扰他的疾病求医问诊。他到达得十分及时，正好听说了英国对于即将到来的战争所做的最新计划。英国将会提供一切武器弹药和装备，而殖民地将需要组建自己的军队并支付其军饷。在英国军队服役的殖民地军官和同级别的英国军官相比，不再低后者一头了。弗吉尼亚殖民地下议院将会使该殖民地的民兵力量翻倍，并命其对迪尤肯堡发起新一轮进攻。总共大约 4 000 名弗吉尼亚民兵将会参加最新的前往俄亥俄山谷的远征。

这个消息使得华盛顿激动不已。他往家赶去，途中只因拜访一位名叫玛莎·丹德里奇·柯蒂斯（Martha Dandridge Custis）的女士而停留了一次。在弗吉尼亚的泰德沃特地区这样一个组织严密的社会里，华盛顿不大可能没有听说，玛莎有钱的丈夫已经去世，她由此成为弗吉尼亚最富有的寡妇。

玛莎身材矮小，身高不足 1.5 米，在经历了 4 次生育之后，身形微微发胖。她有着深色的头发和漂亮的肌肤，举手投足优雅迷人。人人都称赞她善良、体贴，对朋友忠心耿耿，而且为人极其谦逊。她的先辈们都是学者和神职人员，她自己成长于一个小型种植园，父亲是县政官员。她早年学习了相关的礼仪礼节，知道如何在缺钱的情况下保持表面的优雅。

在玛莎按照习俗给过世的丈夫守丧的一年里，上门拜访的人们络绎不绝，有时难以分辨他们是前来表达对逝者的哀思还是前来追求她的。她从亡夫那里继承了 17 438 英亩种植着烟草的土地，该片土地估值 23 632 英镑（约合今天的 340 万美元），以及 9 000 英镑现金（约合今天的 46.5 万美元）。谁想要缔结一桩有远见的婚姻，她自然是一个极其合适的结婚对象。

当华盛顿在从威廉斯堡返回的途中在玛莎家门口停下时，她正在隔壁邻居家串门——上门追求她的人实在是太多了，她不得不躲避起来。大约一周后，华盛顿和玛莎就准备结婚了。他们相处的时间总共不到 24 小时，而且后来的事实表明，在接下来的 9 个月里，他也只又见了未婚妻一次面。

现在率领英国内阁的是杰出的威廉·皮特（William Pitt），他正在准备发起一场全面战争，这场战争将会用到大量的美洲士兵。约翰·福布斯（John Forbes）将军被任命为攻打迪尤肯堡分支的指挥官，他宣布弗吉尼亚的民兵力量将会增至师级水平，并且如果乔治·华盛顿愿意的话，将由他统率民兵部队。此外，华盛顿将统率所有的美洲军队。

华盛顿也许已经放弃了对于军旅生涯的希望，但是在弗吉尼亚摆脱被攻击的危险之前，他是不可能放弃军队指挥权的。他只能等到战争结束后结婚。不过，在离开之前，他雇了一名监工并留下一些改造计划，同时拿出 325 英镑（约合今天的 5 万美元）的巨额资金（不包含奴隶的劳力）——这是他薪水的 3 倍，以便将弗农山庄打造成为适合玛莎居住的家。

当以迪尤肯堡为目标的远征正在准备时，华盛顿在追求弗吉尼亚社会中的影响力方面迈出了重要一步。将近 4 年来，他一直在为竞选弗吉尼亚殖民地下议院中的议席而争取支持。作为下议院议员，他将能够看到政府是如何应对殖民地的防御的，并且对于加快防御有着话语权。

他于 1757 年首次竞选议员，因为缺乏组织和资金，最后以失败告终，这也成为他第一次的政治教训。这一次，华盛顿充分利用他的社会和商业人脉以争取支持，尤其倚重费尔法克斯家族。此外，他还花费了对他而言相当大的一笔钱，40英镑（约合今天的6 000美元），在选举日当天给选民提供啤酒、朗姆酒和葡萄酒。士兵和定居者涌入酒馆喝酒，然后步履蹒跚地去往投票站。竞争同一议席的共有4名候选人，华盛顿以7∶1的选票差额打败了时任议员。他向人们证明了他是一名自信、受欢迎、能够激励他人的领导者。他们将为他而战，并忍受艰难困苦和严厉的纪律——然后还会在选举中给他投票。

1758年6月底，华盛顿骑马在前，身后是身着鹿皮装的弗吉尼亚民兵团，他们正前往坎伯兰岬口。他不仅对自己新的指挥权非常不满，而且新的攻势进展缓慢，这也让他火冒三丈。除此以外，英军司令官的如下决定也让他异常愤怒，即在阿勒格尼山脉上修筑新的道路以到达俄亥俄岔口，而不是修缮原有的俄亥俄公司的道路，该条道路从坎伯兰岬口一直向西北延伸。

华盛顿指出，如果福布斯继续修筑新的道路，那么将会浪费更多时间。所有的弗吉尼亚部队及其物资将会从坎伯兰堡向东运送，然后向北，随后越过阿勒格尼山脉与福布斯会合，这又是一场耗时漫长且花费高昂的拖延行动。

从弗吉尼亚至坎伯兰岬口的供应线——以及所有的战后贸易——将会向北转移至宾夕法尼亚。不仅弗吉尼亚和宾夕法尼亚的利益会发生冲突，而且俄亥俄公司也会遭受损失，且是惨重的损失。待法国人一离开就将马上涌入俄亥俄山谷的定居者，将会途经费城而非亚历山大市。

当华盛顿给英军司令官施压，让其修缮靠近他自己在弗吉尼亚西部的土地的道路时，他意识到明显的利益冲突了吗？还是他作为来自弗吉尼亚殖民地威斯特摩兰县的新任议员，要求英国掏钱在短期和长期内改善他的新立法地区的经济是理所当然的呢？

华盛顿大声争辩道，花费时间修筑一条新的道路是十分愚蠢的。他向一位老朋友抱怨（此人原先是布拉多克的部下，现在就任于福布斯的司令部），如果福布斯不沿着弗吉尼亚的道路前进的话，"一切都付诸东流了！老天啊，一切都付诸东流了！我们的事业全毁了！"。

但是福布斯坚持己见，不为所动。当华盛顿继续抨击福布斯的决定时，后者将华盛顿召至其司令部。他"直截了当地"告诉华盛顿，不论他怎么想，英军的这一命令是"基于所能获得的最佳情报做出的，是为了军队的便利"，没有偏袒"某个殖民地"。他指责华盛顿在"袒护"弗吉尼亚时所表现出的"软弱"，并且华盛顿"从未听进宾夕法尼亚人的任何一个字"。

福布斯指责华盛顿具有地方主义做派，这是后者所遭受的最严厉的批评。但是假如福布斯知道华盛顿在俄亥俄公司的土地开发中持有经济利益，那么他把这一点忽略掉了。[2]

在这一顿严厉的斥责之后，迎接华盛顿的是更加糟糕的消息：他自己的部队攻打迪尤肯堡，结果以惨败收场。当华盛顿的几个弗吉尼亚民兵连队接近这座安静的堡垒时，大门突然打开，法国人和印第安人从堡垒中蜂拥而出。所有的英国军官都遭到了射杀，弗吉尼亚民兵作为后卫部队顽强地对抗敌人，可是英国士兵却再一次临阵脱逃了。这就是布拉多克式溃败的再现，虽然规模要小得多。当福布斯称赞华盛顿的民兵队伍英勇无畏时，华盛顿心中没有感到丝毫慰藉。他开始相信，美洲殖民者的勇气和英国人的笨拙一样不言自明。

最后，他看到了一些行动——却但愿没有看到。当英国人不顾一切地想要在冬季来临之前抵达迪尤肯堡时，福布斯任命华盛顿的副官乔治·默瑟少校为该行动的指挥官，命令华盛顿为他增援。在一个浓雾弥漫的夜晚，默瑟的部队错把华盛顿的部队当成敌军，"向他们猛烈地开火……对方也随之回击"。当华盛顿跑到"两方炮火之间，用他的佩剑敲击［对方的枪炮］"时，他的属下已有 14 人死亡，26 人受伤。华盛顿后来写道，他从未如此近距离地直面危险。[3]

福布斯为了奖励华盛顿的勇敢无畏，授予他（临时的）准将军衔。华盛顿实现了梦想，成为英国军队的一名将军，统率一支全由美洲殖民者组成的队伍。但是在这个过程中，他对英国军队彻底感到厌恶。当法国人放弃了迪尤肯堡而福布斯却不允许他追赶敌人后，华盛顿辞去了军官职务。

乔治·华盛顿的第一场战争塑造了他。他学会了忍受极端的困苦。他罹患疾病，濒临死亡，并至少 5 次中弹。他是唯一一名毫发无损地从布拉多克的溃败中幸存下来的英军军官。除了让一支睡眼惺忪的法国巡逻队大惊失色以外，就连一场小规模的战斗他也从未打赢。他丢失了一座堡垒。他的民兵团投过降。他没能保卫弗吉尼亚边境。他在战争结束前就回家了，没有参加最后打败法国人的战斗。然而，哪怕他自己的士兵互相攻击并在他周边造成严重伤亡，他依然得到了一次又一次的晋升。

华盛顿极其幸运。他不仅从长达 5 年的极端的艰难困苦以及许多严重的错误中幸存下来，而且他参与其中的大多数败仗都没有被归咎于他。然而，在他自己心目中，他是一个失败者。更加糟糕的是，他把时间都投入到了战场上，无暇照看农场，这使他损失了不少金钱。

华盛顿在 1758 年的最后一天辞去了军官职务，决定开始新的生活，就像弗吉尼亚大多数受尊敬的居民一样，成为一名种植园主。

1759 年 1 月 6 日主显节那天，乔治·华盛顿和玛莎·丹德里奇·柯蒂斯在玛莎位于帕芒基河上的怀特庄园举行婚礼，婚礼邀请了包括弗吉尼亚皇家总督在内的 40 位宾客，所有宾客都冒着刺骨的寒风，从弗吉尼亚殖民地泰德沃特地区各处赶来赴宴。玛莎身着装饰着闪亮粉色缎带的丝绸婚纱，与之形成鲜明对比的是乔治的深蓝色外套和马裤，以及白色的长筒袜（他在 9 个月前从英国订购的一套更加时髦的——无疑也更加昂贵的——曼彻斯特丝绒套装在婚礼结束的 3 个月后才送达）。在简短的英国国教仪式后，乔治和玛莎·华盛顿这对新婚夫妇开始了长达 40 年的婚姻生活。

一个月后，华盛顿在 27 岁生日当天就任弗吉尼亚殖民地下议院议员。下议院议长宣读了一项决议，赞扬他"自从法国人及其印第安盟友最初发动侵占和战争行动以来英勇和沉稳的表现"。当华盛顿逐渐适应了新生活后，他开始从事商业活动，并开始学会享乐。他买了一匹赛马，陪同妻子参加总督在威廉斯堡举行的年度舞会，并举办了一场邀请下议院所有议员的聚会。

到了 4 月，这对新婚夫妇准备搬到弗农山庄居住。华盛顿打算将一个大种植园的所有配置物品从玛莎的庄园转移至弗农山庄。他们要带走的东西包括玛莎的"双轮敞篷马车"、15 匹马、60 加仑朗姆酒、50 蒲式耳燕麦、141 码爱尔兰亚麻布和 49 码法兰绒。华盛顿随意拿取工具、皮革和铅条以充实自己初具规模的种植园中的作坊。玛莎指挥她的奴隶将 1 张桃花心木餐桌和椅子、10 张带有床垫、床单和床罩的床，以及书桌、办公桌和镜子装上马车。玛莎为便餐挑选了 134 个锡制盘子；为正式的宴会挑选了"8 打普通的盘子、8 个磁盘，还有 15 个［上菜用的］碟子"。

去往弗农山庄的旅途要花费 4 天时间，走 160 英里被春雨浸透的道路。在马车队出发之前，华盛顿下达指令，命人在他们抵达的当天将房子彻底打扫干净，将 10 个壁炉点燃，并准备好晚餐要吃的鸡蛋和鸡肉。

华盛顿刚刚通过婚姻跨入了富裕阶层，他有生以来首次可以自由自在地花钱了。这个曾经一文不名的年轻人在泰德沃特社交圈地位上升，这让他十分欣喜，他现在很享受自己在弗吉尼亚社会和政治等级体系中的高等地位。

第 7 章 "独立这个孩子出生了"

长达一个半世纪的争夺北美控制权的斗争在 1759 年结束了，这一年英国赢得了一系列令人震惊的胜利。与法国人的和平相处保证了与印第安人的和平相处，为纵深 2 000 英里的英属美洲殖民地的偏远地带消除了长期存在的遭受攻击的威胁。大量的殖民者现在能够安全地从人口密集的沿海城镇翻越山脉。投资者能够进一步分割这个覆盖着森林、毛皮丰富的帝国。与印第安人的贸易的利润将会丰厚到让人难以想象。

金钱从英属美洲殖民地流向英国，一队一队装满奢侈品的船只从英国抵达美洲殖民地，货物刚一卸下便销售一空。造船厂雇用了 1 000 名工匠，他们将阔叶树森林变成一艘艘船只，将进口货物运往南部和西部。

1760 年的庆祝活动还未结束，乔治二世国王突然去世，将世界上最大的帝国留给了他 22 岁的孙子乔治三世（King George III）。按照惯例，在新王加冕之前有一年的权力空白期；在此期间，先王和新王的大臣们使出各种手腕争权夺势。

被称为"伟大的下院议员"的威廉·皮特作为英国首相，谋划并用英国的钱财资助了世界范围内的斗争。在乔治三世加冕 3 周后，皮特辞职了，将他挤走的是布特勋爵（Lord Bute），后者在乔治三世少年时期担任其导师，并且深受王太后的喜爱。125 名贵族构成了英国寡头统治集团，不得人心的布特颇能代表这些寡头贵族；在这些贵族中，有 25 人参与了国王的枢密院。

英国议会面对着一个疆域辽阔的帝国和惊人的战争开销，在对殖民地贸易法漠视了将近一个世纪之后，开始彻底检视其在美洲的税收问题。任何一位新首相随便扫一眼国家债务问题都会大惊失色——令人震惊的 1.37 亿英镑（约合今天的 20 万亿美元），每年的利息是 500 万英镑（约合今天的 7.5 亿美元）；管理帝国（包括其新征服的领土）的费用上涨至 800 万英镑（约合今天的 1.2 万亿美元）。

普通英国人认为他们的美洲表亲比英国不堪重负的纳税人要富有得多。参加完在美洲的战争回到英国的军官，讲到美洲是如何繁荣富裕，讲到波士顿商人的妻子身着丝绸和蕾丝服饰，并居住在 3 层楼的宅第中，讲到在慵懒的夏日，南部种植园主乘坐由 6 匹匹配的马儿拉的马车出行，有黑奴为他们斟上进口的马德拉葡萄酒，还有身着制服的护卫在一旁骑行护送。

不是所有的故事都如此牵强附会。在新罕布什尔的朴次茅斯，本宁·温特沃斯（Benning Wentworth）总督居住在一栋拥有 54 个房间的规模巨大的临水宅第中，他将松木木材卖给皇家海军以制作桅杆，从而发家致富。

在康涅狄格的诺威奇，两名在伦敦受过训练的医生——莱斯罗普兄弟将其药店（波士顿和纽约市之间的唯一一家药店）充分利用起来，做成了一桩利润极大的买卖。他们向在新英格兰和加拿大的所有英国军队提供药品。他们的药剂师还用一辆 4 匹匹配的马儿拉的黄色马车送货上门。

事实上，许多美洲殖民者用从欧洲，特别是从英国进口的消费品来衡量他们的财富；和英国表亲相比，他们常常将房子建造得更为豪华阔气。在费城的索赛蒂希尔社区，方圆一英里都是人们用贸易赚来的钱修建的宽敞的砖砌宅第，这些宅第里有齐本德尔式桃花心木和槭木高脚柜及成套的餐厅家具、丝质织锦长沙发、高大的落地钟、东方风格的地毯和镀金边的镜子。在该市的 2.5 万名居民中，有 89 名居民十分富裕，能够驾着自己的马车穿行于大街小巷。从 2 月至 5 月，来自 80 个富有家庭的成员身着绫罗绸缎，每隔一个周五聚在一起，参加美洲最早的舞会。他们一边小口品尝着身着制服的男仆端来的苹果酒，一边抽签挑选对舞的舞伴。当特拉华河结冰之后，他们穿上毛皮大衣，聚在一起举办滑冰舞会；在闷热潮湿的夏季，他们搬到附近山上通风良好的白色房子里避暑。

在纽约市，砖砌的联排住宅沿百老汇大街排开，这些住宅铺着大理石地板，贴着荷兰图案壁纸，地窖里塞满了马德拉葡萄酒；这些住宅内部装饰着洪都拉斯桃花心木护墙板和黄色的丝绸帷帘。在北卡罗来纳殖民地首府新伯尔尼，游客们在皇家总督精心打理的规则式庭院的迷宫里穿行漫步。在威廉斯堡，弗吉尼亚种植园主阶层的精英们齐聚总督官邸，参加圣诞舞会；他们还会为纯种马的比赛下赌注，这些纯种马来自优良的安达卢西亚种马。在这个社会中，人们更加看重的是所挣得的财富而非家族世系，但尽管如此，他们依然以英国贵族为模仿对象。

七年战争分化了美洲商人的忠心。有些美洲商人从战争双方处都获了利，这在英国人看来是叛国行为。有些美洲商人向英国和殖民地军队提供物资，由此得到政府津贴而获利；这些商人将商船武装起来以作为私掠船使用——一种被任命的海盗。他们不断袭扰法国人的供应线，将俘获的船只和货物在拍卖会上出售，以获取高额利润。还有一些美洲商人利用战争时期美洲大陆的物资短缺，与法国敌人在加勒比地区进行贸易往来。

纽约市是英国军队司令部所在地，该市成为主要的私掠船港口。给港口投资的人中包括殖民地最高法院法官和美洲军队的高级军官。皮特·沃伦（Peter Warren）爵士是围攻路易斯堡的殖民地军队指挥官，他拥有一个占地 300 英亩的农场，该农场覆盖了今天格林威治村的大部分地盘。他的私掠船"朗士顿号"（Launceton）俘获了 15 艘法国船只。在战争期间，纽约由 128 只私掠船组成的船队共俘获了 80 艘法国船只，这些船只价值 100 万英镑（约合今天的 1.5 亿美元）。

遭到英国官员谴责的一种战时行为是皇家总督们将"休战文书"（flags of truce）卖给船长们。这些文书的名称处要么空白一片，要么使用假名字，使他们更加便利地将非法货物出售给法属西印度群岛的敌人。

这些写有假名字的文件本来是用于交换战俘的，现在变成了丰厚利润的来源。罗得岛最富有的商人布朗兄弟从总督斯蒂芬·霍普金斯（Stephen Hopkins）那里购买"休战文书"，后者后来是大陆会议的一员，也是《独立宣言》的签署人之一。英国皇家海军俘获了布朗兄弟的数艘船只，海事法院宣判他们从事"邪恶、非法、无正当理由、暗中进行且被禁止的贸易活动"。[1]

英国与其北美殖民地贸易的关键货物是糖。糖以糖浆的形式从西印度群岛运送至新英格兰，在那里被制作成朗姆酒，然后跨越大西洋被运送至非洲，用于购买砂金和奴隶，后两者则被带到西印度群岛以换取更多糖。从这一三角贸易——糖浆、朗姆酒、奴隶——中获取的利润，使美洲殖民者的钱袋鼓了起来，英国人却从中捞不到什么好处。

将近一个世纪以来，新英格兰殖民者规避了英国所制定的一系列航海法和贸易法，这些法案和殖民者有关自由贸易权利的观念相冲突。这些法案规定，凡是殖民者拥有的货物，在出售之前都必须先抵达英国港口，无论其目的地是哪里。第一项法案明确指出，除非由大部分船员是英国人的英国船只运送，否则来自亚洲、非洲和美洲的货物不能进入英国、爱尔兰和英属殖民地："英国的地盘，英国的货物。"

美洲殖民者的所有制成品都不得不从英国购买，或通过英国购买；他们没有建立自己制造厂的自由。为了保护英国农民，英国只愿意购买少量美洲农产品。为了进一步保护英国商人的利润，美洲向英国出口且只能向英国出口某些"列举出的"商品，并且只能用英国船只运送至英国港口。

将近一个世纪以来，这些法案不过是一纸空文，英国人在实施这些法案时既混乱无序，又花费高昂得令人望而却步。自从在北美大陆建立第一块殖民地以来，就一直维持着某种现状。西印度群岛的种植园主依靠北美殖民者获取马匹、鱼、面粉、牲畜、木材、木桶板、松脂，以及将这些物品运送而来的船只。

作为交换，西印度群岛的居民给北美大陆的居民提供不限额的糖和糖浆。不过，西印度群岛的糖浆产量跟不上北美大陆殖民地的发展速度。

为了弥补这一缺口，当北美殖民者与英国在帝国扩张方面的对手——西班牙、法国和荷兰在加勒比海岛的领地进行贸易时，英国官员选择视而不见。出售由英国商人出口至美洲的制成品——家具、玻璃、高质量的成衣、葡萄酒、马车——所获得的利润让英国政府很满意。

贸易差额对英国人有利，美洲居民更喜欢英国的制成品，和欧洲其他国家的类似产品相比，英国的制成品价格更低，质量更优。殖民地商人所赚取的利润在美洲停留的时间很少会超过 6 个月，很快他们便将其汇至英国以换取奢侈品。

在一项被称为"有益的忽视"（salutary neglect）的不成文的英国殖民政策的指导下，这些放任自由的做法在 1733 年《糖浆法》（Molasses

Act）出台之前一直都无人在意。到了那一年，在英国议会拥有议席的西印度群岛种植园主要求对利润丰厚的糖浆贸易拥有垄断权，他们坚持认为议会有权管理殖民地贸易，并因此推动了《糖浆法》的通过。

每加仑 6 便士的新的税额很高——对许多北美大陆的商人来说太高了，他们想出一些系统性的做法，直接避开这一税额。曾经是可接受的商业行为现在成了非法行为。

一夜之间，在英国人眼中，没有放弃其惯常做法的合法商人都变成了走私犯。北美大陆的商人很快了解到，糖和糖浆既可以从法国或西班牙港口直接运送至北美大陆，也可以从西印度群岛认钱不认人的英国商人那里买到。现在，在沿着大西洋延绵数千英里的海岸线，商人们偷偷卸载着非法货物，这么做是有利可图的。

托马斯·汉考克（Thomas Hancock）是《独立宣言》签署人之一约翰·汉考克（John Hancock）的叔叔。他下令他的船长们将运送至波士顿的货物卸在科德角。然后他们经由陆路将货物运送至波士顿销售，以此避开税收官员。巨额的家族财富——罗得岛的布朗家族、波士顿的汉考克家族、康涅狄格的特兰伯尔家族、费城的沃顿家族——在这个秘密的体系中发展壮大。

据伦敦贸易委员会的记录，在 1733 年至 1765 年之间，与加勒比地区的法国人和西班牙人进行糖浆贸易的每一名康涅狄格和罗得岛的货主都是走私犯。在"根据《糖浆法》征收的所有关税的账目"中，这两个殖民地没有被记入任何账目，甚至在所有的北部殖民地中，这两个地区的产业是最依赖法属西印度群岛的。[2]

新英格兰的船主们无视英国商业法的基本原则，从荷属加勒比海岛进口越来越多的制成品。驶向马萨诸塞的荷兰船只装载着"成卷的纱线或纺织用的原料、纸张、火药、铁器，以及男人和女人衣服所需的各类物品"。

尽管英国人给贸易设置的限制日益增多，但纽约作为港口，在与西印度群岛的贸易中超过了波士顿和费城，逐渐兴旺发达起来；从1747年到1762年，纽约人所拥有的船只数量增加了3倍。征收关税的努力滞后了：海关官员每抓住一艘船，估计就有十几艘船躲过一劫。

走私变得如此普遍，因而当法印战争逐渐接近尾声时，有关商人和政府官员值得怀疑的爱国之心的报告，开始被英国最高层所关注。詹姆斯·汉密尔顿（James Hamilton）是宾夕法尼亚殖民地副总督，他向贸易委员会报告，"该市［费城］大部分的主要商人"都曾经与法属加勒比海岛居民进行过非法贸易。贸易委员会向其上级——枢密院报告，每个美洲殖民地都与法国敌人进行过走私贸易。[3]

在一封发给殖民地总督的通函中，沮丧的皮特斥责走私行为，"让我们的政府蒙羞且受到伤害的是，走私行为给敌人提供了一些给养……这些给养起到了主要作用，如果不是唯一作用的话，使他们能够维持和延长这场漫长且昂贵的战争"。

皮特命令皇家海军船只的船长袭击西印度群岛的法属和荷属岛屿，这些岛屿在北美大陆商人和法国敌人之间起站点的作用。但是海关服务和海军袭击所需要的花费——估计每年8 000英镑（约合今天的120万美元）——已经大大超过了财政收入。

在过去的30年，国王的船只被用来收税，然而却几乎没有使王室财政收入有任何增加。总的来说，《航海法》（Navigation Acts）在30年中只带来了3.5万英镑（约合今天的500万美元）的收入，《糖浆法》只带来了2.1万英镑（约合今天的300万美元）的收入。

国王乔治二世对美洲殖民地采取"有益的忽视"的政策，到了乔治三世，英国对美洲殖民地的政策却突然发生了剧烈的转变。这位年轻国王如走马灯一般被换的内阁大臣明白，他们有权彻底改变政府有关美洲殖民地的事务。

贸易委员会的成员依然赞成 17 世纪的重商主义原则，他们得到大多数普通英国国民的支持，后者认为，殖民地存在的意义在于给宗主国提供原材料，宗主国将其加工成制成品，然后再将这些制成品卖给殖民者以赚取利润，并用这种方法使殖民者从头到脚都依赖宗主国。

但是在接受了英国几十年的限制之后，许多曾经与英国人并肩作战以对抗法国人的美洲殖民者，现在不再愿意接受英国对他们日益紧缩的控制了。

英国的胜利本应使英裔殖民者通过填补法国人被驱逐后留下的空缺，大规模扩张贸易，但是对许多美洲殖民者而言，和平带来的是长期的经济衰退。在战争期间，为了获得食品、住宿，以及运输英国军队和物资，还有组建占整整一半战斗力的殖民地军队，英国向殖民地提供了支付其民兵薪酬的现金补贴，还有大量赏金，以获取大麻、橡木和松木这类造船所需物资，此外还有小麦、玉米、棉花、桶箍、桶板等一切对战争有帮助的东西。这些补贴的消失使得殖民地经济崩溃了。英国政府首次认真尝试管理美洲贸易以及实施关税，则进一步震撼了美洲市场。

随着经济衰退越来越严重，殖民者的观点与英国人的情感日益背道而驰。英国的战争债务达到国内人均 18 英镑（约合今天的 2 700 美元），而在美洲殖民地，人均仅 18 先令（约合今天的 135 美元）。这一差异使得在英国实行新的税收或增加税收不可想象。但是一些殖民地的债务差不多同样多。

新泽西担负着运营停泊英国船只的港口的高昂成本，此外还要运营连接纽约市和费城的主要道路和桥梁。然而这一农业殖民地只生产农产品和林产品。和其他殖民地议会一样，新泽西议会被允许发行大量纸币，负债累累的殖民者将许多纸币送去英国，以清偿长期以来用英镑支付的账目。当经济繁荣随着战争的结束而终结之后，新泽西的虚假繁荣也消失了。新泽西的人口在北美殖民地中位列倒数第二，却承担了 30 万英镑（约合今天的 4 500 万美元）的债务，数额之高在北美殖民地中位列第一，相当于每一名 18 岁到 60 岁的男性居民都要承担 15 英镑（约合今天的 2 250 美元）的债务，这一负债水平与英国持平。

如果说普通英国人已经因要为臃肿的政府机构和军队买单而变得十分不耐烦，那么有关许多美洲殖民者从与敌人的贸易中获利的报告让他们日益愤怒起来。英国的公共舆论强烈支持政府对他们认为的美洲殖民者逃避公平分摊税收压力的行为进行严厉打击。普通英国人认为，应该实施老的航海法和贸易法；英国有权获得其所促成的殖民地贸易的成果。

在伦敦，英国政府决定制止如此明目张胆地违反大英帝国贸易法的行为。必须停止走私行为，必须实施《航海法》和后续的贸易法律，殖民地从贸易中获得的收益必须与宗主国分享。

当英国的胜利在 1759 年变得板上钉钉之后，马萨诸塞的英国海关官员马上决定严厉打击走私者。1755 年，当战争开始的时候，海关官员要求总督威廉·雪利（William Shirley）颁发协查令状——普通的搜查执行令——以授权海关人员进入并搜查仓库和船只，以便查获走私物品。当商人们质疑这些特殊令状的合法性时，雪利命令海关官员向马萨诸塞最高法院申请搜查执行令，后者同意了他们的申请，并在随后的 5 年里颁发了许多令状。如果没有大规模的搜捕，也就不会遇到反抗。

当乔治二世于 1760 年去世时，这些协查令状自动失效；在新王登基之前，不能颁发令状。雪利的令状仅仅旨在战时切断与法国的非法交易，因此随着战争的结束，商人们非常确定不会再颁发令状了。

然而，在法国人投降之后，波士顿的海关官员携带着令状冲向码头，开始扣押非法货物。每一名波士顿商人都知道，海关官员通过出售他们没收的任何货物都获利甚多：销售收益的 1/3 上缴给国王，1/3 上缴给殖民地财政部门，剩余部分进了海关官员自己的口袋。收钱给海关官员通风报信的线人被人们所憎恨，海关官员甚至都不用在海事法庭上将他们指认出来，只需要安排好付款金额就行，这笔钱出自国王所得的份额。海关官员不公平的个人收益，毫无疑问增长了商人们的憎恶之情。

1760 年秋天，一艘荷兰船只抵达波士顿港，船上装载着特别昂贵的（不用说，非法的）货物，价值估计为一万英镑（约合今天的 150 万美元）。这艘船一出现，波士顿的海关检验员查尔斯·帕克斯顿（Charles Paxton）就向马萨诸塞最高法院申请协查令状，以便以乔治三世的名义对波士顿以及马萨诸塞的所有港口进行突击搜查，这明显是对来自伦敦的指令做出的反应。

马萨诸塞的商人们对这一行动予以痛斥。他们问道，所有人都知道，非法货物通常走私到罗得岛，为什么却只针对马萨诸塞颁发令状呢？

一个商人代表团在给马萨诸塞最高法院首席大法官乔纳森·休厄尔（Jonathan Sewall）的请愿书中，反对扣押这艘荷兰船只。他们指出，在英国，只有财政法院才能颁发搜查令状。马萨诸塞最高法院是否拥有和英国财政法院同样的权威和权力呢？如果不是，那么对这艘船只的扣押就是非法的。

休厄尔犹豫不决，不确定马萨诸塞法院的权威是否受到过考验。当休厄尔说他对此不能肯定时，63 名托运商向最高法院请求取消搜查令状。听证会安排在了 1761 年 2 月，但之后不久休厄尔就去世了。

新抵达的皇家总督弗朗西斯·伯纳德（Francis Bernard）很快任命托马斯·哈钦森（Thomas Hutchinson）接替休厄尔成为首席大法官，哈钦森毕业于哈佛学院，来自一个富裕的商人家庭。这一任命进一步惹怒了商人们，他们知道休厄尔曾经许诺将法官一职留给詹姆斯·奥蒂斯（James Otis）上校。他们已经雇用奥蒂斯的儿子詹姆斯（James）作为他们的律师。

那一整个冬天，波士顿人一想到他们会成为普通搜查令状的对象，就变得越发愤慨。他们觉得自己并不违法——搜查令状违反了宪法，与英国人的权利背道而驰，是倒退回了专制的斯图亚特王朝统治时期！

英国宪法是什么样子的呢？它不是由法律法规组成的成文宪法，而是涵盖了过去 10 个世纪中的所有古老文献。它包括《大宪章》（Magna Carta）、1688 年光荣革命后签署的《权利法案》（Bill of Rights）、约翰·洛克（John Locke）的《政府论》（*Treatise on Government*）、约翰·弥尔顿（John Milton）的《论出版自由》（*Areopagitica*），以及约翰·威克里夫（John Wycliffe）和阿尔杰农·西德尼（Algernon Sydney）的作品。协查令状让新英格兰人愤怒不已，这些令状违背了自然法和正当理由，正如爱德华·科克（Edward Coke）爵士所阐释的那样。

对这些波士顿商人来说，"违反宪法"意味着违反原则，这些原则高于英国议会的原则、国王的原则、由对美洲一无所知的人组成的所有有关贸易的委员会的原则。这些大臣中没有一名曾经造访过殖民地。他们唯一的目的就是让殖民地对英国而言有利可图，让贸易差额对英国有利。

1761 年 2 月，在审理"帕克斯顿案"——案件以要求获得协查令状的海关官员的名字命名——的前一天，25 岁的约翰·亚当斯（John Adams）和他的表兄塞缪尔·昆西（Samuel Quincy）骑马从乡下的布伦特里（今昆西）来到波士顿，这两地相距 10 英里，一路上覆盖着厚厚的冰雪；他们在波士顿过夜，准备第二天起个大早去"市政厅"，以便占据一个位置。

公众被禁止进入老的会议厅；只有参加了请愿的商人和规定数量的出庭律师可以进入。亚当斯还没有资格穿上出庭律师的黑色长袍、戴上扑粉的假发，但他劝说一名法庭官员让他和他的表兄坐在了会议厅的长桌旁。

英国在波士顿开展的对于走私行为的严厉打击，突然间打断了约翰·亚当斯作为一名乡村律师的平静生活。亚当斯的父亲是布伦特里的一名农场主、村镇管理委员、教会执事，一度还做过鞋匠，他本人则完完全全想要当一名农场主。然而，他那位虔诚的清教徒父亲坚持让他入读哈佛学院，然后像他的叔叔约瑟夫一样成为一名牧师。他的父亲为此不用花费分毫；哈佛学院免收牧师家庭学生的学费。

约翰在哈佛的那几年养成了终生热爱学习的习惯，但是他拒绝成为牧师，转而将目光锁定律师这一职业，以此作为拓宽影响力的途径。他毕业后，在伍斯特跟随詹姆斯·普特南（James Putnam）读了 3 年法律。为了养活自己，他拼命教书，结果生了一场重病。

1758 年，他宣誓成为一名律师，然后回到布伦特里开始执业。他做了两年时间的市镇管理委员，首次尝到担任公职的滋味。但是他彻底厌倦了乡村律师的生活，"在如垃圾一般的法院令状、抗辩和诉讼中翻找"，通过执业制造了"更多争端，而不是平息争端"。他对于"靠压榨其他更为诚实和不幸的人"来充实自己口袋的做法没有一丝兴趣。[4]

巨大的正方形法庭中央有一个枝形吊灯，还有一个黑幽幽的壁炉。到 9 点时，法庭里挤满了商人，63 名商人都在，他们坐在排成长排的椅子上。两位备受憎恶的斯图亚特王朝的国王——詹姆斯二世（King James II）和查理二世（King Charles II）有着金色画框的全身肖像画面朝着彼此。当伯纳德总督和他的执行委员会成员们同首席大法官哈钦森一同就座后，最高法院的所有 5 名法官鱼贯而入，在壁炉边就座。

在伯纳德和哈钦森的特别要求下，法官们的着装打扮如同参加一场重要的刑事审判：带有白色宽条纹的深红色长袍和特大号司法假发。波士顿令人敬畏的出庭律师杰雷米亚·格里德利（Jeremiah Gridley）将会为国王辩护；他从前的两名学生——奥克森布里奇·撒切尔（Oxenbridge Thacher）和詹姆斯·奥蒂斯为商人们辩护。奥蒂斯为了接下这个不拿报酬的案件，辞去了由国王任命的海事法院法律总顾问一职。

格里德利首先开口。他宣称最高法院扮演的角色"在国王陛下的王国里"既是民诉法庭也是财税法庭。他认为，这个案件的必要性取消了"英国人普遍具有的特权"。

就算商人们愤怒于税收官员进入他们的家中逮捕他们、扣押他们的财产，难道维持海军和陆军的财政税收不比任何个人的自由更重要吗？他辩解道，在英国有许多使用协查令状的先例，"如果这种做法在英国是法律所允许的话，那么根据议会法案，这种做法在这里也是法律所允许的"。[5]

一直到下午 3 点之后，詹姆斯·奥蒂斯才起身鞠躬，然后开始进行激烈的反击。他声称："这一令状违反了英国法律的根本原则。"根据洛克的《政府论·下篇》，不受限制的普通搜查令是违反宪法的。英国人有权使自己的家免遭搜查和扣押。

> 一个人在他的房子中就如同一个王子在他的城堡中一样安全。这是房子的特权，即使一个人深陷债务或正在经历民事诉讼，这项特权也是存在的。只有在一个人犯了重罪时，官员才可以闯入他的家中——那时必须携带特殊搜查令，而不是普通搜查令。只有斯图亚特王朝的星室法院有使用普通搜查令的先例。所有法律上的先例都受到英国法律的根本原则的制约。

没有得到本人的同意不得征税，这是英国国民的权利。英裔殖民者是完完全全的英国国民；他们与在英国本土的英国人享有一样的权利。这样一来，如果他们在英国议会没有代表权的话，就不能被征税。"如果议会通过的法案与这份要求协查令状的请愿书措辞相同，那么这项法案将是无效的。"[6]

和提出的反对这些令状的理由相比，奥蒂斯论述理由的方式更为重要：人的自由权是与生俱来的，和人的生命权一样是不可剥夺的。奴仆享有这些权利，奴隶也反对他们的主人。商人们肯定对这一点感到羞愧难当；马萨诸塞有 5 000 名非洲奴隶和 3 万名奴仆。

专心聆听奥蒂斯的理由的商人们知道，美洲的英裔殖民者一直以来相信，他们拥有"上帝和自然法则"所保证的权利，但是以前从未有人反对过英国议会制定的管理贸易的法律的权威。虽然他们在没有殖民者代表的投票时反对任何一种货物税——一种国内税收，旨在增加财政供政府使用，但是基于英国议会所通过的进口立法的进口税长期以来被商人们所接受。[7]

事实上，英国政府当局长期以来遏制了美洲的商业发展。1699 年的《毛料法》（Woolen Act）将通过水路运输羊毛制品视为非法；哪怕将羊毛运过一条小溪都成了走私行为。最终，羊毛制品贸易没有在殖民地发展起来。1732 年的《帽子法》（Hat Act）禁止美洲制造的帽子出口，而且制帽匠只允许拥有两名学徒。1750 年的《制铁法》（Iron Act）禁止使用滚切机、电镀锻造机和炼钢炉。美洲殖民者甚至不能制作马掌的钉子；相反，生铁必须运往英国，经过加工后再出口至殖民地。

奥蒂斯坚持主张殖民者作为英国国民的权利，抗议英国议会削减（如果不是废除的话）他们作为英国人的自然权利。奥蒂斯一直在法庭上慷慨陈词，直到人们将蜡烛点燃——他的发言几乎持续了 5 个小时。最后，他向法官们鞠躬，首席大法官哈钦森宣布法庭休庭至次日。

在离开法庭时，备感震惊的约翰·亚当斯明白了，奥蒂斯诉诸的是他在童年时就学过的根本理念：他的自由权和生命权一样是不可剥夺的。

在律师们引用典籍和法律先例互相攻击了 3 天之后，哈钦森结束了这次法庭审理。他不会做出判决，而是要在下一次开庭期到来之前继续这个案件。与此同时，他将会给伦敦的贸易委员会写信征求意见，允许海关官员继续使用令状，并继续搜查和扣押。

那年 11 月，马萨诸塞最高法院再次审理"帕克斯顿案"。法官们略过哈钦森，只用了一天时间考虑，便一致做出对令状有利的判决。整整 6 年之后，在伦敦，英国的检察总长和副检察长才支持奥蒂斯为商人们所做的辩护，宣布协查令状在美洲无效。的确，这样的令状只有英国的财政法院才能颁发。与此同时，非法的搜查、扣押和罚款持续不断，使越来越多的商人走向破产。

过了半个多世纪并且经历了一场革命之后，约翰·亚当斯写道，正是在老市政厅的那个冬日，许多波士顿人第一次做好反抗遥远的英国议会的准备。亚当斯写道："这天在这个旧会议厅，独立这个孩子出生了。"[8]

第8章 "一项判断错误的措施"

假如英国人没有开始系统性地掏空乔治·华盛顿努力完成和希望完成的一切，没有削减他的权利、他的特权，以及最重要的——他的收入，那么他可能还安静地待在弗农山庄，过着英国乡绅一样的悠闲生活。

让他不满的源头是土地，土地是他所拥有的财富的根基，也是他想要寻求更多财富的根基。华盛顿对于土地的追求是无止境的。弗农山庄远近周边的地产他都渴望得到，不过他在野外度过的那些年让他对开发北美洲的腹地充满热情。他期待有一天，他会拥有诸如俄亥俄山谷 10 万英亩肥沃的滨河土地那样的地产。

拥有这一梦想的不止他一个。在法国人放弃迪尤肯堡后，殖民者从费城出发，通过新的军事道路，向着俄亥俄山谷奔涌而来。他们的涌入无视宾夕法尼亚对印第安人做出的承诺，这些承诺集中表现于 1758 年的《伊斯顿条约》（Treaty of Easton），表示将不会再在阿勒格尼山脉以西开拓定居点。当英国和法国刚刚宣布和平，愤恨的印第安人就揭竿而起；又过了两年，对新的定居者而言边境地区才变得安全起来。

几乎是 1763 年正式结束七年战争的《巴黎条约》（Treaty of Paris）

刚签署，一份王室声明就打破了投机者在西部森林的新财富梦。1763年5月5日，南部事务大臣埃格雷蒙特勋爵（Lord Egremont）在给贸易委员会主席谢尔本勋爵（Lord Shelburne）的信中写道，有必要"在西部地区和已有的殖民地之间划定一条边界线，目前我们的人不能越过这条边界线去西部定居"。如果实施严格限制的话，那么将会让渴望获得土地的投机者希望破灭。

埃格雷蒙特写道，他更想让移民在新斯科舍或更加靠南的殖民地定居，"在那里他们会对宗主国更有用处，而不是在北美的心脏地带扎根，脱离英国政府的管控，在那里由于很难获得欧洲商品，他们将不得不发展商业和制造业，从而对英国造成极大损害"。[1]

埃格雷蒙特下令，此后从印第安人那里购买任何土地都必须经由帝国的印第安代理人或殖民地地产所有人之手。人们不能再直接从印第安人手中购买土地了。在英国人看来，印第安人属于游牧民，因此英国政府不承认他们对任何土地拥有主权；印第安人没有绝对的所有权，他们也无法授予所有权。

威廉·约翰逊（William Johnson）爵士是北方事务部主管印第安人事务的负责人。他在给贸易委员会的信中写道，这是一个"严重的错误"："每个民族都十分清楚其确切的原始范围；再按适当的比例，将土地分给每个部落，然后细分给每个家庭……他们不会相互侵犯领地，也不会闯入邻人的猎场。"[2]

谢尔本勋爵负责为法国人割让的土地制定政策。他建议将阿巴拉契亚山脉作为西部边界线，将英属定居点和广袤的印第安人保留地分隔开来。有一处例外：俄亥俄山谷中的一小块保留地被划出来，留给如乔治·华盛顿一样的退伍军人。

但是在谢尔本的改革得以实施之前，新任国王用一名对殖民地不大友好的大臣，即希尔斯伯勒勋爵（Lord Hillsborough）威尔斯·希尔

（Wills Hill），将其取代。希尔立即废除了所有为退伍军人保留土地的条款，并且命令已经在阿巴拉契亚山脉以西定居的殖民者"马上搬离"。像华盛顿一样已经在俄亥俄山谷拥有土地的人，现在面临着失去财产及已经投资的金钱的处境。

贸易委员会的新政策反映了希尔斯伯勒的分析，即国王在北美拥有的土地比他在英国拥有的土地要广阔许多倍，"如果这些土地同样住满人的话，那么英国将无法再控制住这些地区……因此很显然，要对人口增加设置限制，并且对北美开拓定居点的范围设置限制"。

贸易委员会在报告中写道，国王亲自"同意并确认了"这一原则，即殖民地向西部的扩张必须限制在"距海岸一定的距离内，以使这些定居点处于英国的贸易和商业可以达到的范围之内"。国王不打算允许定居者在英国监管者和税收官员权限以外的地方居住。英国政府将西部扩张的范围限制在阿勒格尼山脉以东的沿海殖民地，英国的政策由此发生了彻底变化，从"有益的忽视"转变至"权威和管辖权的运用"，英国政府需要用后者使殖民地"恰当地从属并依附于宗主国"。[3]

希尔斯伯勒的命令是对英国议会里极端派要求的附和，这些极端派甚至在法印战争之前就提出，"殖民地应该像爱尔兰那样被统治，应该设立一支常备军队"，同时"削减他们［美洲殖民者］的立法权，这样他们就和爱尔兰处境一样了"（希尔斯伯勒是一名爱尔兰贵族，同时是爱尔兰主要的土地所有人，他雇用了数以千计的佃农）。他所在的派系还坚持主张，以后的皇家总督应该由英国议会任命，以使他们"独立于人民"。[4]

希尔斯伯勒在 1763 年发表的影响力广泛的声明，在枢密院快速通过，并由国王签署生效。这份声明还禁止以后购买声明中提及的边界线以东的印第安人的土地，并且将印第安人置于美洲的英军总司令的管辖之下。

阿勒格尼山脉以西的北美大陆是英国军队和殖民地军队好不容易

夺取来的，现在这一地区成为广袤的印第安人保留地，这里利润丰厚的毛皮贸易将由英国人独享。此外，一万名英国兵力将会监管印第安人和殖民者。

起初，乔治·华盛顿对这条边界线嗤之以鼻。他没有退缩，而是决定组建一家公司，即密西西比土地公司（Mississippi Land Company）。他已经改变观点，认为开拓定居点应该由公司而非个人来进行。他自己撰写协议条款，并且与他的3个兄弟以及李家族的4名成员一起向国王提出申请，想要后者授予其位于俄亥俄河和密西西比河交汇处的250万英亩土地。这一土地授予将会开启密西西比河沿岸从俄亥俄河至田纳西河、长达210英里的地区的开拓定居。所有50名股东每人将会获得5万英亩土地。

如果说华盛顿对在如今为印第安人保留的土地上进行开拓定居有任何道德上的顾虑的话，他在给国王的请愿书中并没有提到这一点。他列举了在布拉多克惨败后，印第安人近期在宾夕法尼亚和弗吉尼亚发起的攻击，认为明智的做法是"［对］那一地区尽可能快速地开拓定居"。[5]

他以公司的名义向国王申请授予土地的文书抵达伦敦的时候，恰好是国王签署禁止向阿勒格尼山脉以西进一步移民的命令之时。股东们继续每年碰头，但他们提出的请愿是没有希望了。

在华盛顿看来，声明中划定的边界线是战后毫无经验的英国政府内阁所犯下的又一个愚蠢的错误。他在给一名股东的信中写道，由于他是弗吉尼亚殖民地下议院议员，他必须将"自己最初的反应深埋心底"。他写道："作为殖民地官员，我可能会因为针对国王声明发表的观点遭到指责。"[6]

然而损害已然造成。很快，华盛顿将会缓慢而小心地开始远离奢侈的生活，并赌上一切，而不是继续向自认为高他一等的英国人卑躬屈膝。

第 9 章 "他们还想要什么？"

当英国政府内阁确信需要一支军队维持美洲的秩序时，其再次改组。在一群反对苏格兰人的暴民在伦敦大街上将布特勋爵的马车掀翻之后，他辞去了首相一职。王太后再一次选择了一名接替者：乔治·格伦维尔（George Grenville）。

作为第一海军大臣，格伦维尔支持一项议会法案，该法案首次允许皇家海军的船只协助实施贸易法。同时，他还是威廉·皮特的大舅哥，极其吝啬俭省；他反对美洲殖民地，在议会上对其谴责痛骂。

英国国家债务之庞大让格伦维尔大为震惊。尽管在战后出现了世界范围内的经济衰退，但格伦维尔却选择在 1764 年 3 月，这个特别不合时宜的时候向议会施压，促使其通过《美洲税收法》（American Revenue Act）。该法是英国议会通过的第一项专门以向美洲殖民者征税的方式为国王筹集钱款的法案；而美洲殖民者此时已经在殖民地立法机构中对自己的税收做出了决定。该法基于英国财政部所做的一项历时 6 个月的有关走私的调查，其初衷在于保护殖民地。该调查报告劝说英国议会延长 1733 年《糖浆法》的期限，并将国外精制糖的关税翻倍。

新的关税影响了几乎所有美洲居民。对于来自和英国有竞争关系的国家的货物，其关税将翻倍。英国议会下议院对外国纺织品、咖啡、靛蓝、荷兰朗姆酒以及马德拉和加那利群岛葡萄酒（这是美洲居民的最爱）的进口征收新的或更高的关税。该法还拟出一份长长的清单，列举了只能出口到大英帝国内部的原材料，包括铁器、毛皮、鲸鱼鳍、钾碱、粗碳酸钾和生丝，从而进一步遏制了美洲贸易的发展。

在詹姆斯·奥蒂斯这名曾经大声反对马萨诸塞协查令状的律师看来，这项新法律是一个危险的试验，用以测试殖民地在面对逐渐增加的要求时会做何反抗。如果英国能够将税额加诸美洲居民"而不用征得其同意，那么他们就不能说是自由的。一旦自由的屏障被打破，一切就都不复存在了"。[1]

对美洲殖民者来说更加糟糕的是，战后的经济衰退仍在持续，且正当英国议会准备将打败法国的费用账单展示给美洲居民时，格伦维尔强行通过了又一项麻烦的立法，规定今后所有的罚金和税额都要用英镑或黄金支付。

这样的要求给美洲带来了极大的负担，因为在美洲，英镑和黄金都十分短缺。殖民地没有银行，也没有跨殖民地流通的货币。在易货和赊购的经济体系中，殖民者自己创造了货币的替代形式。数十年前，马萨诸塞在面对一场严重的现金短缺危机时，曾经想出一个解决办法，但最后以灾难性的结果告终。1740 年，商人老塞缪尔·亚当斯（Samuel Adams Sr.）帮忙设立了一个土地银行，该银行根据已开发土地的估值发放抵押贷款，并且发行纸质货币。但是其对手商人托马斯·哈钦森（当时是总督顾问委员会的成员）劝说皇家总督敦促英国议会将该银行定为非法。伦敦的贸易委员会命令银行的组织者用金银买回他们发行的所有货币。

亚当斯幸运地逃脱了牢狱之灾，但他失去了毕生的积蓄。他没法再担付其子在哈佛学院受教育的费用了。他的儿子塞缪尔·亚当斯

（Samuel Adams）不得不去餐馆当侍应生，为他那些家境更富裕的同学们服务；他感到十分羞辱，并因此痛恨哈钦森、那些支持英国的殖民地派系，以及所有英国人。

从哈佛毕业以后，萨姆·亚当斯*考虑从事律师职业，但随后却进入了商界。他在一家账房担任簿记员，这份工作他只做了几个月；他过于沉浸于政治了。他的父亲想方设法筹措了1 000英镑（约合今天的15万美元）帮助他创办了一份政治报纸；不到一年，这份报纸就停刊了。

随后，他父亲在政界核心圈子里的朋友将他任命为波士顿的税收官员。事实证明，他不太愿意向普通公民收税，而是将注意力集中于富裕商人。当他辞去这一职务时，征收的税金减少了8 000英镑（约合今天的120万美元）。

尽管如此，他父亲依然让他成为家族麦芽生意——向市里的啤酒厂供应麦芽——的合伙人。萨姆继承了生意和一栋漂亮的房子，但他对二者都不上心，而是更加醉心于政治——并由此深陷债务之中。他的二堂弟约翰·亚当斯说，萨姆"从来不做计划、制定时间表，或者为他自己或后人进行规划"。[2]尽管如此，当英国议会通过1764年《货币法》（Currency Act，该法案将殖民地所有货币视为非法）时，萨姆·亚当斯还是在波士顿城镇会议上成为反对派领袖。

该法案将矛头特别指向弗吉尼亚，后者一个多世纪以来一直用烟草支付其神职人员的薪酬。根据1748年通过的立法，该殖民地官方认可的英国国教神职人员每年的薪酬是16 000磅烟草。在新英格兰，支付给神职人员的是木柴：冬天，受欢迎的牧师在炉火边烤得暖暖和和，用多余的柴火换取其他必需品；不受欢迎的牧师则在冰冷的壁炉边瑟瑟发抖。

---

* 萨姆（Sam）是塞缪尔的昵称。——编者注

当弗吉尼亚的烟草作物在 1758 年因为漫长的旱灾歉收之后，烟草的价格猛涨，从每磅两便士涨到 6 便士，神职人员的薪酬也因此成了原来的 3 倍。在教区居民的抗议下，殖民地议会通过一项立法，允许欠下的烟草用新的纸币支付。弗吉尼亚殖民地下议院发行了 25 万英镑（约合今天的 3 750 万美元）的法定货币。《两便士法》（Two Penny Act）将神职人员的薪酬定为每磅两便士，即烟草原先的价格。弗吉尼亚一直发行纸币，直到 1764 年乔治三世国王否决了该项法案，代之以《货币法》。

帕特里克·亨利（Patrick Henry）的首次法庭亮相是为《两便士法》辩护。他指出："国王否决这些有益的法案，从而从子民之父堕落为暴君，并无权要求子民的忠顺服从。"[3]

来自国王的否决使得美洲殖民者没有了银行、没有了货币，也没有了自己的铸币权。在一个靠信用维持的体系中，许多殖民地的金融交易都采取以物易物的方式——用多余的谷物换取家畜的做法十分常见。乔治·华盛顿的烟草作物被运送至他在伦敦的经纪人那里，其收入记入他的账户，用来购买种类多样的制成品，既有家具、衣服，也有奢侈品，并且商品名单日益见长，都是殖民者不被允许制造的东西——例如帽子和毛织品。所有向王室及其代表所缴纳的费用，包括契约记录费用、海关关税，甚至婚姻登记费用，都必须用铸币支付，即 9 个国家的金币或银币，包括英国的英镑和西班牙的银元。欠英国公民的债务也可以用殖民者运送至英国的原材料来支付。

英国议会通过了《货币法》，由此急剧地将英国国内政府管理权延伸至殖民地政府，罔顾后者原来通过特许状所获得的特权。对于正在战后剧烈的经济衰退中挣扎的美洲殖民者来说，缩减现金供应、以通货紧缩为目的的《货币法》和高涨的进口关税的严格实施，有摧毁殖民地经济的危险。

在波士顿死气沉沉的码头边，美洲贸易崩溃的影响随处可见。1764年5月，波士顿城镇会议谴责英国议会向殖民地征税却拒绝给予殖民地在英国议会代表权的做法，并敦促殖民地团结起来反对英国。

萨姆·亚当斯将英国议会每次会期通过的一系列新法规视为对殖民者权利的侵犯，认为其值得人们警惕。他预见了向殖民者征税却拒绝他们在英国议会下议院拥有代表权的结果：

> 如果我们的贸易会被征税，那么为什么不对我们的土地征税呢？为什么不对我们土地上的物产和我们拥有或使用的一切物品征税呢？在我们看来，这样做剥夺了我们自己管理政府和收税的权利，这些权利是由特许状赋予我们的。这样做动摇了我们的英国特权，既然我们从未废除过这些特权，那么我们和在英国土生土长的同胞们一样享有这些特权。如果用任何一种形式对我们征税，却不在征税之地给予我们代表权，那么我们的身份难道不是从英国的自由臣民降低为可悲的附属于人的奴隶了吗？[4]

在 1764 年 8 月举行的美洲首次贸易抵制活动中，波士顿商人停止进口英国蕾丝和褶饰。技工紧随其后，只穿着在马萨诸塞制作的皮质衣服。一场不进口运动向南蔓延至弗吉尼亚，该殖民地正在为英国议会的另一项法令心烦意乱，这项法令极大打击了乔治·华盛顿和许多其他弗吉尼亚人对于财富的憧憬。参加过法印战争的老兵曾被许诺授予土地，以作为参军的奖赏；华盛顿期待获得 15 000 英亩土地。当1763 年的王室声明关闭边境之后，他们关于未来土地的期望也随之泡汤了。

首先让华盛顿感到担忧的是货币危机。硬通货紧缺，纸币被判定为非法，华盛顿和其他种植园主一样，不得不依赖进一步借款或深陷于债务中，而债主则是英国商人。他警告，英国商人坚持让他们用英镑偿还债务的做法将会"使整个北美洲陷入烈焰中"。[5]

当印第安人向边境进攻时，这一次国王拒绝提供军事帮助，而是让弗吉尼亚民兵单打独斗。华盛顿议员被委以寻找支付民兵薪酬方法的任务。

随着经济衰退的加深，英国商人拒绝给美洲殖民者提供更多借贷。作为回应，马萨诸塞殖民地议会成立了一个通讯委员会来与其他殖民地议会联系，由此组织了首次跨殖民地抗议运动。

当抗议运动愈演愈烈时，英国议会不甘示弱，作为反击，于1765年通过了《印花税法》（Stamp Act），这是首次加诸美洲殖民地的消费税。

该项税收和预计中的关税计划每年收取6万英镑（约合今天的900万美元），相当于英国在殖民地驻军费用的1/3。

在英国，长期以来印花税票被要求印在如下物品上：运货单、骰子和扑克牌、抵押贷款文件、卖酒执照、遗嘱、所有类型的法律文件、保险单、出版的小册子、新闻用纸、报纸广告、年鉴、宣传手册、日历、测量文件，甚至大学文凭。

书写法律文件的纸张要从英国购买，纸张上已经印上了印花税票，价格特别昂贵。学徒和店员的合同需要缴纳不菲的印花税，约等于5%的工资税。

当时，大约一半的哈佛学生依靠奖学金过活，每一张文凭的印花税票是两英镑（约合今天的300美元）。威廉·帕特森（William Paterson）是未来的国会议员，也是美国宪法的起草人之一。他那时手头不宽裕，从新泽西学院（今天的普林斯顿大学）毕业时，付不起必须缴纳的印花税。他不得不在他父亲的商店里工作了两年，然后才从事律师工作。

印花税要求人们用金币或银币购物，而当时现金短缺，失业率居高不下。那些影响力极大的殖民者——商人、律师、船东、酒馆老板——的负担最为沉重，这一夜之间扩大了反对英国议会权力的基数。

在新泽西，身无分文的法律从业者关闭了法院，而不是开展任何需要缴纳令人憎恶的印花税的业务。他们没有钱购买法律文件所需的印花税票，同样身无分文的客户常常在好些年后才能付给他们酬金。

和其他南部种植园主一样，乔治·华盛顿受到新税法的打击不小。他记录的每一件事、签订的每一份租约、为运往英国的作物所投的保单、向法院提交的每一份文件，都必须缴纳 4 先令金币或银币——这是他付给农场经理一周的工资。

在白天巡查完田地或是研读完账簿之后，华盛顿喜欢在弗农山庄的赌桌上和客人玩扑克牌或掷骰子，以此来放松自己。现在，每一副扑克牌都需要缴纳 1 先令印花税，每一对骰子都需要缴纳 10 先令印花税——这些钱足够买到一桶上好的马德拉葡萄酒或两匹马了。《弗吉尼亚公报》上充斥着抗议印花税的来信和文章，而该报的每一页都需缴纳 1 便士印花税。

当华盛顿骑马前往威廉斯堡参加殖民地下议院会议时，他不得不哄劝马儿穿过一群粗野的内陆农场主。这些农场主穿戴着鹿皮绑腿和狩猎服，从谢南多厄河谷一路骑行至此。他们的心情糟糕透了。任何新税收影响最大的就是这个群体：他们用打猎或种植所获换取一切所需用品。每一笔本金借贷、每一份租约、未来收成的每一项抵押，都需要用金币或银币向法院支付费用。他们上哪儿去获取更多的钱呢？

4 个月前，一艘船带来了有关最新税收的消息；在这 4 个月中，华盛顿起初对政治冷静旁观，但是将美洲殖民者与英国越绑越紧的一套体系让他愈益焦虑不安。他曾经花了很长时间才开始质疑英国针对美洲殖民地的政策。但是现在，他向伦敦的代理商抗议印花税，这些代理商销售他种植的烟草，并帮他购买所有他不被允许制造的货品。

他觉得他被中间商劫去了钱财,现在,劫去他钱财的人还要加上印花税的制定者。英国实施的惩罚性征税只会让美洲殖民者减少对英国进口货物的依赖,开发他们自己的物品,并且为他们自己的市场制造产品。华盛顿将印花税称为一项"判断错误的措施",并首次公开批评英国的贸易政策:

> 他们还想要什么?所有导致我们减少进口英国货物的税收政策,肯定会对这些货物的制造商造成伤害……我们的人民将会意识到,我们迄今为了从英国购买奢侈品已经挥霍了不少钱财,我们完全可以摈弃这些奢侈品,大部分生活必需品也都能够从我们自己人中获得……到那时,英国的出口货物可以想征多高的税就征多高的税,但是消费对象在哪儿?……没有钱来支付印花税……谁将会因这件事受到最大的损害?商人还是种植园主? [6]

英国商人可以回答华盛顿的这个问题:出口到美洲的货物在1764年到1765年间下降了15%。

在詹姆斯·奥蒂斯的推动下,马萨诸塞殖民地议会提议召开跨殖民地会议,以寻求从这项令人憎恶的税收中解脱出来的办法。1765年10月,来自9个殖民地的代表齐聚纽约市参加印花税法案会议,而《印花税法》即将在下月生效。

在参加第一次跨殖民地会议的27名代表中,有10人后来参加了第一届大陆会议。弗吉尼亚、北卡罗来纳和佐治亚无法派出代表,因为这3地的皇家总督拒绝召开殖民地会议选举代表;新罕布什尔没有派出代表,但在会议结束后赞成会议决议。

在由费城律师约翰·迪金森（John Dickinson）执笔、措辞温和的《权利和不满宣言》（Declaration of Rights and Grievances）中，代表们坚称，他们拥有和国王在英国的臣民同样的权利和自由。最为显著的一点是，该宣言认可如下观点，即"无代表不纳税"，该观点由参会代表们以个人名义提出。

美洲殖民地和英国相距 3 000 英里，殖民者不可能作为英国议会成员出现在下议院。因此，印花税法案会议得出结论，只有殖民地自己选举出来的立法机构才能对殖民者制定税法，这些立法机构是在殖民地征税的唯一合法机构。

该会议重申，由陪审团审判是所有英国臣民与生俱来的权利，抗议英国议会将海事法院的权力延伸至美洲，授权海事法院在大英帝国的任何地方审理案件。海事案件现在可以由法官而非陪审团来判决，这种新做法允许法官和海军军官将他们所征收的罚款装入自己的口袋。在休会之前，代表们为了强调他们的决心，投票支持继续抵制英国商品。

1765 年 11 月 1 日，即《印花税法》生效的当天，美洲殖民地几乎所有的商业活动都暂停了；那时，找不到一张印花税票。在各个殖民地，由国王任命的印花税专员——每一名印花税专员都承诺要收取 3 000 英镑（约合今天的 45 万美元）的税收——遭到恐吓，都辞职不干了。当英国议会对印花税法案会议的请愿视而不见之后，几乎所有沿海市镇都爆发了暴乱，那些市镇的失业率都不低。

有些商人并非自愿参加抗议活动的。那些反对参加的商人面临着来自"自由之子"（Sons of Liberty）的愤怒，后者是一股有影响力的新的政治势力。在波士顿，萨姆·亚当斯组织了一群码头壮汉，他们在喝了大约一品脱朗姆酒后，在大街上追逐新任命的印花税专员安德鲁·奥利弗（Andrew Oliver）。他们将奥利弗的房子洗劫一空，然后喧嚷着去抢劫他的姻亲托马斯·哈钦森的宅邸，后者不久前被任命为皇家总督。哈钦森及家人差不多刚刚逃出去，那些"自由之子"的成员就用滑轮工具将他的宅邸拆毁了。

甚至就连本杰明·富兰克林都不能幸免。在费城，一伙人围攻了他的房子，他们怀疑当时仍然担任英属北美殖民地副邮政总长的富兰克林发明了令人痛恨的印花税票（他其实安排任命了一名朋友担任宾夕法尼亚的印花税专员）。黛博拉·富兰克林（Deborah Franklin）在给伦敦的丈夫的信中写道，另一群由 800 名支持富兰克林的商人和技工组成的暴民确保了她的安全。

富兰克林根本不是这场危机的肇事人；与之相反，他此时正在伦敦，坚持不懈地游说英国议会废除这项令人憎恶的立法，巧妙地使自己成了在英国的 16 名殖民地代表的首席发言人。富兰克林使用各种不同的笔名，给伦敦的报纸大量写信。他分发了数百份他自己画的漫画，并且在他的《宾夕法尼亚公报》上刊登了一幅，画中大英帝国分崩离析，背景是诸多空置的船只。

他在《伦敦纪事报》（*London Chronicle*）上刊登了他与马萨诸塞殖民地总督威廉·雪利在 1754 年的通信，后者很久以前私下里告诉富兰克林，国王已经在计划要确保殖民地议会没有权力。

富兰克林告诉英国读者，向殖民地征税，却不让其在英国议会拥有代表权，这就好像"在敌国募集捐款"。美洲殖民者已经支付了沉重的间接税。现存的英国法律限制美洲与其他国家的贸易，并且禁止殖民地发展制造业，使得美洲物价居高不下。英国商人和制造商从中获利，使得英国人从美洲殖民者的口袋中掏钱支付他们自己的税额。

美洲殖民者冒着失去生命和财产的危险，开拓新的殖民地并保卫其不受英国敌人的侵占，由此拓展了英国的势力范围，极大地促进了英国的商业发展。然而现在，他们却被要求放弃作为英国人的自然权利。

富兰克林和儿子在英伦诸岛广泛游历。他了解到，美洲的抵制活动使得出口量急剧下降，这让英国人也很不好过。富兰克林带头组建了一个委员会，后者拜访了30座城镇，向英国商人分发要求英国议会废除《印花税法》的请愿书。到1766年1月，伦敦商人的请愿书已开始将破产归咎于美洲市场的丧失。

2月，英国议会召集殖民地代表出席作证。富兰克林站在讲台上，回答了174个问题，这些问题他事先非常小心地交给了支持美洲殖民地的议员们；他的语速非常快，不容插入不友好的质疑声。1766年3月4日，英国议会下议院投票废除了《印花税法》，投票结果是悬殊的275∶167。[7]

废除《印花税法》的消息通过一艘由约翰·汉考克拥有的船只快速传到波士顿。在伦敦，汉考克被视为美洲最富有的商人。他参加了抵制《印花税法》的活动，与萨姆·亚当斯结成联盟。在庆祝该法被废除的这一天，波士顿人从家中蜂拥而出，向空中鸣枪，并高喊汉考克的名字。

汉考克和"自由之子"的成员一道大步前往债务人监狱，他还清了所有被关押者的欠债。他点燃烟花之后，打开了250加仑的马德拉葡萄酒请人群畅饮；在他的宅邸里，他则为波士顿的"上流人物举办了一场盛大优雅的招待会"。

当富兰克林在英国成功地组织抵抗活动，反对英国议会在美洲实施一项不受欢迎的新税收时，约翰·汉考克在波士顿成为反税收激进分子的英雄，给萨姆·亚当斯的抗议运动带来了来自新英格兰最富裕阶层的支持。

第 10 章 "一半的英国现在都在为土地而疯狂"

随着令人憎恶的《印花税法》被废除，许多美洲殖民者转身背向英国，面朝西部，想要找到方法从法国人离开的那 20 亿英亩土地中获利。

在康涅狄格，即人口密度最大的殖民地，因为给英军提供物资而聚集在一起的拥有钱财的投机者购买了整片荒凉的市镇。伊桑·艾伦（Ethan Allen）和他的兄弟们用少量的钱，购得了今天佛蒙特州 20 万英亩的土地。

在英国，购买头衔需要王室人脉；在美洲殖民地，获得政府的土地授予需要伦敦人脉。本杰明·富兰克林远在伦敦，他与宾夕法尼亚的安东尼·韦恩（Anthony Wayne）一起加入了这场争夺政府土地授予的竞争。他们获得了在今天加拿大新不伦瑞克省的两万英亩赠地，来重新安置费城过度拥挤的德国移民。

1766 年春，富兰克林的儿子威廉（当时被任命为新泽西殖民地的皇家总督）与费城的教友派商人合作为英国驻军提供物资。当本杰明的 20 年出版合作关系即将到期时，他日益担忧他的收入减少。在给黛博拉的信中，他写道：

如果我失去在邮政局的工作，那么我们就只能依靠租金和存款利息过活了……当收入减少时，如果不能相应地减少开支，那么必将陷入贫困。就我自己来说，我在这里过得非常节俭。[1]［实际上，富兰克林是伦敦 60 个美食俱乐部的成员，并且在一名葡萄酒商那里有着高额消费。］

富兰克林父子组建了大俄亥俄公司（Grand Ohio Company）。他们向国王提交请愿书，想要获得从威斯康星河延绵至俄亥俄河、从瓦伯西河延绵至密西西比河的一大片土地。小富兰克林敦促他的父亲动用他在王室的人脉，以获取这一土地的授予特许状。

本杰明在担任宾夕法尼亚殖民地议会代表的同时，也是大俄亥俄公司在伦敦的代表。富兰克林父子邀请一名隐名合伙人——威廉·约翰逊爵士（美洲印第安事务负责人）拟出一份有影响力的英国人的名单，然后给这些人写信以增加该项目的可信度。这将使威廉爵士"有机会将您的意见提交给英国政府……这对本公司而言用处极大"。

这些身居高位之人的推荐信将被送至身在伦敦的富兰克林那里，然后将被"呈交给国王及其顾问以获得他们的确认"。威廉爵士将抓紧完成此事：他给威廉·富兰克林总督的信写得越快越好，因为"一半的英国现在都在为土地而疯狂，那儿所有人的眼睛都盯着这片土地"。[2]

威廉·约翰逊在回复富兰克林总督的信中写道，他热切地想要继续推进该计划，并说"我认为，我用更加常用的语言来推荐这一计划将会得到更好的答复，因为我听说有人正在就某件事进行煽动"。

约翰逊随后给在伦敦的首席国务大臣亨利·康韦（Henry Conway）写信，并且"应数位富裕且品行高尚的绅士的要求"附上了该计划。他强调了新的殖民地将会给英国带来的收益，然而他却对将会给他自己带来的收益闭口不提。[3]富兰克林总督随后又邀请纽约殖民地皇家总督亨利·摩尔（Henry Moore）爵士加入了该计划。

同时，富兰克林总督在给他父亲的信中写道，他认为在伊利诺伊地区购买如此大片的土地没有任何意义，除非该地区成为一个单独的殖民地——他认为威廉·约翰逊爵士将会成为该殖民地的皇家总督。本杰明喜欢他的儿子提出的建立新殖民地的观点；但是威廉没法提名更多人进入大俄亥俄公司，这让他颇为失望。

富兰克林估计新的殖民地将会有"将近 6 300 万英亩——足够容纳大量的人口"。在不到一年的时间里，他成功地拉拢谢尔本勋爵，使他加入了他们的计划。但不久谢尔本被希尔斯伯勒勋爵所取代，后者"极其害怕驱逐爱尔兰人口"。

为大俄亥俄公司获得土地授予铺平道路的每个政府部门的每名成员，都以每股 200 英镑（约合今天的 3 万美元）的价格入股了该公司。公司股东包括前首相沃波尔的 3 名侄子、宫务大臣、贸易委员会秘书的兄弟、上议院议长、国王枢密院的两名成员、东印度公司的一名理事、邮政大臣，以及财政大臣和副大臣。

当富兰克林再次带领一个代表团在白厅呼吁时，希尔斯伯勒指出："他们最好的办法是为新的殖民地购买足够的土地，'比如说，2 000 万英亩！'"[4]

富兰克林的请求将由贸易委员会受理。该委员会的大部分成员也拥有大俄亥俄公司的股份。他们投票将授予大俄亥俄公司土地的意见提交给国王，以获取后者的同意。1772 年 8 月，国王枢密院的全体成员同意建立一个新的殖民地。这个殖民地将被命名为万达利亚（Vandalia），以纪念夏洛特王后（Queen Charlotte）在德国的出生地。

富兰克林父子现在可以盼望在肥沃的伊利诺伊各自拥有 313 142 英亩土地。但是他们将要踏上的土地也是乔治·华盛顿及其密友李家族所虎视眈眈的。

仅仅在英国议会切断向西部进一步扩张的数月之前，华盛顿做出承诺，支付他的那一份费用以确保密西西比土地公司的土地授予。当1763年声明中划定的边界线公布时，"推销员"华盛顿告诉投资者，这只是"一项安抚印第安人的权宜之计"。[5]

年轻的阿瑟·李（Arthur Lee）在伦敦代表他的家族利益。他听说了富兰克林父子的新土地公司，写信回家，向他哥哥理查德·亨利（Richard Henry）报告此事。英国政府已经"把一切都拿来出售了"，并且"准备将他们的土地授予一个由冒险者组成的公司"。

李在伦敦律师学院接受过律师训练。他马上向英国政府提交了一份请愿书，请求在密西西比公司了解富兰克林父子计划的条款之前，不要将这些有争议的土地授予大俄亥俄公司。

李指出，密西西比公司只要求获得250万英亩土地，这片土地不仅和大俄亥俄公司所要求的土地有重合，而且与老的弗吉尼亚俄亥俄公司有冲突，华盛顿和李家族成员仍然是后者的成员。

乔治·华盛顿宅第的游廊俯瞰波托马克河。在那里，华盛顿设想将大西洋与密西西比河、俄亥俄河以及五大湖连起来，这无疑勾勒出他想要建立的庞大的贸易帝国。这将是华盛顿在余生一直追求的景象。他遵从泰德沃特地区的惯例，购买了更多土地和奴隶，并用烟草购得奢侈品，将他的农舍装点成了庄园宅第。

不过，他的账本依然清楚无误地表明收益正在下降。几乎没有几个弗吉尼亚人拥有船只；他们依靠英国商行在海上运输货物。华盛顿推测，他的庄稼收益，多达80%都花在了缴税、运输、货物卸载、称重、仓储、在伦敦码头的重新装载，以及为预防船只沉没所投的保险上。

花费还不止这些。华盛顿在伦敦的经纪人提供了一系列收费服务，收取3%的利息——这是法律所允许的最高利息——为华盛顿购买最时髦的货品，包括华盛顿最喜欢的奶酪（双重格洛斯特奶酪和柴郡奶酪），以及农场工人所需的毡帽和铁质工具。因为英属美洲殖民地不被允许设立银行，他的经纪人还扮演了银行业者的角色，允许种植园主客户开具汇票，作为对烟草销售收益或以后运输费用的保付支票。

华盛顿给他的伦敦经纪人约翰·华盛顿送去 1760 年的烟草作物和总额为 869 英镑（约合今天的 13 万美元）的两张汇票，让其帮忙购买与他的土地毗邻的 2 238 英亩土地；第二年，又给他 259 英镑（约合今天的 4 万美元）的汇票购买奴隶。在这些汇票到达伦敦的同时，经纪人给华盛顿寄来了 4 张应由欠他钱款的人支付的汇票。这些汇票遭到了抗议——用今天的话来说，就是被拒付退回了。

突然之间，华盛顿发现自己背负了 1 900 英镑（约合今天的 35 万美元）的债务，并且第一次要为此支付利息。这让他震惊不已。

华盛顿开始研究弗吉尼亚的货物价格。他发现他的英国经纪人对从英国运来的亚麻织品、毛织品，甚至质量很差的钉子收取的费用比市场均价高 25%。玛莎收到的来自伦敦的大多数衣服不仅十分过时，而且不合身。

华盛顿存了数年的钱，以将玛莎的敞篷马车换成豪华马车，车门上将印有他的家族纹章。但是送达的马车，其装饰豪华的内里却破旧发霉，在码头上就开始散架了。他最后得出结论：伦敦商人以高额的利润将他们无法在英国出售的次品倾销到美洲。经纪人们"用欺骗的手段将货物卖给我们，有时是陈旧过时的货物，有时是质量很差的货物，同时不忘将价格提高。只有我们的先辈昔日才有可能用到那些经常被运到我们这里的货物"。[6]

华盛顿需要现金，他将目光投到可以增加收入的现实方法上。起初，他决定从种植烟草改为种植小麦和玉米，这些他可以直接卖给邻居们。然后，他建造了一艘渔帆船和一艘双桅帆船，在河里捕捞鲱鱼和白鲑，他可以将这些迅速地运至当地市场。

他农场的山坡上满是梨树和苹果园；他订购设备，将亚麻纤维织成粗亚麻布，给农场工人制作衣服。很快，他小麦的收成超过了弗吉尼亚市场所需；他开始在费城和西印度群岛出售小麦。1762年，他不再购买奴隶，而是引进了技术熟练的织布工和工匠，教授他的奴隶如何制作自己的衣服、修建自己的房屋。

到18世纪60年代末，华盛顿估算他有100名任何时候都无所事事的奴隶。纯粹基于经济原因，他开始质疑奴隶制。他将河边的优质土地出租给移民而来的佃农，后者将其种植的烟草卖给苏格兰店主，然后用现金支付华盛顿租金。到1774年，华盛顿每年的租金收入是8 000英镑（约合今天的38.6万美元），这让他不再依赖英国债主。

一开始，几乎没有美洲殖民者预料到，英国议会在废除《印花税法》的法案结尾所做的声明，将会引发一场猛烈的斗争。该声明指出，英国议会在有关美洲殖民地的一切事务中拥有最高权威。

在大多数伦敦观察家看来，这一法案看起来不过是一项挽回颜面的措施，没有任何分量，因为殖民者一直以来享有由英国国王在17世纪颁发的特许状所授予的权利，他们可以制定自己的法律，然后将其提交给国王以获得批准，而国王批准只是走个过场而已。

新泽西学院的学生们兴高采烈，他们在拿骚大厅前种下两排无花果树——这些树现在还在——来庆祝《印花税法》的废除。纽约殖民地议会委托铸造了乔治三世国王和威廉·皮特的骑马雕像。

但是康涅狄格殖民地副总督乔纳森·特兰伯尔（Jonathan Trumbull）却因为英国议会有关最高权威的声明而感到不安。当接到伦敦的指令，要求美洲殖民者现在为英国军队提供食宿后，他变得越发担心。对他来说，这意味着美洲就好像被征服一样，变成了一个被占领的国家。

特兰伯尔是新英格兰一名杰出的商人和政界人物。他在加入位于西康涅狄格的莱巴嫩的家族生意之前，就读于哈佛学院的神学院。他的父亲是一名从未受过教育的农场主，他养殖肉用牛和肉用猪，将它们赶往波士顿，那里的肉类商人将其出口至英国和爱尔兰，以换取奢侈品货物，他的父亲再将后者分销给康涅狄格全境的各个商铺，以此建立了广泛的贸易业务。他的父亲成为该殖民地的主要商人，销售各式各样的货物，包括大量的蕾丝、手套、火药、刀具、朗姆酒和食品。¹⁰¹

乔纳森·特兰伯尔及其合伙人创立的跨大西洋贸易公司从新伦敦港发出大约 60 艘船：12 吨的单桅帆船将货物运到波士顿和罗得岛的市场；80 吨的双桅帆船将马、牛和木材运到西印度群岛，换取糖和糖浆；200 吨的横帆双桅船将腌肉和鳕鱼运到地中海地区，将亚麻籽、木材、钾碱、鲸鱼鳍、鲸鱼皮和毛皮运到英国和爱尔兰。

特兰伯尔给楠塔基特岛提供农产品、牛肉和猪肉，以此换取鲸油，他将后者运到英国，再以此换取华丽的服饰和家具。他在位于莱巴嫩的宽敞的店铺里出售这些货物，这个店铺可以说是现代百货公司和批发市场的雏形。

特兰伯尔和费丝·罗宾逊（Faith Robinson）——"五月花号"（Mayflower）上的清教徒约翰·奥尔登（John Alden）和普莉西拉·奥尔登（Priscilla Alden）的直系后裔——结婚，由此跻身于新英格兰的清教徒精英圈子。他建造了一座山顶宅第，将其装修得富丽堂皇，他在那里叱咤风云，举手投足就像一位英国乡绅。他乘坐高档马车在乡间穿行，身着在波士顿定做的由精良的英国面料剪裁而成的衣服，热情又好客。

他在乡间声名显赫，一部分原因在于他给人们提供借款。到 1764年，当英国议会废止殖民地货币时，特兰伯尔的账簿上记录的借债超过了 1 万英镑（约合今天的 150 万美元），其中很多都是旧债，无法收回了。特兰伯尔接受美洲殖民者以牲畜、烟草、柴火、马车运送服务和木工活的形式来偿还债务，但是他的英国债主坚持他用金币和银币偿还债务。

英国议会"新的枷锁"让特兰伯尔忧心忡忡。他担心英国人将会部署军队来应对反对新税收措施的抗议。当第一次听到有人谈论起让殖民地脱离英国时，他在给康涅狄格的伦敦代表威廉·塞缪尔·约翰逊（William Samuel Johnson）的信中写道，他仍然认为英国和美洲的利益是"相互的且不可分割的"。

只要殖民地想要得到英国的保护和制成品，那么脱离就不符合殖民者的利益。只要殖民地提供原材料、商品和服务这些"对英国有用的东西"，特兰伯尔相信，那么永远符合英国利益的做法是让殖民地"依附于英国并为英国所用……如果采取暴力或者倾向于使用暴力的方法来维持殖民地的这一依附状态，将会加速殖民地脱离英国"。[7]

当本杰明·富兰克林谋求获得大量土地的授予时，当乔治·华盛顿开始意识到英国商人是如何在英国的贸易垄断中利用日益增长的成本来剥削美洲殖民者时，乔纳森·特兰伯尔不情不愿地加入了高涨的抗议运动，不断扩充着他的国际生意伙伴的庞大网络。

第 2 部分

脱 离

第11章 "和我们骨肉相连的人"

随着数年的动乱如山雨欲来的风暴所带来的威胁一样持续不断，大西洋两岸的暴民让乔治三世国王大为震怒。他再次重组内阁，于1766年8月弃用格伦维尔，召回如今头衔为查塔姆伯爵（Lord Chatham）的威廉·皮特，任命其为首相。

查塔姆随后任命有"香槟查理"（Champagne Charlie）之称的查尔斯·汤森（Charles Townshend）为财政大臣。汤森是一个贪恋杯中之物的乡村贵族，他情愿待在乡村宅邸进行庄稼轮作试验，或是用粪肥给萝卜地施肥。

不久，查塔姆伯爵的健康状况开始恶化，汤森担起了英国政府首脑之职。他对美洲殖民地持反对立场，在议会里谴责痛骂，由此臭名昭著。现今他大权在握，决意采用新的税收方式来剥夺殖民地议会掌控地方政府的能力。

正如本杰明·富兰克林给在新泽西的儿子的信中所提到的，随着汤森现在执掌权柄，"没有任何中间道路可走。只能从两个极端选项中挑选其一，英国议会要么有权为我们制定一切法律，要么无权为我们制定任何法律"。[1]

但是当汤森于1767年6月宣布对美洲殖民地进口的玻璃、铅条、茶叶、油漆和纸张征收新的税收，以支付美洲文职官员和法官的薪水时，甚至连他的同僚都大吃一惊。此外，汤森还对海关部门进行了重组，将其置于美洲海关专员委员会（American Board of Customs Commissioners）的管辖之下，后者的总部位于波士顿，正是那里最先反对英国的税收政策。

为了更加高效地实施新的税收法案，汤森用波士顿、费城、新奥尔良和哈利法克斯这些港口城市的地方法庭取代了位于哈利法克斯的旧的海事法庭。随后他为殖民地设立了一个事务办公室。该办公室的首位官员是对美洲殖民地持强硬反对立场的希尔斯伯勒勋爵威尔斯·希尔。一直以来提倡"有益的忽视"的纽卡斯尔公爵（Duke of Newcastle）认为希尔斯伯勒沉迷于使用强力："做什么都要使用强力的准则现在四处盛行。"在一次气氛紧张的会面之后，富兰克林将希尔斯伯勒对美洲人的看法总结如下：令人头疼的孩子，必须施以惩罚使其顺从。[2]

英国议会实施新税收法案的后果很快被证明是灾难性的。在不到8个月的时间里，爆发了新一轮暴动，并再次出现针对英国进口货物的严重抵制。从波士顿到纽约市，愤怒的城镇会议参会者将汤森的这一税收法案斥为对殖民地居民权利的广泛侵犯。波士顿商人的一项针对英国奢侈品货物的抵制措施于1768年1月1日生效；纽波特、普罗维登斯和纽约市的商人紧随其后制定了类似的抵制措施。

1769年初，波士顿商人将抵制措施收紧，抵制对象囊括了几乎所有英国货物，只有大浅滩渔场所需的设备被允许进口。纽约商人取消了所有于1768年8月15日之后发往英国的订单，在英国议会取消《汤森税法》（Townshend Acts）之前抵制英国进口货物。零售商承诺不与拒绝参与抵制活动的商人有交易往来。到1769年秋，所有港口城市的商人都参加了抵制英国进口货物的活动。

除此以外，弗吉尼亚殖民地禁止从英国王室所拥有的皇家非洲公司（Royal African Company）进口奴隶。为了推动本土羊毛生产、鼓励本土纺织业发展，弗吉尼亚种植园主承诺不宰杀在 5 月 1 日前断奶的羔羊。

大学生们承诺不再饮用进口葡萄酒。在女王学院（现罗格斯大学）1770 年的毕业典礼上，毕业生们身着家纺土布制作的长袍而非传统的进口学位服，出现在端坐于讲台上的皇家总督威廉·富兰克林的面前。家庭主妇们承诺不再使用从英国进口的茶叶，并不再穿戴时髦的绸缎服饰。

正常情况下，英国的出口货物有整整 1/3 销往美洲；跨大西洋贸易提供了数以万计的工作岗位。因此，反对《汤森税法》的贸易禁令对英国商业造成的冲击甚至超过了《印花税法》危机。

1769 年，进口货物减少了 35%。在纽约，出口货物减少了 86%；在费城，出口货物减少了近一半。总体来看，英国向美洲殖民地的出口货物仅在一年中就骤然减少了 40%。

乔治·华盛顿失去了制造铁器的权利，正如其父曾经遭遇的那样，他因此怒不可遏。现在英国法律禁止美洲制造铁器，他不得不从英国进口许多重要材料，他的工匠本可以经过培训就能在弗农山庄将这些材料生产出来。他第一次公开表明立场，呼吁使用美洲强有力的新型经济武器——抵制。他敦促让英国贸易和制造业"忍饥挨饿"。此外，他认为取消进口将会使种植园主过上量入为出的日子，并且激励本土制造业，增加就业。任何拒绝大范围抵制英国货物的人都"应该感到耻辱"。[3]

针对英国进口货物的严重抵制，迫使英国议会于 1770 年 4 月取消了《汤森税法》中的所有税收项目，仅保留了一项象征性的每磅征收 3 便士（约为 2.5%）的茶叶税。但是就连这样一项小额税收也违背了美洲殖民地人民想要让英国人明白的原则。

　　并非所有的弗吉尼亚人都遵奉这些抵制措施。托马斯·杰斐逊（Thomas Jefferson）是当时弗吉尼亚殖民地的一名自命不凡的年轻律师。他的父亲是一名土地勘测员，曾经绘制了该殖民地的边界线。杰斐逊家中有8个孩子，小托马斯起先被送去一所由神职人员开设的寄宿学校学习，后来入读威廉与玛丽学院。在学习了整整7年法律之后，杰斐逊在办公室门口的铭牌上注明自己是谢南多厄河谷唯一有资格在弗吉尼亚殖民地最高法院出庭的律师。在殖民地议会于威廉斯堡开会的日子里，杰斐逊对玛莎·威利斯·斯凯尔顿（Martha Wayles Skelton）展开了追求。他发现他们两人都热爱音乐，于是便将支持抵制进口货物的承诺抛诸脑后，为他的准新娘从伦敦定制了一架纯桃花心木钢琴，这样她就能为自己的小提琴伴奏了。

　　抵制活动激怒了英国议会，后者对美洲殖民地越发充满敌意，它首次将海关业务转移至美洲土地上。由国王任命的代理人和提供消息的线人瓜分被没收货物的销售所得，他们的打劫行径如今得到了英国皇家海军接应船的支持。当海关税收官员在大街上遭到追逐，并受到要拆毁他们房子的威胁后，他们于1768年3月向英国政府提出申请，请求派出武装力量保护他们。随后，英国政府从哈利法克斯派遣了载有50门炮的护卫舰"罗姆尼号"（Romney）。

　　6月，海关专员们收到紧急请求——向汉考克的码头派遣军队。此前，一群人在卸载未完税的马德拉葡萄酒时，将一名海关官员锁在约翰·汉考克的单桅帆船"自由号"（Liberty）的船舱里。海关委员会下令扣押"自由号"。当该船只被拖拽至"罗姆尼号"停泊处的附近时，一群人攻击了海关专员。第二天，海关专员逃到了港口一座岛上的威廉堡，并向伦敦请求派遣军队。

　　在一场展示了其才华的审判中，约翰·亚当斯为汉考克辩护。关于汉考克的罪行，没有任何疑问，但是亚当斯的辩护基于这一事实，即美洲殖民者在通过贸易法的英国议会没有代表权，现在则在没有陪审团的海事法庭受到审判。

英国公诉人找不到愿意出庭作证的证人，无法提供非法活动的证据，最后只好撤销所有指控，这使得汉考克和亚当斯成了日益高涨的抵抗运动的英雄。走私活动十分普遍，但几乎不可能为此再扣押船只了。

在希尔斯伯勒勋爵的命令下，北美英军总司令托马斯·盖奇（Thomas Gage）爵士将军队从加拿大轮防至波士顿。他往一个有着 16 000 人口的城镇派驻了 4 000 名英军，他们在空旷的场地上宿营。营地茅厕的臭气飘荡在整个城镇上空。正如历史学家大卫·哈克特·费舍尔（David Hackett Fisher）指出的那样，盖奇在选择军队人员时不动脑子，挑选"第 29 步兵团完成那项艰巨的任务，该团因纪律散漫、军官脾气暴躁而臭名昭著，并且经常在加拿大和纽约与平民爆发武力冲突"。[4]

英国军队在空场地上将帐篷搭建起来之后不久，就发生了第一次严重的冲突。当时，一个屠夫谩骂一名将其撞倒的士兵，该士兵的指挥官为这一"教训"拍手叫好。但是在当地的治安法官让该士兵缴纳罚款时，他却拒绝支付，并砍伤了想要逮捕他的警察。

随着冲突一次次爆发，盖奇将军的态度越来越强硬。他在给伦敦的上级的信中写道："在美洲，民主过于盛行，需要给予极大的关注，以防止其进一步发展。"新英格兰的法律极其怪异，那里的人好诉讼，盖奇写道，他娶了新泽西一名富商的女儿为妻。"所有人都学习法律，并且解读法律为己所用。"他总结道，美洲居民"已经差不多不受法律和政府控制了"。[5]

英国的大臣们步步紧逼，不断升级手段，想要从英属北美殖民地索取钱财；在一个世纪的失败尝试之后，他们原先有时还能小有收获，如今却面临着一场惨败。

约翰·亚当斯 29 岁时和阿比盖尔·史密斯（Abigail Smith）结婚，当时阿比盖尔即将满 20 岁。阿比盖尔的父亲威廉·史密斯（William Smith）牧师花了 5 年时间来考虑将女儿嫁给亚当斯。史密斯一家没有在亚当斯身上看到为人夫所具备的最佳特质。他们知道，他起初打算进入牧师行业，也就是史密斯先生的行业，但是因为对宗教的怀疑而放弃了这一想法。年轻的亚当斯极有可能没有告诉史密斯牧师他后来在给托马斯·杰斐逊的信中写到的观点：他鄙视"冷淡的约翰·加尔文"和死板僵化的公理教会传统。

与此同时，和当时许多新英格兰人一样，阿比盖尔的家人认为，法律行业不会给人带来任何社会声望和尊重。当穷理查的儿子威廉（William）告诉穷理查他要学习法律时，穷理查在给威廉的信中这样写道："上帝时不时创造一些奇迹／这里有一名律师，他是一个诚实的人。"

除此以外，亚当斯身为一名律师，不一定能够给他们的女儿提供足够好的生活条件，因为在马萨诸塞，几乎没有人可以依靠当执业律师来养家糊口。但是，亚当斯逐渐成为波士顿最重要的律师。亚当斯夫妇带着两个孩子从布伦特里搬到波士顿，在布莱特广场一栋不大的房子里安顿下来。

数月以来，寻找兼职工作的英国士兵和波士顿城中的失业劳工之间一直存在冲突。1770 年 3 月 5 日，久被压抑的矛盾演变为一场骚乱。一群人聚集在海关大楼外，向一名 18 岁的英国士兵投掷冰块。当内卫兵队在托马斯·普雷斯顿（Thomas Preston）上尉的命令下赶到时，人群猛推乱挤，士兵随后向人群开火，3 名骚乱者当场身亡，两名骚乱者受伤。

为了平息骚乱，波士顿的激进派领袖塞缪尔·亚当斯要求哈钦森总督将军队撤至港口的岛屿上。普雷斯顿和他的 8 名下属因谋杀罪被

110

波士顿官员逮捕。哈钦森让城中的两名主要律师——约翰·亚当斯和约西亚·昆西（Josiah Quincy）为士兵们辩护。在 10 月的庭审中，亚当斯为普雷斯顿和他的 6 名下属争取到了无罪释放；两名士兵被判以过失杀人罪，进而被在手上烙上印记，然后被释放。

这场审判事实上确立了美洲居民的首个全国性节日，即"波士顿惨案"（Boston Massacre）的周年纪念日。银匠保罗·里维尔（Paul Revere）将这一致命的冲突事件制作成版画，这幅版画帮助了波士顿惨案被更多的人所铭记。在"波士顿惨案"的第一个周年纪念日，人群聚集在法尼尔厅，并发表了越来越有煽动性的演说。

普雷斯顿的审判结束后，约翰·亚当斯变得非常不受欢迎，只有在他的表兄塞缪尔的保护下，他的家人才得以在大街上免遭攻击。亚当斯举家搬回布伦特里，搬到安全的家族农场居住。不过，随着亚当斯成为抗议活动主要的小册子作者，他的律师事业再度有了起色。1772 年是他进账最多的一年，这一年他参加了殖民地最高法院审理的大约 200 起案件，其中许多案件涉及海事法，约翰·汉考克是他的常年客户之一。

亚当斯还以口才上佳而广受欢迎。在参加一次案件审理时，忙碌的亚当斯在匆忙抵达法庭后才想起忘记带案件资料了。当他的助理匆匆赶回办公室去取客户资料时，亚当斯在法官和旁听者面前即兴而谈。当助理在将近一小时后气喘吁吁地返回时，他依然在侃侃而谈。现在，亚当斯可以总结他的观点了——并且获得了耐心聆听他发言的陪审团的掌声。

亚当斯终于挣到了足够的钱来扩大他在布伦特里的农场。他用收入所得购买了毗邻的盐沼和山地，这两块地分别为 5 英亩和 10 英亩，他和阿比盖尔以及数量不多的农场工人就能打理这些地方。亚当斯从不远赴西部进行土地投机活动。

亚当斯在波士顿为普雷斯顿上尉赢得无罪判决的数天后，在新泽西的塞勒姆，海关税收官员詹姆斯·哈顿（James Hatton）在特拉华湾扣押了一艘走私船。一群愤怒的暴民将船只夺回，"自由之子"的成员将该官员身上涂满沥青并粘上羽毛。当海事法庭就此事进行审理时，没有证人出庭作证。正如费城的海关副税收官员约翰·斯威夫特（John Swift）向位于波士顿的美洲海关专员委员会解释的那样：

> 政府的手腕不够强硬，不足以应对数量庞大的支持走私的人群……没有了人民的帮助，总督还能做什么？除非得到同胞们的支持，否则地方官还能做什么？国王的官员是人民的一员，如果他们让人民感到厌恶，那么这些官员还能做什么？[6]

英国政府利用皇家海军对美洲港口进行有效封锁，同时在海岸上加强了军队和海关官员的部署，试图给美洲商人施加更大的压力。另一方面，受压迫的商人反对日益增多的各式各样的管制和税收，从前在英国政府长达一个世纪的"有益的忽视"的政策下，他们是深思熟虑、有进取心的生意人，现在他们是坚定的、成体系的走私者。这些商人采取直截了当的对抗方式，越来越趋于公开反抗英国。

和波士顿的汉考克家族一样，普罗维登斯的布朗家族在其商业帝国濒临险境之时，准备采取极端手段抵抗英国的税收官员。1772 年 6 月 9 日，海关的"加斯比号"（Gaspee）纵帆船在追逐一艘怀疑是走私船的船只时，在纳拉甘塞特湾搁浅。当地居民意识到这是一个报复令人痛恨的税收官员的机会，他们乘坐 8 艘小船，趁着夜色攻击了这艘纵帆船。他们抓了船长和船员，并将船只付之一炬。

作为回应，希尔斯伯勒勋爵发布了一项皇家声明，将提供500英镑（约合今天的7.5万美元）的奖励，悬赏提供信息者，这让布朗及其盟友十分担忧。希尔斯伯勒命令一个调查委员会逮捕嫌疑人，并将其送至英国以叛国罪进行审判。但是没有证人站出来，也没有任何人被逮捕。布朗后来写文章夸耀了自己的英勇行为。

英国人威胁将嫌疑人押送至英国，这让许多持温和立场的美洲殖民者惊恐不已。但是让他们觉得对自治威胁更大的是哈钦森总督的如下公告，即从此以后，他和马萨诸塞所有法官的薪酬将由国王直接支付。

这一做法一下子使得马萨诸塞殖民地的行政系统和司法系统脱离了由该殖民地议会所代表的纳税人的权力，这一权力是由该殖民地的皇家特许状所保证的。当美洲各地愤怒的人们读到这一皇家命令后，他们设立了委员会来协调他们的抗议活动，以反对英国危及公民权利的创新举措，这些权利是由1215年的《大宪章》所保证的，包括在案件审理过程中，由和当事人同等地位的人组成的陪审团快速审理的权利。

为了挑战最近缩减殖民者所享有的传统自由的做法，萨姆·亚当斯号召召开一次波士顿城镇会议。该大会由詹姆斯·奥蒂斯主持，授权成立一个常设通讯委员会，以"向世界"报告萨姆·亚当斯所列出的"侵犯和违反这些权利的行为"。

波士顿城镇会议呼吁与其他殖民地互帮互助，很快另外10个殖民地也成立了类似的委员会。在弗吉尼亚，由殖民地下议院成立的常设通讯委员会的成员包括托马斯·杰斐逊、帕特里克·亨利和理查德·亨利·李。

随着海关征收重税导致的矛盾不断加剧，哈钦森向伦敦汇报，波士顿人无视最后剩下的汤森税。他在报告中写道，在波士顿人消费的

113

"巨量的"茶叶中，有80%是通过荷属加勒比海岛圣尤斯特歇斯从荷兰走私而来的，以避免缴纳金额不多的3便士关税。他警告，如果英国在面对"如此严重的冒犯"时不表现出任何愤怒的话，将会鼓励殖民者采取措施来"获得并巩固独立地位"。

与此同时，马萨诸塞殖民地议会迅速向其在伦敦的代表本杰明·富兰克林发去一份请愿书，并让后者将请愿书递交给英国殖民地大臣达特茅斯勋爵（Lord Dartmouth），请求他废除哈钦森的命令。达特茅斯拒绝接受这一请愿："国王将会非常生气。"[7]

正是在这个时候，富兰克林在向殖民地议会领袖汇报时随函附上了一些信件，他说他相信这些信件"奠定了我们目前大多数（如果不是所有）不满和委屈情绪的基础"。

5年前，时任马萨诸塞殖民地首席法官的哈钦森和他担任该殖民地事务大臣的姻亲安德鲁·奥利弗，与托马斯·惠特利（Thomas Whately）秘密通信，后者是英国政府内阁大臣之一，也是《印花税法》的合作起草人之一。哈钦森斥责"那些称自己为自由之子的人无法无天"，并特别提到了塞缪尔·亚当斯和约翰·汉考克。哈钦森敦促"在美洲殖民地缩减所谓的英国自由"。他主张必须使用武力。哈钦森和奥利弗的信件的一个结果，就是英国军队被从加拿大调遣到了波士顿。[8]

富兰克林当时还是美洲职位最高的由英国支付薪酬的邮政官员，他从未透露过他是如何获取那些煽动性的信件的。但是当他得知这些信件的存在时，他明显要求过不满的廷臣约翰·坦普尔（John Temple，他最近因支持美洲的倾向被从美洲海关委员会中除名）将其从惠特利兄弟的家中偷出，后者在惠特利于1772年去世后一直保留着这些信件。

这些信件的内容让富兰克林愤怒不已。他从未忘记20年前在奥尔巴尼，哈钦森是如何傲慢地对他的联盟计划置之不理的。

富兰克林将10封哈钦森和奥利弗的信件递交给了马萨诸塞殖民地

114

下议院议长托马斯·库欣（Thomas Cushing）。富兰克林强调，他向坦普尔发过誓，这些信件不会被出版或复制，只会被向主要的殖民地居民展示，以证明正是哈钦森向英国政府提出的建议导致了后者近期针对马萨诸塞做出令人憎恶的行为。

但是在塞缪尔·亚当斯看来，如果富兰克林不打算将这些暴露重要信息的信件公之于众的话，他是不会将其递交的。他在马萨诸塞殖民地下议院的一场秘密会议中阅读了这些信件，并将其复制和出版。下议院向国王提交了一份请愿书，请求将如今为皇家总督的哈钦森革职处理。

约翰·亚当斯无法相信，在马萨诸塞出生、在哈佛接受教育、曾经是他的朋友的哈钦森，能够写出有关其殖民者同胞的如此令人震惊的言论。他惊呼道："和我们骨肉相连的人！在我们之中出生并接受教育！邪恶的毒蛇！思想冷酷、深思熟虑的恶棍！"[9]

塞缪尔·亚当斯还要求弹劾安德鲁·奥利弗，后者现在是马萨诸塞的首席法官。当下议院以 92∶8 的投票结果通过亚当斯的提议后，哈钦森解散了马萨诸塞的立法机构。

作为回应，由塞缪尔·亚当斯担任主席的波士顿城镇会议邀请约翰·汉考克进行纪念"波士顿惨案"三周年的演说。汉考克是新英格兰最富有的商人。在这场他一生最为慷慨激昂的演说中，他加入塞缪尔·亚当斯的行列，成为马萨诸塞抵抗运动的领袖人物。

哈钦森被偷窃的信件在波士顿出现，这促使人们召开了一系列城镇会议，后者事实上引发了独立战争。这些信件出现在 1773 年 8 月 31 日波士顿出版的《公共广告人报》（*Public Advertiser*）上——这时，波士顿人刚刚从本杰明·富兰克林那里得知，英国议会授权英国东印度公司从美洲的走私活动中挽回损失。

包括殖民地大臣达特茅斯勋爵在内的东印度公司的股东，在茶叶垄断贸易中，每人为持股支付了 1 000 英镑（约合今天的 15 万美元）。1773 年，该公司的股票价格暴跌至 160 英镑，几乎使他们的投资全部打了水漂。富兰克林在给儿子的信中写道，美洲殖民者拒绝购买英国人收过税的茶叶，这使得东印度公司陷入"极大的困境"。美洲殖民者从荷兰人那里购买了两倍的走私茶叶。当英国东印度公司无法偿还债务或者支付任何股息后，其价值暴跌，300 万英镑（约合今天的 4.5 亿美元）付诸东流。这是英国 50 年来最严重的信贷危机，在英国制造行业引发了破产和大规模的解雇浪潮；数以千计的工人忍饥挨饿，或者靠慈善勉强度日。

为了提振疲软的经济，英国议会投票决定修订茶叶法。英国议会已经同意向东印度公司"退税"，即返还茶叶从印度运至英国后、转运至美洲殖民地之前，该公司一直以来缴纳的 25% 进口税中的 60%。现在，在修订后的 1773 年《茶叶法》（Tea Act）的规定下，英国议会同意对出口至美洲的茶叶返还 100% 的关税，这等于价格下降了 20%，比合法的波士顿商人和走私者给出的价格都要低。然而，首相诺斯勋爵（Lord North）坚持认为依然应该缴纳 2.5% 的进口税：美洲居民必须缴纳茶叶税，以此表明英国议会的最高权威。

此外，英国议会允许垄断的东印度公司直接将茶叶从印度出口至美洲殖民地。它确信，东印度公司的茶叶现在的售价非常便宜，这会使美洲殖民者不再从荷属殖民地走私茶叶，而是会从东印度公司大量购买茶叶，由此将保证该公司——以及英国经济——的复苏。

茶叶现在是以委托寄送的方式，而不是以长久以来的拍卖的方式出售。9 月，50 万磅茶叶被运往美洲港口。开往波士顿的是由楠塔基特岛的鲸油出口商威廉·罗奇（William Rotch）所有的 3 艘船。英国东印度公司的波士顿收货人是皇家总督哈钦森的两个儿子和一个侄子，他们被授权在船上出售茶叶。1773 年 12 月，有关哈钦森信件（这些信件数月来已经在美洲各殖民地引发了愤怒）的消息终于在伦敦的报纸上曝光。托马斯·惠特利的兄弟是英国议会议员，他指责约翰·坦普尔盗取了这些信件，并且向坦普尔发起决斗的挑战，后来在决斗中身负重伤。为了避免更多的流血事件，本杰明·富兰克林决定站出来。他在一封发表于圣诞节的信中承认，"是我一人获取并传播"这些信件至波士顿的。[10]当运载着茶叶的船只抵达波士顿港口时，城镇会议上愤怒的人群要求将货物运回。哈钦森拒绝了这一要求。12月16日（即富兰克林在伦敦坦承信件一事的前一周）天刚黑，大约8 000名波士顿人——港口居民的一半以上——聚集在老南聚会所（Old South Meeting House）附近。威廉·罗奇报告，哈钦森仍然不允许他的船只在不缴纳关税的情况下离开港口，返回英国。损失的关税将达到7 000英镑（约合今天的100万美元），这一金额可以支付哈钦森、法官们和海关专员们的薪水。

就好像发出一个预先准备好的信号一样，塞缪尔·亚当斯站在讲坛上宣布："我不知道波士顿人还能做什么才能拯救他们的国家！"[11]这句话刚一说完，一声水手长的哨声在空中响起，人群中爆发出"战斗"的呼喊。几十名脸部涂黑的男人脱掉了他们的外套。

他们裹着旧毯子，拿着斧头和手枪，在寒冷的夜晚一路疾驰来到格里芬码头，登上3艘大划艇，向着载有茶叶的高大船只驶去。带领这些袭击者爬上甲板并进入货舱的是数名主要的茶叶走私者，包括约翰·汉考克。

"自由之子"成员组成的队伍略过其他货物，将342个装有茶叶的油漆箱子高高举起并砸开，将9万磅价值9 659镑（约合今天的150万美元）的茶叶倒入波士顿湾。这场袭击持续了3个小时，在此过程中，估计有1 000名波士顿人安静地观看着。海关官员早已消失无踪。没有打响一枪一炮。事后，没有一名嫌疑人被逮捕。约翰·亚当斯在日记中记录了这一场景：就抗议活动来说，其中有着一种"庄重、威严、崇高之感"。[12]

第12章 "主要引导者"

1774年1月11日早上，本杰明·富兰克林让他的贴身黑奴皮特（Peter）备好马车，然后他坐上马车前往白厅，这段路程并不算远。

富兰克林预料他将在贸易委员会的预审听证会上，就马萨诸塞殖民地议会要求革去哈钦森总督职务一事作证。当被告知该委员会需要更多的时间来研究这些指控时，他感到十分惊讶。听证会的时间做了调整；他应该聘请律师。当富兰克林正在为听证会做准备时，损毁了英国人如此昂贵的财物的消息传到了伦敦。

波士顿倾茶事件的消息一抵达伦敦，英国检察总长立即指控塞缪尔·亚当斯、约翰·汉考克以及马萨诸塞殖民地立法机构的领袖犯有叛国罪。他命令哈钦森在马萨诸塞或者在英国，通过审判将他们绳之以法。

等到富兰克林返回白厅时，有关倾茶事件的消息已经传遍了伦敦。该事件严重打击了英国经济；其中最大的受害者包括在英国东印度公司拥有股份的英国议会议员，他们对美洲殖民者怒不可遏，尤其是他们的代表本杰明·富兰克林。在富兰克林公开承认盗取了哈钦森的信件之后，他就不再受到廷臣的青睐了，因此没有人提醒他，国王打算将

118

哈钦森的听证会变成对富兰克林的审判。富兰克林马上将会面对副检察总长亚历山大·韦德伯恩（Alexander Wedderburn），后者两年来一直在阻挠将土地授予富兰克林父子的万达利亚公司（Vandalia Company）。

· 1774 年 1 月 20 日早上，富兰克林穿了一套时髦的蓝色曼彻斯特天鹅绒西装，快速吃完早餐，然后派人将马车驶来。当他的马车穿过白厅大门时，他惊讶地看到了数量众多的马车。在参加听证会的近 20 年里，他从未见过如此庞大的人群。富兰克林一下车就看到了他激进的辉格党朋友约瑟夫·普里斯特利（Joseph Priestley）和杰里米·边沁（Jeremy Bentham），挤过人群之后，他又看到了他们的好朋友埃德蒙·伯克（Edmund Burke）。

举行听证会的房间在 15 世纪是豪华的斗鸡场，现在，35 名枢密院成员挤在一起，人数之多十分罕见；他们身着装饰有貂皮的红色长袍，坐在镀金的椅子上，围着巨大的铺着绿色绒布的会议桌排成一圈，许多人有妻子陪在身边。伊莉莎白·蒙塔古夫人（Lady Elizabeth Montagu）坐在有金色装饰的红色天鹅绒椅子上，正在与拉特兰公爵夫人（Duchess of Rutland）、法尔茅斯夫人（Lady Falmouth）、哈德威克夫人（Lady Hardwicke）、考文垂伯爵夫人（Countess of Coventry）和马奇蒙特伯爵夫人（Countess of Marchmont）聊天。

高尔勋爵（Lord Gower）是枢密院主席，同时也是伊利诺伊公司（Illinois Company）的股东。他披着一件猩红色披风，头戴全副白色假发，坐在一顶猩红色华盖下的小型宝座上。富兰克林还认出了伊利诺伊公司股东罗奇福德勋爵（Lord Rochford）和另一名主要的土地投机者罗德尼勋爵（Lord Rodney）。

桑威奇勋爵（Lord Sandwich）是第一海军大臣，也是联合邮政总长，他认为美洲殖民者不该身居政府高位。他旁边坐着的是富兰克林的死对头——希尔斯伯勒勋爵和达特茅斯勋爵，后者仔细阅读了哈钦森的信件，觉得这名波士顿蜡烛制造商的儿子无礼至极。

根据礼仪要求，富兰克林必须一直站着。在90分钟的时间里，他站在距离副检察总长韦德伯恩20英尺处，后者滔滔不绝地讲述了马萨诸塞过去10年的历史，言辞中充满偏见。他在发言结束时宣称，人们对于哈钦森总督并没有怨言，直到富兰克林盗取并出版了其私人信函。

韦德伯恩一边冷嘲热讽，一边暗指因为进行了开创性的电力试验而入选英国皇家学院的富兰克林是某些秘密计划的"主要引导者"。没有什么能"使富兰克林博士洗脱以欺骗和不道德的手段获取那些信件的罪名……阁下们，我希望你们给此人打上罪犯的烙印"。约瑟夫·普里斯特利后来写道，"韦德伯恩的言辞诙谐幽默，同时又尖刻辛辣"，使得枢密院的成员们一边"放声大笑"，一边用拐杖重重地敲击地板。[1]

富兰克林在随后写给朋友的信中将这一情景比作"诱捕公牛"。他说他全程"冷静而沉默，为以后的机会积蓄力量"。根据事先的协议，枢密院断然驳回了针对哈钦森的指控。

当富兰克林离开听证会时，他迎面碰上了韦德伯恩。富兰克林用足以让周围人听到的音量，不紧不慢地对韦德伯恩说道："我会让你的主子为此变成一个小小的国王。"第二天，本杰明·富兰克林被解除了北美殖民地副邮政总长一职。[2]

甚至第一届大陆会议于1774年5月在费城召开之后，被解职的富兰克林又在伦敦待了一年多，忍受着议会里、朋友家中和报纸上反对美洲殖民地的侮辱性演说。斯坦霍普勋爵（Lord Stanhope）和万达利亚公司的其他贵族股东们与富兰克林保持距离，并要求他辞去在公司的职务，以保护他们的投资。

富兰克林被解除了北美殖民地副邮政总长一职，这让他的经济状况变得一团糟。眼下，他与《宾夕法尼亚公报》的合作关系到期，又失去了邮政部门酬金丰厚的职位，而且马萨诸塞和佐治亚还拖欠了他担任代理人的薪水（佐治亚拖欠了 4 年之久），因此，当他以盗窃哈钦森信件的罪名在民事法庭被起诉时，他甚至无法支付辩护所需的律师费。

富兰克林的妻子黛博拉最近刚刚去世，这使得他在美洲的账目无人料理，乱作一团；而他又无法向佃农收取租金。至于他自己在伦敦的时髦公寓，他已经拖欠 4 年的租金了。

富兰克林没有得到来自美洲殖民地的授权，只能与包括查塔姆伯爵在内的支持美洲殖民地的议员展开非正式谈判，直到希尔斯伯勒在议会里发言，要求知道为何富兰克林仍然逍遥法外。富兰克林震惊地发现，英国政府一直将朋友与他进行谈话作为伎俩，将他留在英国，同时在准备逮捕他的授权令。

他极度害怕，1775 年 3 月 20 日，富兰克林和他的孙子威廉·坦普尔（William Temple）以及黑奴皮特悄悄登上了前往美洲的船只，他离开得如此突然，乃至于无法将大多数衣物、书籍和文件打包带走。

在波士顿倾茶事件发生之后，英国议会通过了一系列强制性法案：废除马萨诸塞 17 世纪的特许状、禁止召开城镇会议、剥夺立法机构的征税权，并将该殖民地置于军事管制之下。

意图"让新英格兰忍饥挨饿"的《波士顿港口法》（Boston Port Act）以 3∶1 的投票结果在英国议会通过，该法案规定，在波士顿赔偿被倾倒的茶叶之前，切断其一切陆上和海上贸易，并取消其在大西洋的捕鱼权。波士顿港只能对运送燃料和食物的沿海船只开放，但是没有了商业活动，没有几个波士顿人有钱买得起食物和其他必需品。

1774 年 6 月 1 日，也就是《波士顿港口法》生效的那一天，新英格兰全境的教堂钟声缓慢而沉重地响起，商店窗户拉上黑色窗帘，正常的商业活动陷于停顿。其他殖民地支持波士顿的人们给波士顿提供日常必需品，他们驱赶着捐赠的羊群和猪群从康涅狄格出发，穿过连接波士顿和大陆地区的狭窄地峡，穿行于一排排英国加农炮之间。一艘满载大米的货船自南卡罗来纳抵达；弗吉尼亚送来了钱财，还有分发给波士顿居民的 9 000 桶面粉。罗得岛委托修建一座新教堂，以使波士顿失业的木匠们有活可干。分散的殖民地第一次因为共同的情感而联合起来。

英国议会在通过强制性法案的同一天，还以压倒性的票数批准了《魁北克法》（Quebec Act），该法案用权力高度集中的文官政府形式，取代了自从法印战争结束以来在加拿大实施的军事法。这一举措进一步激怒了清教徒主导的新英格兰。

这项反动法案是魁北克说法语的军事总督盖伊·卡尔顿（Guy Carleton）爵士的个人杰作。他想要通过尊重被征服的讲法语居民的传统、法律，甚至他们所信仰的罗马天主教的方式来获得其支持，这使得大约 3 000 名前来接手毛皮贸易的新英格兰商人和定居者十分惊慌。

《魁北克法》被波士顿人视为对倾茶事件的报复，它创建了一个和其他殖民地完全不同的全新而广袤的殖民地。该法案将魁北克的边界延伸至俄亥俄河，深入康涅狄格、马萨诸塞和弗吉尼亚宣称拥有的地区，想要永久性地阻拦这些殖民地的居民向西扩张。

乔治·华盛顿和其他退伍军人曾被许诺，并且 20 年来一直期待着在俄亥俄山谷获得土地授权。本杰明·富兰克林和儿子威廉（后者过去 10 年里担任新泽西皇家总督）以及费城和康涅狄格的商行成员们，对数百万英亩的殖民计划大量投资，想要获得从佛蒙特直至密西西比河的土地授权。现在，英国议会的一项法案切断了他们所有人与这片广袤土地的关联，该地已变成盛产毛皮的印第安人保留地，只允许与英国进行贸易。

《魁北克法》引发了广泛的担忧，人们害怕英国人将其作为政府形式的范本施加于魁北克以南的诸多殖民地。该法案设立了只有一个议院的立法机构，其中由国王任命的执行委员会充当皇家总督的顾问，而没有由人民选举产生的下议院。

这一法案还保留了法国的土地所有权法，并且废除了人身保护令和陪审团审讯制度。天主教在英国依然受到压制，但是在魁北克受到官方的认可，这意味着自宗教改革以来，在英国的管辖范围内将首次出现主教，后者受到十一税和所有公民收入的支持。

宗教问题的加入立即引发了人们的强烈反应。在耶鲁学院，哲学教授和未来的院长以斯拉·斯泰尔斯（Ezra Stiles）牧师认为，《魁北克法》是殖民地反对英国政府的突出原因。和英国人并肩作战将法国人逐出加拿大的数以千计的新英格兰士兵感觉遭到了背叛。

反对《魁北克法》的抗议被写入了马萨诸塞最为激进的文件《沙福克决议》（Suffolk Resolves），该决议称加拿大的这一新法案"对新教以及所有美洲居民的权利和自由都很危险……我们十分有必要为了安全采取一切措施……以使我们自己尽快熟悉兵法"。

《沙福克决议》在一场殖民地级别的会议上获得通过。该决议宣布强制性法案违反宪法，建议不予理会。这场会议敦促马萨诸塞居民在英国议会废除强制性法案之前组建一个临时政府，这无异于公开的反叛。与此同时，居民们还要组建和武装他们自己的民兵队伍。

最后，《沙福克决议》建议对英国施以严厉的经济制裁。保罗·里维尔立即将该决议送至费城，第一届大陆会议马上对其予以赞同，命人将其印刷并在北美和英国全境派发。

英国议会针对波士顿倾茶事件的强硬反应让乔治·华盛顿怒不可

遏，但是他很快将注意力放在了《魁北克法》对他在俄亥俄山谷进行的巨额投资所造成的损害上。

在一封写于 1774 年的信中，华盛顿记录了他在西部土地发现靠近水路的、高质量的、"最佳品种"的硬木和煤矿之后的兴奋之情。[3] 弗农山庄渔场的生产能力允许他设想未来在内陆河流从事捕捞。他发现鲥鱼的块头非常大，其鱼苗能够吞食波托马克河里最大的成年鱼类。他物色到了打猎——包括猎杀水牛——的最佳选址，并且梦想着联通内陆水路和跨大西洋市场。

他通过亲戚的帮忙，秘密买下了其他身处财务困境的退伍军人手中的大量土地。在成为最成功的西部投资者的道路上，他逐渐积累了位于如今俄亥俄州大卡纳瓦河沿岸的两万英亩土地。

华盛顿认为如今英国人耍了花招，想要对他进行包抄，这让他异常愤怒，特别是当他听说一项投资计划时，该计划准备在他在俄亥俄拥有的土地和更远的西部土地之间插入一个新的西部殖民地。他猛烈抨击英国统治者"不怀好意地向我们这些可怜的美洲居民施加措施，这些措施恶意满满、荒谬可笑、错漏百出"，他不知道的是，他宏伟的西部扩张计划的障碍之一是本杰明·富兰克林的万达利亚公司。[4]

相比喝茶，华盛顿更爱喝啤酒。虽然波士顿倾茶事件让他震惊万分，但他还是保持沉默，不过财产遭到了损毁；他认为，茶叶公司的损失必须得到赔偿。尽管《魁北克法》切断了进入华盛顿在俄亥俄山谷的土地的通道，他依然不愿放弃他的宏伟计划，即将这些土地租给他仍然盼望从德国移民而来的佃农。

但是在那时，一项新的皇家法令宣布将扰乱美洲殖民地与英国贸易的行为视为犯罪。华盛顿意识到，抵制英国商品的做法很可能使他被逮捕并在英国受到审判，他在给从前的邻居布莱恩·费尔法克斯（Bryan Fairfax）的信中写道，"在那里，正义将无法伸张"。[5] 现在，他的财务状况和自由都受到了威胁。

他将英国最近对美洲公民权利的侵犯行为称为"在自由政体中所施行的最为专制的暴政"。英国议会没有权利"在没有获得我的同意的情况下将手伸进我的钱袋，正如我没有权利将手伸入你的钱袋一样"。美洲居民绝不会同意"在没有获得他们自己同意的情况下"被征税。

华盛顿用他惯有的轻描淡写的语气，简要概括出了美洲居民日益强烈地反对英国议会侵犯他们珍视的、由特许状赋予的权利的一个主要原因，这些权利包括设置他们自己的税收，以支付总督、法院、公共建筑、道路、桥梁，以及他们的市镇和殖民地所需的所有费用。英国议会剥夺殖民者印刷他们自己的货币的权利，同时坚持要求在一个以物易物的经济体中用稀缺的金银来支付税收，他认为这一做法令人无法容忍。华盛顿本来可以继续写上好几个小时，但是他用几个令人印象深刻的词汇概述了在殖民地最被怨恨的问题的核心。他谴责"我们有权从他们那里寻求保护的那些人"，"试图通过采取一切专制手段，将奴隶制的枷锁加在我们身上"。讽刺的是，他逐渐认识到，英国议会对待美洲居民的方式和主奴关系极其类似。他写道："我们必须维护自己的权利，否则，屈服于所有强加给我们的不合理要求，最后习惯和惯例将会使我们变成温顺驯服、卑躬屈膝的奴隶，正如我们可以任意处置对待的黑人一样。"

华盛顿支持全面的贸易禁运，他主张美洲殖民者"对我们的美德和勇气进行最严苛的考验"。经济战不用涉及武力冲突就能带来胜利。[6]

他组织亚历山大市的居民为波士顿的穷人捐献了 273 英镑（约合今天的 4.1 万美元）的现金，并为他们运去小麦和面粉；与此同时，他被选中作为代表参加在费城举行的第一届大陆会议。之所以选择在费城召开会议，是因为该市处于最北部和最南部殖民地的中间位置。

华盛顿抵达费城，随身携带着他和邻居乔治·梅森（George Mason）

共同撰写的《费尔法克斯决议》(Fairfax Resolves)。该决议呼吁抵制"一切奢侈品",并敦促"有钱人"在"节制和勤俭"方面树立榜样,发展殖民地制造业,不再依附于英国。

《费尔法克斯决议》是杰出的美洲殖民者对英国政策的彻底控诉,这些殖民者痛恨:

> 英国人将北美视为一个被征服的国家。如今这里的居民不是被征服者的后裔,而是征服者的后裔……我们的先辈在离开故土、定居美洲时,带来了(虽然相同的内容没有得到特许状的确认)他们自己国家的宪法和政体。

美洲殖民者就如同在英国一样,有权享有其他英国臣民所享有的一切"权利、优待和豁免权"。只有自由选举产生的人民代表才能管理人民:这是英国宪法的根基。

令人激动的《费尔法克斯决议》是跨殖民地抵制英国贸易的雏形,并且它明确禁止奴隶贸易:

> 在目前的困难情况下,该大陆的任何一个英属殖民地都不应该进口任何奴隶。我们借此机会宣布,我们最为热切地希望彻底地、永久地终止这样一种邪恶、残忍和违反自然的贸易。

具有嘲讽意味的是,《费尔法克斯决议》仅仅提议暂停人口贩卖,暂停时间长到足以抗议他们认为将其贬损为奴隶的新的英国法规,但同时他们完全清楚,政治危机一结束,他们将继续为种植园进口非洲奴隶。

第 13 章 "增加我们的财富"

强制性法案使波士顿的商业全面崩溃，这让约翰·亚当斯没有任何法律工作可做："我一周连一先令都赚不到。"[1] 很快，他找到了意想不到的新工作：马萨诸塞殖民地议会选出 5 名代表参加在费城举行的第一届大陆会议，其中就有亚当斯堂兄弟两人。

在来自 13 个殖民地的 73 名代表中，大部分代表都是律师或者学过法律，其中好几名是在位于伦敦的律师学院接受过训练的英国大律师；27 名代表以从商为主；几乎所有来自弗吉尼亚和南卡罗来纳的代表都是商人兼种植园主；许多代表都参与了西部土地的投机活动。

在代表们组成各个不同的委员会后不久，威廉·富兰克林总督从新泽西来到费城，以与约瑟夫·加洛韦（Joseph Galloway）合作，后者是宾夕法尼亚殖民地议会的议长，属于保守派人士，长期以来是本杰明·富兰克林的头号心腹。

加洛韦对老富兰克林的奥尔巴尼联盟计划进行了修改，然后在富兰克林总督和保守派代表的支持下，呼吁成立一个大立法委员会，每 3 年由所有殖民地的立法机构选举一次，每年召开一次会议，由一名国王认可并服务于国王的主席主持。

本杰明·富兰克林的计划仅仅呼吁所有殖民地联合起来，以便抵御印第安人的攻击，以及裁决土地纠纷，加洛韦的计划走得更远。

在富兰克林总督的建议下，美洲立法机构将与英国议会相连通，前者将会从美洲派遣代表出席下议院会议，从而使美洲殖民者在英国议会中真正拥有代表权，并由此解决导致 18 世纪 60 年代动荡的一个主要问题。英国议会和美洲立法机构都可以提出有关殖民地的提案，但提案要想获得通过，必须得到二者的批准。加洛韦联合计划的根本原则是，没有美洲的同意，任何法律都不能将其束缚。

加洛韦是参加第一届大陆会议的宾夕法尼亚的主要代表，他得到了来自中部殖民地和南卡罗来纳殖民地的温和派代表的支持。当加洛韦将该计划提交给大陆会议时，塞缪尔·亚当斯提出将其搁置的动议，这一动议以 6∶5 的投票结果获得通过。在加洛韦的计划被搁置后不久，一个盒子被送到加洛韦位于市场街的宅第，里面是一副刽子手的绳套，还有命令他本人使用绳套（否则暴民将对其使用）的指令；此外还有一份撕破的人身保险单。加洛韦立即收回提案，回到他在巴克斯县的农场。

第一届大陆会议遵守每个代表团全票通过的原则。会议投票撤销了加洛韦的计划，然后投票将其完全从会议记录中抹去。

取而代之的是，第一届大陆会议起草了一份措辞温和的、基本上由乔纳森·狄金森和约翰·亚当斯合作完成的《权利和不满宣言》。该宣言超出了 1765 年印花税法案会议所提出的美洲殖民者拥有英国议会代表权和内部治理权利的主张，进而提出，殖民者将"愉快地同意"（亚当斯语）对他们的贸易施加某种有限的管理。该宣言主张对于一些措施的赞同可以被撤销，这意味着英国议会不是在所有情况下都拥有权威，不像其在废除《印花税法》后掌控一切的情形。[2]

亚当斯的文字引发了一场长达 3 天的激烈辩论。来自纽约殖民地的詹姆斯·杜安（James Duane）坚持认为，英国议会的权威是英国不成文宪法的根本原则，不应该由任何一个殖民地来废除："必须有某种至高无上的权力管控我们的贸易，这一权力只能掌握在英国议会手中。"[3]

来自罗得岛殖民地的塞缪尔·沃德（Samuel Ward）宣称，英国议会没有任何权利来管理殖民地贸易，他指出，"一个王国不应该由另一个王国来治理"，尤其是英国议会已经彻底变得腐败堕落——"受制于"一个自我吹捧的政府的"谗言和贿赂"。沃德声称，总体而言，英国人民结果就是"沉浸于奢华、暴乱和放纵之中"。[4]

当对这一宣言进行投票时，代表团们出现了意见不同的情况：5个代表团赞成这一宣言，5个代表团反对这一宣言，还有两个代表团，即马萨诸塞和罗得岛代表团，内部出现了分歧。

根据第一届大陆会议的规则，亚当斯关于美洲殖民者权利的表述未获通过。但是当天傍晚在约翰·狄金森的住处吃饭时，大家的讨论明显动摇了至少一位宾客的立场。第二天上午，第一届大陆会议投票保留了亚当斯的强硬措辞。

在第一届大陆会议主张殖民地权利的同时，该宣言还批评了英国议会自1763年起所实施的税收法：将海军部的司法管辖权拓展至关税案件、解散殖民地议会，以及和平时期在海港城市驻扎常备军。该宣言在10项决议中列举了殖民者的权利，包括"生命权、自由权和财产权"，以及殖民地立法机构的专有权力，这些权力适用于"有关税收和内政的一切事务，能推翻其决定的只能是来自王室的否决"。

代表们承诺会继续对英国实施经济制裁，直到英国议会废除自1763年起通过的所有13项法案，这些法案侵犯了由特许状赋予美洲殖民者的权利。随后他们花了3周时间讨论什么样的出口货物能够免于制裁。

南部殖民地极其依赖货物出口，它们被允许推迟一年实施出口禁令。南卡罗来纳殖民地的代表对此不满并指出，他们65%的稻谷和100%的靛蓝都出口到了英国，而新英格兰地区只有5%的市场在英国。他们威胁要离开第一届大陆会议，除非使他们的种植作物免于出口禁令。在两名南卡罗来纳殖民地代表走出会议室之后，萨姆·亚当斯做出了妥协，使稻谷免于出口禁令。

第一届大陆会议朝着成为所有殖民地治理机构的路上迈出了第一步，该会议起草了《联盟条例》（Articles of Association），以约束所有美洲殖民者，使他们维护对一切英国进口货物的禁令——这些进口货物包括奴隶在内。该会议的成员承诺：

> 既不进口也不购买在下一年12月1日后进口的任何奴隶；在这个时间节点之后，我们将会完全终止奴隶贸易，既不会将我们的船只租给，也不会将我们的商品和制成品卖给那些从事奴隶贸易的人。

《联盟条例》第一次不仅要求所有美洲殖民者遵守贸易禁令，而且要求违反禁令者向公众负责。地方性的委员会负责执行这一禁令：大约7 000名美洲殖民者一夜之间成为贸易禁令的执法者。触犯禁令者的姓名将会被公布："与英属美洲殖民地人民权利敌对的所有人都应该被公众知晓，并且作为美洲殖民地人民自由的敌人遭到所有人的谴责。"

代表们进一步承诺，任何殖民地一旦被发现违反《联盟条例》，将不仅面临着被排挤的局面，而且将被宣传为"不配获得自由人的权利，并且对他们国家的自由有害"。[5]

正如历史学家理查德·比曼（Richard Beeman）所说的那样："在其经济和政治背景下，该条例是一份真正的激进文献。它要求美洲人民，尤其是美洲商人，做出极大的牺牲。与此同时，它要求各美洲殖民地将自己置于一个更高等实体的权威之下。"[6]

第一届大陆会议将这一条例送往伦敦，乔治国王对其不屑一顾。对于殖民地的行为，他已经表明了观点。

8月23日，也就是该条例被送往英国的前一天，国王颁布了《镇压煽动叛乱宣言》（Proclamation Suppressing Rebellion and Sedition）。他认为，目前产生巨大危机的原因在于"我们殖民地的许多臣民"都被"危险且居心不良的人所误导"，这些人"制定混乱的法案"，"阻碍合法的商业活动，并……压迫我们的忠诚臣民"。

殖民地现在正在进行着"毫不遮掩、公开承认的叛乱活动"；叛乱分子正在"准备、部署和发动反对我们的战争"。当达特茅斯勋爵最终在9月将第一届大陆会议的《联盟条例》呈给乔治三世国王时，后者甚至连一眼都没看。[7]

在所有殖民地，针对贸易抵制活动发表反对意见都是十分危险的。《纽约日报》（New York Journal）上的一篇文章解释了对于持异议者的镇压是如何变得残酷、系统性和仪式化的。在新泽西的皮斯卡塔韦，制桶工人托马斯·伦道夫（Thomas Randolph）"辱骂并尽其所能地反对大陆会议和委员会，以及地方性会议和委员会为了捍卫他们的权利和自由而做出的决议，由此向公众证明了他是国家的敌人"。对他的判决是：用沥青涂抹身体并粘上羽毛。在寒冷的12月天气里，当地"自由之子"的成员剥光他的衣服，打开一桶全新的松焦油，倒在铁锅里加热，直到松焦油开始冒泡且质地变得足够稀薄，然后用长柄勺和刷子将其涂抹于伦道夫的头、脸和身体上，直到他全身的皮肤都皱缩起泡，并且在凛冽的冬季空气中散发出阵阵难闻的热气。他当时肯定尖叫着不停求饶。

随后，"自由之子"的成员用小刀划开他的床垫，在他的奇怪模样旁一边手舞足蹈地欢呼，一边将末端锋利的鹅毛粘在他炙热难闻的皮肤上。如果（正如有时候会发生的那样）咝咝冒着热气的松焦油将几根鹅毛点燃，人们很快会将火扑灭，尽管这时哪怕最轻微的接触也会让伦道夫再次尖叫。

根据《纽约日报》的叙述，伦道夫"被马车载着在城中巡游。他很快就意识到自己的错误，恳切地请求宽恕并承诺尽他所能进行补救"。半小时后，伦道夫被释放并被允许回家。"整个过程进行得得体又端庄，正如在所有的公开惩罚活动中一样。"[8]

在英国议会于 11 月 30 日开幕之时，乔治国王做了一场充满挑衅意味的演说，拒绝了来自伦敦金融城的请愿，即恳请国王在派遣全部军力对付殖民者之前，为公平与光荣的和平界定条款。

乔治三世说道，他的臣民因为"对这个王国的宪法权威所做的毫无正当理由的反抗"而"给他们自己带来了"痛苦，对此他很遗憾。他谴责第一届大陆会议"放肆大胆，竟然反对和违抗法律"，并重申他"坚定不移的决心，以抵御任何想要削弱或损害英国议会对其管辖领域所具有的至高无上权威的尝试"。在重新确立皇家权威并"结束现在的叛乱活动"之前，"将不会出现和平局面"。英国的军事力量将会使殖民者再次臣服。

查塔姆勋爵提出的从波士顿撤军并谈判解决殖民地不满的提案惨遭否决，投票结果是 68∶18。当查塔姆随后呼吁废除所有激怒了美洲殖民者的法案，以换取后者对英国议会最高权威的认可时，他的提案再次遭到否决，投票结果是 61∶31。

1775 年 2 月，英国议会下议院和上议院宣布，马萨诸塞殖民地处于叛乱中，该叛乱得到了其他殖民地非法组织的帮助，并同意国王让英国议会"采取最有效的措施"以使殖民地"顺从"的决定。英国议会通过《新英格兰限制法案》（New England Restraining Act）切断了新英格兰人去往北大西洋渔场的通道，这个渔场是新英格兰地区主要的收入来源；英国议会还限制了新英格兰地区的贸易。

一些持温和立场的代表，如出生于英国的商人罗伯特·莫里斯（Robert Morris），一直以来都在回避有关独立的决定。莫里斯是利物浦一名烟草经纪人的私生子，在马里兰东部海岸的牛津长大。他和合伙人托马斯·威灵（Thomas Willing）一起在费城从事船只建造，像他的父亲一样，他们将这些船只塞满来自切萨皮克地区的烟草，并将这些烟草在加勒比地区销售或进行贸易（这些烟草随后将会被转运至欧洲），由此赚取丰厚的利润，变得十分富裕。关于忠诚的问题，他并不直接表明态度。但是莫里斯写道，国王对伦敦金融城的商人们所做的回应"彻底摧毁了和解的所有希望"，使得"有关独立的宣言变得不可避免"。[9]

由于跨大西洋通信十分缓慢，直到 11 月中旬第一届大陆会议的代表们才知道国王拒绝了他们的请愿，并颁布了《镇压煽动叛乱宣言》。而直到 1776 年 1 月初，国王在议会开幕时的演说才被美洲殖民者所知晓。

这些消息在大陆会议中引起了各种不同的反应。约翰·亚当斯的信中没有任何有关国王拒绝请愿的内容，有可能是因为大陆会议在 11 月 9 日通过了一项实施更为严格的保密规则的决议，该决议由所有参会成员签署，规定"如果有任何成员违反本决议规则，他将会被会议除名，并被视为美洲自由的敌人"。

约翰·狄金森是递交给国王的和解请愿书的主要起草人。他无法掩饰失望之情："不能指望从英国获得怜悯或公正。"现在想要回头太晚了：大陆会议已经"拔出剑并扔掉了剑鞘"。[10]

1776 年 2 月末，从伦敦来的报纸运抵美洲，带来了英国议会通过《美洲禁止法案》（American Prohibitory Act）的消息。大陆会议获悉，自从 1 月 1 日起，在不列颠群岛航行的美洲船只将成为被逮捕的对象。该法案规定，从 3 月 1 日起，从美洲港口出发或驶往美洲港口的殖民地船只都将会被英国皇家海军抓获并没收。

新英格兰的船只已经遭到了封锁，现在所有殖民地的海上商业活动都将遭到控制。英国议会下定决心不仅要发动政治和军事战争，也要发动经济战争。南部殖民地的贸易将会首次成为目标。3 周后，大陆会议将所有的美洲港口向外国贸易开放。

1774 年 5 月，乔治·华盛顿在驱车前往费城的路上向一名评论家保证说，他不想"要求独立"，因为害怕出现"社会混乱的恐怖局面"。毕竟，他的第一位美洲先辈是为了逃离 17 世纪的英国内战才来到这里的。[11] 但是等到 10 月第一届大陆会议结束，华盛顿骑马返回弗农山庄时，他途经的每一个市镇都在进行着民兵训练。他意识到，从整个国家和大陆会议的氛围来看，不可避免的不仅有经济战争，还有武装战争。

华盛顿能够看出，英国在制定帝国贸易政策方面的笨拙尝试，导致了 10 年之久的意识形态上的纷扰和强烈的抗议活动，这些纷扰和抗议最后演变成公开的反叛。他立即着手训练民兵，开始时只有一个连队，然后招募了更多民兵并训练了第二个连队，这些民兵连是弗吉尼亚的一支防御力量。

整个冬天，局势都继续向战争方向发展。到了春天，华盛顿不情不愿地搁置了想要去看一看他在西部的土地的想法。他在准备返回费城参加第二届大陆会议时，将带有红色和蓝色的英国陆军准将制服打包放到了行李中。

在新英格兰，抗议运动的支持者越来越多，特别是商人的数量明显增加。在康涅狄格，殖民地议会委托组建了两个新的独立连队，每一个连队的招募、装备和薪酬都由富裕的船主支付。

乔纳森·特兰伯尔如今是康涅狄格殖民地的皇家总督。他为殖民地议会匿名起草了决议，命令所有城镇将火药、子弹和打火石的储备翻倍。康涅狄格还召集了 6 个新的民兵团，这个人口为 10 万的殖民地拥有了超过 6 000 人的军队。

殖民地议会派出快船前往加勒比地区购买武器和火药，并且命令所有民兵的训练时长为 12 天，将正常的服役时间增加了一倍，每天付给民兵 6 先令，这个薪酬是熟练技工的两倍。

1775 年 3 月，针对原有民兵组织领导人的一场清除行动将十几名军官免去职务，其中包括所有被怀疑效忠国王的军官；他们的职位无一例外地被给予了最为激进的爱国者，即"自由之子"的成员。来自新英格兰各地的超过 1 100 名效忠国王者被吓破胆，他们离家逃往波士顿，想要寻求英国的保护。

在冬天的时候，乔治·华盛顿决定将他的生意管理事务交给家庭成员来打理。他在给弟弟约翰·奥古斯丁（John Augustine）的信中写道，他希望获得民兵队伍的指挥权。"如果有需要的话，我完全愿意将我的生命和财富投入到我们正在进行的事业中。"[12]

他在给已经逃到英国的老朋友和邻居乔治·威廉·费尔法克斯的信中写道："美洲大陆曾经祥和宁静，现在这里的人们要么将流血牺牲，要么将屈身为奴。多么悲哀的选择！但是正直的人在做出选择时会有半分犹豫吗？"[13]

1775 年 4 月底，华盛顿获悉邓莫尔勋爵（Lord Dunmore）派遣英国皇家海军陆战队抢夺弗吉尼亚在威廉斯堡的火药物资。第二天，一名被派往弗农山庄的骑手给他带来了有关马萨诸塞战斗的首条不完整消息。

135

第 2 部分 脱离 135

第14章 "是时候分开了"

约翰·汉考克坐在由两匹马拉的敞篷马车里南下，向着费城疾驰，他心里清楚他即将看到一幅令人印象深刻的景象。新英格兰现在是春天，他被选为第二届大陆会议的马萨诸塞代表已经有一年多了。汉考克前往参加的会议将会导致战争的爆发——而且还有可能给殖民地带来灾难。与他同在马车中的，是他的头发凌乱的导师塞缪尔·亚当斯。汉考克被选中和亚当斯共同参会，这证明了汉考克在故乡受到人们的极大尊重，这既是因为他所展现出的狂热的爱国之情，也是因为他所拥有的巨额财富。

汉考克的叔叔没有孩子。他26岁时从叔叔手中接过了马萨诸塞殖民地最大的商业企业——汉考克之家（House of Hancock）的执掌权。汉考克这名工作努力的哈佛毕业生由此成为新英格兰最主要的商人。约翰·亚当斯注意到，汉考克已然成为"波士顿所有年轻人的榜样。他全心投入商业，规律且准时地出现在店铺里，正如太阳规律且准时地在其轨道上运行"。[1]

汉考克在伦敦待了一年，以巩固他的商行与经纪人的关系。回到波士顿后，他在当地掀起了一阵时尚之风——他从伦敦订购了满满一大衣橱的褶边衬衫、金边上衣和马裤，以及带有银质搭扣的鞋子。当约翰·汉考克订购一件猩红色天鹅绒外套后，波士顿的年轻人纷纷效仿。

汉考克雇用了数百人，有些人在零售商店工作，有些人在船上工作，这些船只将鲸油运往英国，返回时满载马德拉葡萄酒、茶叶和奢侈品。随着汉考克的商业帝国不断壮大，他通常会一次修建数个商店和仓库，雇用数百名熟练工人，没有这些建筑工作的话，这些工人就会失业。无数新英格兰人都得依靠他才能生活下去。

汉考克用其财富资助新生的政治运动，并成为波士顿最受欢迎的激进派领导人，这主要是由于他慷慨大方。作为对他的慷慨大方的回报，他的工人们首先将他选举为市镇行政委员，然后是殖民地立法者，接着是——这是波士顿的最高荣誉——该市城镇会议的仲裁人。他已经成为波士顿店主和商人的发言人。进入殖民地议会之后，他加入了30个委员会，一边解决争端，一边在酒馆以及他位于贝肯山的宅邸大设宴席——或者通过这种方式来解决争端。在波士顿倾茶事件发生后，他自费将他仓库里的所有茶叶都运回了英国，这使得他的人气大涨。

他对于革命事业的投入并没有因为战争的威胁而减退。作为波士顿学生军团的上校，他自掏腰包，花费10万英镑（约合今天的1 500万美元）购买加农炮、武装波士顿炮兵训练队的弹药，以及民兵的制服和步枪。1775年3月，塞缪尔·亚当斯请汉考克在波士顿惨案纪念日发表演说，突出了汉考克敢于直言不讳地批评英国人的占领。他们站在法尼尔厅的讲台上，成为领导马萨诸塞反抗运动的引人注目的合作伙伴，虽然他们的合作看似充满了不可能。汉考克是一名衣着优雅的商人，而亚当斯是一名头发凌乱的"自由之子"的成员。

4月，当英军指挥官托马斯·盖奇爵士收到来自伦敦的命令，以叛国罪的指控前来逮捕汉考克和亚当斯时，他们逃离了波士顿。当英国士兵在列克星敦和康科德搜寻他们的时候，他们躲藏于沃本一所教堂的地下室里。在他们出逃之前，汉考克坚持让亚当斯穿上一套新西装；他不能以惯常那种不修边幅的模样代表马萨诸塞出席大陆会议。

汉考克的马车终于在 1775 年 5 月 10 日驶抵费城，那天，英军少将亨利·克林顿（Henry Clinton）爵士正好来到汉考克位于贝肯山的宅邸。汉考克设法将大量金银和信用证——包括哈佛学院的全部财富——带到了第二届大陆会议的首次会议上。作为哈佛学院的财务主管，他被委托对学院所受的捐赠进行投资。他担心这些钱款落入英国人之手，于是将其随身带到了费城。他将来会将这些钱款返还，对于有人质疑他是否会将其归还，他多少有些恼火。

就在汉考克抵达费城的那天，在马萨诸塞殖民地议会和康涅狄格殖民地议会的命令下，伊桑·艾伦、本尼迪克特·阿诺德（Benedict Arnold）和格林山兄弟会（Green Mountain Boys）的 89 名成员一道，冲破位于尚普兰湖畔的提康德罗加堡的大门，夺取了该堡至关重要的大炮。

约翰·汉考克不是来到费城的唯一一名商人。康涅狄格代表团几乎全部由土地投机商组成，现在他们被王室法令阻隔，无法从事利润丰厚的毛皮贸易，这一贸易已被英国人接管。来自韦瑟斯菲尔德的商人塞拉斯·迪恩（Silas Deane），作为康涅狄格通讯委员会的秘书，从该殖民地的钱库中“借出”300 英镑（约合今天的 4.5 万美元），然后将其换成金币和银币来资助伊桑·艾伦夺取尚普兰湖畔堡垒的任务。迪恩从克里斯托弗·莱芬韦尔（Christopher Leffingwell）那里获取了金币和银币，后者的家族经营着数个繁荣兴旺的企业，包括制造纸张——这是稀缺商品——和巧克力的企业。莱芬韦尔是诺威奇轻步兵上尉，该部队由商人及其雇员组成。

伊桑·艾伦认识塞拉斯·迪恩的时候，后者是萨斯奎汉纳土地公司（Susquehanna Land Company）的股东和发起人，该公司想要获得宾夕法尼亚北部从特拉华河一直延伸至伊利湖的一片广阔土地的王室授权。在康涅狄格总督乔纳森·特兰伯尔（他也是萨斯奎汉纳公司的一名股东）这一强有力派系的支持下，迪恩不断给同行的参会代表灌输该公司的发展理念。

迪恩的父亲是一名富裕的二代铁匠，曾经是康涅狄格殖民地议会的成员。迪恩在全额奖学金的资助下入读耶鲁学院，并且一边教书一边学习法律。他曾经两次与富裕的寡妇结婚：他的第一任妻子来自韦伯商业家族；他的第二任妻子是前总督戈登·索尔顿斯托尔（Gurdon Saltonstall）的女儿。他利用姻亲关系成为一名富裕的商人和船主，并在反对《汤森税法》的抗议活动期间进入政界，从 1768 年起一直担任康涅狄格殖民地的议员。

当约翰·汉考克抵达费城时，本杰明·富兰克林已经在此待了数天了，他从伦敦出发，于 5 月 5 日到达费城。在他抵达的第二天上午，宾夕法尼亚殖民地议会选举他作为该殖民地参加大陆会议的代表团成员之一，并任命他为该殖民地的安全委员会主席。

在富兰克林的带领下，宾夕法尼亚从法属和西属西印度群岛订购了军需品。富兰克林再一次需要保护其财产，他的财产都处于英国军舰的大炮射程之内。在给一名英国议会的朋友的信中，他提到，他发现"一场内战开始了，所有人都武装起来，早上和晚上都在训练"。[2]

在大陆会议开会的最初几周里，富兰克林在大部分情况下都很安静，在同僚们看来，他更像是旁观者而非参与者。他在过去 20 年的大多数时间里都待在英国，感觉自己和周围的人格格不入。但是还有一个更深层的原因。

在返回美洲的第三天，被儿子威廉亲英活动的报道搅得心神不宁的富兰克林，匆匆给儿子写了一封怒气冲冲的信，反对他继续担任新泽西皇家总督。当威廉来到费城接他自己的儿子坦普尔时，他和父亲短暂见了一面；然后5月底在巴克斯县约瑟夫·加洛韦的家中，他们再次见了一面。

富兰克林敦促儿子辞去总督一职。至于曾经是富兰克林亲密盟友的加洛韦，富兰克林敦促他回到他在大陆会议中的席位。然而，尽管他描述了他在英国的经历，以及他为达成英国政府和殖民地之间的和解所做的尝试，他仍然没能成功说服威廉和加洛韦。他离开时，儿子彻底转向英国的做法让他备感厌恶。他们为了获得大片西部土地的授权而进行的长达10年的合作——他们之间所剩的最后的纽带——也走到了终点。没有必要就此再继续讨论了。

在独立战争爆发前，富兰克林和儿子仅仅又见了两次面。大陆会议任命富兰克林为邮政总长，给他提供了一个报销账户以替代薪水。根据他的费用分类账记载，1775年8月，富兰克林在护送满满4辆马车的火药前往华盛顿位于马萨诸塞的营地时，在新泽西殖民地首府珀斯安博伊稍作停留，又一次想要劝说威廉辞去皇家总督一职。

富兰克林知道，威廉除了作为总督的不多的薪水和费用外，没有其他收入来源。他向威廉提供带有薪水的费城邮政局长一职——年薪320英镑，大约是总督薪水的1/5——如果他辞去皇家总督一职并和他一同回费城的话。数年后，一本伦敦杂志报道，富兰克林还提出将其全部产业转让给威廉，如果后者参加革命事业的话。

1776年1月，新泽西殖民地议会下令将富兰克林总督软禁起来。老富兰克林获悉，他的儿子前一年6月召集新泽西议会召开特别会议，试图重新确立王室权威，这让他震惊不已。殖民地议会对此十分担忧，通过了一系列决议以推翻王室政府。他们宣布，"威廉·富兰克林"的行为是对大陆会议的"直接蔑视"，他"让自己成了这个国家的自由的敌人"。

在费城，大陆会议就是否监禁富兰克林总督进行讨论。老富兰克林以患感冒为由待在家中，不参加对这一问题的投票。在被告知大陆会议的决定后，他给女婿理查德·贝奇（Richard Bache，贝奇接受了曾经提供给威廉的邮政局长一职）写信："我失去了我的儿子。"[3]

随着威廉·富兰克林的被捕，新泽西和长岛的效忠派被解除武装，在那里，他们是主要的产权所有人。当激进的殖民地政府掌握权力之后，内战的威胁开始逼近。

141

第 15 章 "不可原谅的反叛"

哈佛毕业的约翰·亚当斯和马萨诸塞代表团一同在宾夕法尼亚议会大厦的上议院就座，参加第二届大陆会议。亚当斯惊讶地发现，每张铺着绿色桌布的桌子旁，都有在他看来只接受了极少教育的人坐在高高的温莎椅上。一名康涅狄格代表在投身激进政治之前是一名鞋匠；两名宾夕法尼亚代表是普通的农场主，还有一名代表是乡村医生。

亚当斯很快就会发现，大多数代表都受过良好教育，并且位居美洲最富裕的人之列。他们中有 9 名种植园主和 5 名商人，他们都拥有承袭而来的土地产业和商业财富。其中还有一名前皇家总督和一名法官，但是没有教友派成员，因为教友派拒绝宣誓，也没有犹太人——犹太人的宗教信仰使得许多最富有的美洲人无法参加大陆会议。

和第一届大陆会议一样，第二届大陆会议的大多数代表虽然不一定是执业律师，但却都接受过法律训练。他们任职于立法机构和高等法院，为医院、学院和郡县撰写过章程；撰写一部新宪法以组建一个新政府，这个想法不会轻易吓倒他们。他们中有 5 人是在位于伦敦的律师学院接受过普通法训练的大律师。

代表中还有几乎所有美洲学院的毕业生：耶鲁、普林斯顿、哈佛、宾夕法尼亚，以及威廉与玛丽。此外，还有一名来自宾夕法尼亚的代表，他是一名已退休的个体印刷商，只上过一年学，但却被牛津大学和圣安德鲁斯大学授予了荣誉博士学位，并且是英国皇家学会的成员。

阿比盖尔待在布伦特里的家中，给奶牛挤奶，管理雇用的农场工人。亚当斯在给她的信中描述他的新同僚们。来自纽约的詹姆斯·杜安，从前是一名税务律师，现在是一名皇家律师，他有着一双"狡猾的、时刻环视周遭的眼睛"；约翰·狄金森是一名主要的激进派小册子作者，他不过就是"一个影子……苍白得如死灰一般"。[1]

当大陆会议于 1775 年 5 月 10 日开幕时，来自弗吉尼亚的佩顿·伦道夫（Peyton Randolph）去世了，这使得会议主席一职出现空缺。在挑选他的继任者时，不同地区的代表之间出现了不同意见。约翰·亚当斯为约翰·汉考克的提名争取支持，以打败另一名来自弗吉尼亚的提名者。

针对更为温和的代表，亚当斯可以吹嘘约翰·汉考克的资历，包括他在马萨诸塞立法机构的丰富经验。保守派喜欢汉考克，既因为他的财富和商业才能，也因为他曾经担任波士顿城镇会议的仲裁人。塞缪尔·亚当斯更加激进的大众党（Popular Party）因为汉考克对于英国占领波士顿所进行的直接抵抗而对他予以支持。5 月 24 日，汉考克全票当选为大陆会议主席。

当保守派获悉新英格兰激进分子控制了纽约殖民地位于尚普兰湖畔的皇家堡垒时，他们中的许多人惊恐不已。在此之前，大陆会议在表面上一直维持着只守不攻的状态。现在，在抢夺了 200 万英镑（约合今天的 3 亿美元）的皇家财产并将英军及其眷关押起来之后，事态变得复杂起来。在纽约代表团的坚持下，大陆会议投票同意将被俘获的加农炮转移至位于乔治湖南端的爱德华堡，并且列出一份"确切的财产清单"，以便随后将其"安全地返还"给英国人。

一场彻底的审视引发了长达 6 天的讨论，讨论内容包括全面的防御准备、征兵奖赏，以及与英国达成和解的最后尝试。在这之后，乔治·华盛顿被任命为防御委员会主席。大陆会议同意了华盛顿提出的加固哈莱姆河上的国王桥、在哈德逊河两岸架设排炮并招募 3 000 名志愿者的建议。

作为唯一一名身着军装的代表，华盛顿让人们印象深刻。塞拉斯·迪恩提到他那"舒展自如、士兵一般的神态和身姿"。[2] 约翰·亚当斯在给阿比盖尔的信中对华盛顿"冷静坚定的说话方式"赞叹不已。[3]

华盛顿曾经从事军事后勤工作，这使得他又被任命为军需委员会主席。每周华盛顿都被委以更多职责，大陆会议主席汉考克还任命他为财政预算委员会的成员——该委员会的其他成员都是商人。

1775 年春天，大陆会议除了让内陆城镇将火药运送给波士顿缺乏装备的民兵之外——这些民兵在城内用街垒路障与英军进行战斗，没有其他的办法来帮助新英格兰。华盛顿敦促大陆会议——后者也听从了他的意见——从弗吉尼亚和宾夕法尼亚的偏远地区征召"专业的神枪手"前往波士顿，并将其置于"军队高级军官的指挥之下"。

但是究竟谁能够统帅一支大陆军呢？他会来自哪个殖民地呢？约翰·亚当斯一直在加班加点地工作，为他的主张寻求支持，即这名统帅必须来自马萨诸塞以外的殖民地，否则其他殖民地将会惧怕新英格兰的主导地位。在他看来，弗吉尼亚人是不二之选。弗吉尼亚适龄的参军人数是马萨诸塞和纽约的 5 倍；弗吉尼亚的军队、庄稼和钱财将是至关重要的。

5 月 14 日，当亚当斯在大陆会议发表演说，谈到其他殖民地需要支持新英格兰军队时，华盛顿在一旁安静地听着。还有什么比任命一名代表所有殖民地的、经验丰富的老兵更好的呢？当亚当斯说他心中已经有了一个人选时，坐在讲台上主持会议的汉考克脸色一亮——当亚当斯说他心中的人选来自弗吉尼亚时，汉考克的脸色变红了。

华盛顿备感震惊，他站起来直接跑出了会议室。当他再次进入会议室时，他被告知，"整个美洲"都需要他。第二天，他没有参会，让他的朋友，同样也是大陆会议代表的埃德蒙·彭德尔顿（Edmund Pendleton）帮助他起草了两份文件：他接受任命的演说，以及他的遗嘱。华盛顿拒绝了大陆会议提供的每月 500 英镑（约合今天的 7.5 万美元）的薪水，只要求对他的花费进行报销。

在给玛莎的信中，他写道，他曾经"非常担忧"可能会被任命，但是"［他］完全没有能力予以拒绝"。如果她"对于那些我真的无法避免的事情有所抱怨的话"，将会增加他的"不安的感觉"。[4] 华盛顿将他的马车送回弗农山庄，购买了 5 匹马和一辆四轮轻便马车。

1775 年 6 月 23 日一大早，华盛顿将军在前来为他送行的大陆会议代表的陪同下，沿着邮路骑马向北。陪同出行的还有费城市骑兵第一部队，这支乐队在他们途经封上活动窗板的店铺时演奏着音乐。在穿越由效忠派主导的新泽西殖民地时，华盛顿没有随行的武装护卫，他略为乔装打扮了一下，在蓝色制服上套了一件紫色罩衫，在帽子上别了一支长长的羽毛。

他带着一封汉考克主席写给马萨诸塞殖民地议会主席詹姆斯·沃伦（James Warren）博士的介绍信，这封信向后者保证，华盛顿是"一位你们都会喜欢的绅士"。[5]

当华盛顿在 7 月 3 日抵达剑桥时，他发现将近 400 名美洲殖民者在邦克山战役中丧生。英军打赢了这场战役，但是伤亡人数高达 1 054 人，军官的伤亡率尤其高。

华盛顿指挥着 14 500 名新英格兰民兵，他必须尽快将他们训练成大陆军，他认为自己——英国人也认为他——是美国革命中的奥利弗·克伦威尔。

和克伦威尔一样，他认为这场斗争是一场内战，善良的美洲殖民地人民受到为一个犯错的国王服务的腐败政府的压迫。和克伦威尔一样，他是愤愤不平的地主阶级和大陆会议的一员，大陆会议和克伦威尔的议会一样，通过派遣自己的军队来推动改革，以反对邪恶的政府及其军队。

同样和克伦威尔一样，这名英国保皇派的后代看到了军队，包括其将领们，必须服从当选政界人士的意愿。人们投票给大陆会议代表，而不是给他本人。华盛顿行动的每一步都交由大陆会议核查，然后他才开始实施命令和纪律。

1775年7月，在投票决定独立的整整一年前，大陆会议明显无视英国枢密院的命令，决定任何从"欧洲大陆"向美洲运送军火的船只都可以装载和出口货物作为交换。大陆会议拨款给选定的商人，以5%的佣金为大陆军采购火药。

9月，大陆会议成立秘密通信委员会，授权其成员——纽约殖民地的商人约翰·阿尔索普（John Alsop）和菲利普·利文斯顿（Philip Livingston），以及费城的商人托马斯·威灵和罗伯特·莫里斯——从大陆会议财政中提取5万英镑（约合今天的750万美元），用于购买100万发火药、1万支步枪和40门加农炮。

几天之内，大陆会议还成立了秘密贸易委员会，该委员会利用了其成员的全球商业关系和他们自己的巨大影响力。塞缪尔·沃德是一名商人，曾任罗得岛殖民地总督，他担任该委员会的主席。纽约殖民地的约翰·阿尔索普、菲利普·利文斯顿和弗朗西斯·刘易斯（Francis Lewis）与康涅狄格殖民地的塞拉斯·迪恩、宾夕法尼亚殖民地的罗伯特·莫里斯和本杰明·富兰克林一起参加了委员会的秘密行动。

在威灵和自己现有关系网的基础上，莫里斯挑选了24岁的威廉·宾厄姆（William Bingham）作为委员会在加勒比地区的主要代理人。宾厄姆是一位著名商人的儿子，获得了费城学院（今天的宾夕法尼亚大学）的硕士学位，还拥有几艘船。他已经和富兰克林一起工作过，担任秘密通信委员会的秘书。

在一次联合委员会的任务中，富兰克林和莫里斯委托他航行到马提尼克岛，在那里他将作为一个私营商人，为秘密通信委员会建立起与法国政府的外交关系，并为秘密贸易委员会购买一万支步枪。他还将根据威灵、莫里斯和弗吉尼亚殖民地之间的合同购买一船火药，并用莫里斯的私人账户购买一船亚麻织品和其他法国服饰，其中一半将归他自己。

莫里斯警告宾厄姆，这些船只被俘获的风险很高，但利润同样也很高："一次成功抵达带来的利润将会弥补两次，或者三四次被俘获造成的损失。"[6]

莫里斯已经为英国对波士顿倾茶事件不可避免的报复行动做好了准备。根据大陆联盟（Continental Association）的抵制条款，1775 年12 月 1 日起将停止所有对大英帝国商品的进口。正如预期的那样，欧洲的商行正在收紧美洲商人的信贷条款。莫里斯公司的所有船只都装载了烟草、小麦和面粉，并利用其合作伙伴网络，向其在西班牙、葡萄牙、意大利和英国的经纪人网络派遣了 50 至 60 艘船只。

莫里斯吩咐他的通信员用出售货物的收益来支付他在欧洲的所有债务，并向伦敦和鹿特丹的银行申请"远期汇票"——到期日较晚的信用证，万一与英国的危机延长，这些信用证能够让莫里斯支取贷款。除了第一个商船船队之外，到 1774 年 12 月底，莫里斯又派遣了两艘新的 20 吨级快速船只，它们可以在 4 个月内进行两次跨大西洋货运。[7]

随着英国封锁的加强，莫里斯看到了新的商业机会。他在给法国的塞拉斯·迪恩的信中写道："整个大陆的商品短缺给私人冒险家提供了一个绝佳的机会。"预见到难以获得的日常必需品所带来的可观利润，他订购了"毛织品和亚麻织品、别针、针等适合这个国家消费的货物"。[8]

到 1776 年 1 月时，莫里斯已经成为美洲最大的资本家，当时秘密贸易委员会签发了其金额最大的合同，征用了 30 万美元（约合今天的 900 万美元）的大陆会议资金来购买武器、火药以及制服、帐篷和船帆的布料。虽然订单在 8 个承包商之间分配，但莫里斯的公司得到了整整一半的订单。

当塞缪尔·沃德于 3 月死于天花时，大陆会议一致投票任命莫里斯为秘密贸易委员会主席。没有人投反对票，尽管一些成员表达了保留意见。当霍雷肖·盖茨（Horatio Gates）询问约翰·亚当斯对于莫里斯的看法时，亚当斯说出了心里话："他有大量的商业计划，毫无疑问追求商业目的，而且总是获利，但他是我们中的一名优秀成员。"[9]

乔治三世一宣布美洲殖民地发生叛乱，皇家海军就向其船长发出命令："像对待真正的叛乱一样，在国王的船只可以到达的海港城镇和地方组建军队或建立军事工程。"

1775 年 10 月，英国皇家海军"坎索号"（Canceaux）的亨利·莫瓦特（Henry Mowat）船长向马萨诸塞殖民地法尔茅斯（今天缅因州的波特兰市）的人们发出了最后通牒。在该城居民"对君主的法律特权进行了如此多的有预谋的攻击"和进行了"最不可原谅的反叛"之后，他打算"执行公正的惩罚"。经过谈判，莫瓦特同意，如果该城居民交出加农炮和步枪并交出人质，他就不会在第二天早上之前开火。当法尔茅斯只交给他少量武器时，"坎索号"用猛烈的炮火轰炸了这个城镇。"数百名无助的妇女和儿童"乘坐马车逃离，他们的随身财物堆得高高的，火焰吞没了城镇的建筑。莫瓦特的炮手不停地开火，直到如他后来报告所说，"整个城镇都被卷入烟雾和火焰之中"。[10]

乔治·华盛顿迅速将袭击的消息告知大陆会议，将对法尔茅斯的袭击形容为"可怕的一步"，并警告"同样的凄凉景象会在沿海的所有城镇上演"。[11]

11 月初,邓莫尔勋爵在英国皇家海军"福伊号"(*Fowey*)上宣布弗吉尼亚处于戒严状态,并发布公告,释放所有逃离其反叛主人并团结在国王旗帜下的奴隶和契约仆人。在该殖民地的主要海港诺福克港,邓莫尔集结了一支由商船和三桅帆船组成的小型海军。在往南 12 英里的大桥,邓莫尔下令建造一座木制堡垒,用于保护来自弗吉尼亚海岸和马里兰东海岸,寻求英国保护的效忠国王者和苏格兰商人。

为了对抗邓莫尔,900 名来自弗吉尼亚和北卡罗来纳偏僻地区、身着鹿皮装的步兵——英国人称他们为"民兵"——建造了一座堡垒。约翰·佩吉(John Page)是弗吉尼亚民兵的二把手,他急忙向费城的大陆会议报告,弗吉尼亚军队面对着"一群"武装的逃奴,"领头的是苏格兰人和一些正规军"。[12]

12 月 8 日晚,邓莫尔用英国士兵、英国船上的炮手和效忠国王的志愿者加强了他的前哨。第二天早上,独立革命在南方的第一场陆地战役——大桥战役爆发了。只有 3 名英国士兵到达了美洲殖民者那一方的战线。100 名弗吉尼亚人近距离向他们开火。总共有 102 名英国近卫步兵死亡,伤亡率比邦克山战役还要高。

1776 年元旦,邓莫尔勋爵下令摧毁诺福克的仓库。弗吉尼亚的主要港口燃烧了 5 天。该城镇 9/10 的地方都被摧毁了。

大陆会议直到 1 月 8 日才得知诺福克被烧毁的消息,同一天,大陆会议还获悉国王发表讲话,宣布殖民地公开叛乱。更糟糕的是,有消息传来,一支满载 5 000 名英国士兵的英国舰队扬帆离开了爱尔兰的科克,驶往美洲海岸。黑人奴隶与英国正规军并肩作战的消息——40% 的弗吉尼亚人被奴役——让奴隶主们不寒而栗。一场大规模的奴隶起义的前景让包括乔治·华盛顿在内的种植园主阶层惊恐不安——在内战中,黑人支持英国。

第16章 "独立就像洪流一样"

　　随着来自英国的每一艘船只的到达，以及华盛顿总部每一份急件的发出，呼吁独立的声音越来越大。在伦敦的报纸刊登国王谴责殖民者为"叛徒"的声明，以及诺福克遭到焚烧的消息后不久，托马斯·潘恩（Thomas Paine）出版了他的小册子《常识》（*Common Sense*）。

　　《常识》以愤怒的言辞和清晰、直率的语言，痛斥君主制政体，抨击乔治三世是"皇家畜生"，对针对殖民地的令人厌恶的措施负有主要责任。它主张在实践和意识形态上与英国彻底决裂，呼吁立即宣布独立。

　　人们在酒馆里大声朗读《常识》，该书一夜之间成为美洲最畅销的出版物。3个月内，《常识》卖了15万册，其最终销量是50万册，是美洲有史以来最受欢迎的作品。潘恩将会捐出所有版税来支持大陆军。

　　潘恩是一名被解雇的前英国海关官员，在第一届大陆会议期间，他带着本杰明·富兰克林的推荐信来到费城，后者安排潘恩做他的《宾夕法尼亚杂志》（*Pennsylvania Magazine*）的编辑。然而潘恩很快成为其竞争对手——非常成功的《美洲杂志》（*American Magazine*）的编辑。

　　尽管潘恩敦促美洲殖民者起来反抗英国，乔治·华盛顿仍然对装备一支"财政里没有钱、弹药库里没有火药、商店里没有武器"的军队的前景越来越怀疑,"不久,当我们响应号召走上战场时,就连睡觉的帐篷都没有"。[1]

当殖民者为战争做准备时,他们在枪支商店、贸易商行和私人住宅中寻找武器,各式各样的滑膛枪、步枪、鸟枪、手枪和大口径短枪已经让他们很满足了。一些志愿者根本没有武器,只有长矛或剑。华盛顿甚至考虑把没有武装的民兵送回家。

在宾夕法尼亚,富兰克林的安全委员会在报纸上刊登征集武器的广告。在南卡罗来纳,查尔斯顿人缺少武器和弹药,于是他们闯入皇家弹药库,抢走了大约1 000支滑膛枪,然后扣押了一艘载有23 000磅火药的英国双桅船。在纽约市,为数不多的加农炮排列在乔治堡炮台的护墙上,直到国王学院的学生在20岁的亚历山大·汉密尔顿(Alexander Hamilton)的带领下,在一艘英国军舰的炮火下将它们拖走,以武装大陆军的第一个炮兵连。

和大多数弗吉尼亚领导人一样,直到1775年夏天托马斯·杰斐逊对独立仍然持矛盾态度,不愿考虑与英国的彻底决裂。8月,他在给英国的表兄约翰·伦道夫(John Randolph)的信中写道,他正在"满心喜悦地期待着"与英国的"和解",以"回到往昔的快乐时光。我可以完全退出公共舞台,在安逸宁静的家庭生活中度过余生"。[2]

到了11月,他改变了立场,指责国王和议会造成了攻击和报复行动的失控。他逐渐倾向于支持独立,并警告伦道夫,美洲殖民地人民"既有诱因也有权力宣布和主张脱离英国"。[3]英国人烧毁诺福克的惊人消息使杰斐逊同意潘恩的主张,即谈话的时机已经过去了。一想到英国军队会没收他的财产,把戴着镣铐的他作为叛徒送到英国受审,他就不再犹豫了。

152

1776 年 5 月 14 日，杰斐逊抵达费城。他骑马从蒙蒂塞洛出发，路上花了八天时间，只有他的黑奴和贴身男仆鲍勃·海明斯（Bob Hemmings）陪同左右。在担任代表的第一年，杰斐逊随身带着三名穿制服的奴隶、一辆马车和四匹马来到费城，但是他后来了解到，将一匹马寄养在马厩的费用几乎是他自己在寄宿公寓所花费用的两倍。

一周后，他搬进了位于第七街和市场街的一套更宽敞的两居室公寓，离议会大厦只有两个街区的距离。杰斐逊在会议中就座时，正值代表们结束对约翰·亚当斯的动议的激烈辩论，该动议呼吁所有殖民地建立自己的州政府，这离宣布独立只有一步之遥。

与此同时，在威廉斯堡，弗吉尼亚代表大会正在就一项呼吁大陆会议投票支持独立的决议进行辩论。

在费城，大陆会议代表团之间出现了明显的分歧，投票结果是 6∶4，有两个代表团弃权。纽约、宾夕法尼亚、马里兰、特拉华和新泽西的代表坚称，他们的殖民地代表大会没有授权他们投票支持独立。

宾夕法尼亚的迪金森和威尔逊，以及纽约的罗伯特·R. 利文斯顿（Robert R. Livingston）代表着拥有主要港口和大部分对外贸易的殖民地，他们与南卡罗来纳的种植园主爱德华·拉特利奇（Edward Rutledge）一起声称他们是弗吉尼亚决议的"朋友"，但反对这时通过该决议，拒绝"在人民的声音驱使我们这样做之前采取任何重大步骤"。没有公众的"力量"，任何宣言都不会有效。如果进行这样的投票，中部殖民地的代表将会"退出"大陆会议；他们的殖民地可能会"脱离殖民地联盟"。

包括约翰·亚当斯和弗吉尼亚人在内的支持立即宣布独立的人反驳道，在所有殖民地宣布独立之前，没有一个欧洲大国会与他们进行谈判，甚至不会允许美洲船只进入他们的水域。这样的分裂肯定会"打消任何外国势力［参与到］我们的事业中来的念头"。

约翰·亚当斯对即将就独立宣言进行的投票非常有信心，他无视大陆会议对个人通信的禁令，欣欣鼓舞地给在家中的阿比盖尔写信："每一封邮件和每一天都向我们扑面而来，独立就像洪流一样。"[4]

大陆会议第一次将美洲的不满归咎于国王，而不仅仅是他的大臣们，这是关键的一步。习惯上来说，国王被认为是凌驾于议会政治之上的。只有当不满变得如此普遍且他的同谋如此明显，以致其政府的权威受到质疑时，批评的声音才会指向他。

公开攻击国王被公认为符合宪法——这宣告着革命的爆发。当时的具体指控包括《禁止法案》(Prohibitory Act)，该法案使美洲脱离了国王的保护，以及他拒绝回应美洲殖民者要求赔偿损失的请求。

5月初，大陆会议从科克的一份报纸上获悉，英国将向美洲增派4万名士兵，其中包括德国雇佣兵和苏格兰高地人。大陆会议获得了走私的条约副本，其中有国王与其德国表亲结为联盟，以获得租借军队的内容，然后大陆会议下令在费城的报纸上将这些条约刊登出来——同时刊登的还有来自加拿大的令人担忧的消息。

美洲殖民者对那里双管齐下的入侵以灾难告终，近千人被杀或被俘。伤亡者中包括联合指挥官：理查德·蒙哥马利（Richard Montgomery）将军被杀；本尼迪克特·阿诺德上校受了重伤。数以千计从马萨诸塞赶来的增援部队死于天花。5月24日，华盛顿将军从剑桥返回费城，向大陆会议报告，他预计纽约会遭到大规模反攻，在那里他最多只能召集7 000名士兵应战。

1776年6月7日，周五，一名信使带着消息来到大陆会议：弗吉尼亚的代表大会一致决定指示其代表"宣布美洲殖民地为自由独立的州"。理查德·亨利·李站起来大声念道："我们做出决议，这些殖民地是并且有权成为自由和独立的州，它们被免除对英国王室的一切效忠义务，它们与大不列颠国家之间的一切政治联系已经并且应该完全解除。"约翰·亚当斯支持这项动议。

但是皇家政府仍然在运作。大陆会议在宾夕法尼亚议会大厦的一层召开；楼上，宾夕法尼亚议会在开会。

保守派强烈反对亚当斯和李。根据亚当斯保存的笔记，纽约的杜安想知道："为什么这么匆忙？为什么有这么大的干劲？"杜安认为5月15日的弗吉尼亚决议是"制造独立的机器"。宾夕法尼亚的詹姆斯·威尔逊（James Wilson）站起来补充他的反对意见："在我们准备好建造新房子之前，为什么要拆掉旧房子，让自己暴露在这个季节的所有恶劣环境中？"

在一次演说中，娶了一名富有的教友派教徒的约翰·狄金森警告新英格兰代表，如果他们排除和平的可能性，他们将"双手沾满鲜血"。亚当斯跳了起来，强烈反对迪金森的观点。从会议厅里出来后，迪金森追上亚当斯，愤怒地要求知道为什么"你们新英格兰人反对我们的和解措施"。迪金森威胁道："我，还有我们中的一些人，将与你们新英格兰人断绝关系。"[5]

亚当斯被狄金森"盛气凌人"的语气激怒了，他在一封被英国人截获并被在效忠派报纸上广泛刊登的私人信件中，将狄金森描述为"微不足道的天才"。亚当斯在给阿比盖尔的信中写道："日后我们彼此不会说话，见面也不会鞠躬。"[6]

由于陷入僵局，6月11日，大陆会议最终决定将投票推迟20天，以便让不情愿的代表们给各自的殖民地政府写信，寻求新的指示。同时，为了避免浪费更多时间，大陆会议任命了一个五人委员会起草独立宣言，其成员为杰斐逊、约翰·亚当斯、富兰克林、纽约的罗伯特·利文斯顿（Robert Livingston）和康涅狄格的罗杰·谢尔曼（Roger Sherman）。

就在他们第一次会面讨论指导方针的时候，来自前线的消息增加了压力。华盛顿报告，一支由 132 艘船组成的英国舰队已经从哈利法克斯起航前往纽约；另一支由 53 艘船组成的舰队正驶入南卡罗来纳的查尔斯顿水域。被击败的北方军已经撤离了加拿大，其感染天花的残余部队撤退到了尚普兰湖。

当乔治·华盛顿接受了包围波士顿的新英格兰民兵的指挥权时，本杰明·富兰克林被任命为委员会的负责人，负责起草命令，详细规划指挥系统的结构，并起草华盛顿在正式接管指挥权时要向部队宣读的宣言。

富兰克林根据在法印战争中保卫宾夕法尼亚的经验，给他在英国的朋友约瑟夫·普里斯特利写信说，他现在比以往任何时候都忙碌。他的一天从早上 6 点召开安全委员会会议开始；从上午 9 点到下午 4 点，在大陆会议开会。

富兰克林的新角色激发了他的创造力。在邦克山，英国的刺刀证明了具有摧毁性的效果。由于美洲步枪的枪管是八角形的，所以刺刀不能装在上面。因此，富兰克林提议使用长矛，一种海军登船队使用的短柄长矛。接下来，他倡导重新引入英国长弓，以缓解火枪和火药的严重短缺。如果说他的想法似乎不合常规，那是因为随着他愈加坚定不移地反对所有与英国和解的言论，他日益寻找着优越的英国军队盔甲上的裂隙。

富兰克林的防御委员会再次转向费城的海军防御，下令建造 25 只划艇——由 24 名健壮的桨手驱动的 50 英尺长、机动性高的快艇。有了辅助的三角帆，它们可以快速驶向更大的船，拦截登陆艇，用安装在头部和尾部的小型旋转炮扫射它们，这是他在苏格兰见到过的。

但是，要阻止拥有重炮和海军陆战特遣队的大型英国军舰，光靠长矛和划艇是不够的。富兰克林有办法应对这个问题。特拉华河中游岛屿星罗棋布，这使得满帆的军舰很难猛烈扫射费城的滨水地区。为了增强这些天然的防御工事，富兰克林建议在水下种植障碍物。乔治国王战争期间，类似的防御措施击退了英国对法国的一场进攻。

富兰克林组织了费城的民兵，为武装船只挑选军官，为部队获取药品，从费城的弹药库向纽约安全委员会运送火药，并征用了一些艾伦和阿诺德在提康德罗加堡缴获的铅。

与此同时，他在进口火药委员会任职，并与人联名上书大陆会议，请求免除出于良心拒服兵役者的兵役，以换取防御急需的、用黄金支付的固定罚金。富兰克林的防御计划给同僚们留下了深刻的印象。他的效用增加了他的权威。

和华盛顿一样，富兰克林拒绝领取薪水，但没有拒绝报销账户。对他的任命还使他控制了所有情报的收集、传递和拦截。

大陆会议还委托印刷专家富兰克林监督大陆钱币的雕版，以取代印有乔治三世肖像的英国硬币。他安排任命他的女婿理查德·贝奇为美洲第一家造币厂的大陆会议专员。

在为期4天的军事会议期间，富兰克林随大陆会议代表团前往华盛顿位于马萨诸塞剑桥的营地，就军队重组问题向华盛顿提出建议。

随着新英格兰民兵征募即将到期，华盛顿敦促征募一支纪律更好、补给更充足的两万人的大陆军，征兵期为一年。委员会还制定了战争条款，并起草了指导方针，用以指导战俘交换以及私掠船捕获的战利品的处理，这些私掠船已经在骚扰英国的补给线了。

157　在参观沃特敦时，富兰克林将他从英国朋友那里收到的100英镑（约合今天的1.5万美元）捐给了马萨诸塞殖民地议会，以帮助在列克星敦和康科德受伤的殖民地人民，以及被英国军队杀害的殖民者家中的孤儿寡母。作为回应，该殖民地议会付给了他作为其在伦敦的代理人的 4 年拖欠的酬金。

在一次晚宴上，富兰克林遇到了阿比盖尔·亚当斯。美国第一任邮政总长同意给她的丈夫送一封信。在信中，她这样描述富兰克林："……从小我就被教导要尊敬他。我发现他喜欢社交，但不健谈，当他说话时，他会说出一些有用的东西。他很严肃，但又和蔼可亲。"[7]

回到费城后，富兰克林被任命为由五人组成的秘密外交事务委员会的一员，该委员会便是国务院的前身。为了便于"与我们在英国、爱尔兰和世界其他地方的朋友"建立联系，富兰克林安排了两艘快船运送邮件。1775 年 7 月，富兰克林在给约瑟夫·普里斯特利的信中写道，大陆会议尚未"向任何外国申请援助，也没有用我们的贸易换取他们的友谊"。但是，国王从黑森和不伦瑞克雇佣军队的消息消除了大陆会议必须寻求外国援助的疑虑。[8]

当第二届大陆会议于 1775 年 8 月 1 日休会时，富兰克林被选为其最有权力的委员会的成员：常务委员会，该委员会在新的大陆会议选举产生之前行使权力。本杰明·富兰克林成了国王最足智多谋、最强大、最叛逆的臣民。

第17章 "一个自由独立的民族"

　　1773 年，托马斯·杰斐逊和他的新娘玛莎在他位于阿尔伯马尔县的农场度蜜月时，收到了玛莎父亲去世的消息。玛莎·杰斐逊继承了父亲约翰·威利斯（John Wayles）1/3 的财产，包括 5 个县的 1.1 万英亩土地和 135 名奴隶。她的父亲留下了约 3 万英镑的资产，但也留下了欠英国商人的 1 万英镑的债务，包括最近在联合抵制下不能出售的一批奴隶。在这笔钱财中，托马斯·杰斐逊将获得 6 600 英镑（约合今天的 150 万美元）。他还持有他父亲在忠诚公司（Loyal Company）的股份，忠诚公司是老俄亥俄公司的竞争对手，这些股份是他在勘测了谢南多厄河谷后获得的。

　　这笔钱足以让杰斐逊觉得他可以过上舒适的生活，最后他相信放弃他从来不赚钱的律师行业是安全的。1774 年 6 月，杰斐逊在《弗吉尼亚公报》上刊登了一则广告，谴责他的法律客户中"不值得一提的一部分"没有支付他们的账单。在做了 6 年毫无结果的苦工后，他只拿到了他应得的 2 119 英镑中的 797 英镑。31 岁时，杰斐逊离开了法律行业。

　　取而代之的是，他决定致力于研究历史和国际法、撰写政治哲学著述，并改善他的地产。在位于山顶的家中，他开始撰写《英属北美权利概述》（*A Summary View of the Rights of British North America*）。

作为一名来自最西部的县的新手议员，他自告奋勇地起草了弗吉尼亚代表大会给其第一届大陆会议代表的指令。他第一次以决议的形式提出了美洲对国王和英国议会不满的详细概要。杰斐逊给帕特里克·亨利寄了一份自己写的概要，但亨利显然从未读过。杰斐逊寄给主持大会的佩顿·伦道夫的那一份命运要好一些。伦道夫"把它放在桌子上，以便仔细阅读"。

一名代表回忆说，杰斐逊的决议被大声宣读，"大多数决议都获得了掌声"。但是杰斐逊的决议没有被采纳；仍然有许多代表对于他在最后通牒中隐含的武装反抗有所畏惧。[1]

杰斐逊的一些崇拜者在威廉斯堡的报纸上刊登了他的《英属北美权利概述》。在 1774 年底之前，该书在费城重印，其读者包括第一届大陆会议的代表，然后在伦敦匿名重印了两次，在那里，杰斐逊一夜之间成为美洲最激进的作家。

正如历史学家波琳·梅尔（Pauline Maier）所说，《英属北美权利概述》是第一部对国王的行为进行直接和尖锐批评的政治著作。等到杰斐逊在 1775 年当选为大陆会议代表时，他的写作能力已经为大陆会议代表所熟知。他到达费城时，年仅 33 岁，是当时最年轻的代表之一。罗得岛的塞缪尔·沃德称他为"著名的杰斐逊先生"。[2]

当被委托起草宣言的委员会开会时，其成员投票决定任命杰斐逊为宣言的起草人。为了吸引《独立宣言》的目标读者——13 个英属大陆殖民地的自由民众——的注意力，杰斐逊阐述了他的主要前提：美洲正在采取的步骤是必要的，是在多次尝试和解后勉强做出的。

杰斐逊坚持自托马斯·阿奎那（Thomas Aquinas）以来的哲学家们曾花大量篇幅论证的正当理性法则，并认为该学说是 17 世纪英国革命的核心，正如约翰·诺克斯（John Knox）所言，"反抗暴政就是服从上帝"。在一个君主统治的世界里，这篇宣言肯定会受到审视，所以杰斐逊没有公开反对王权，而是认为美洲殖民地人民有权反抗一个糟糕的国王，一个暴君。

他以通常针对普通罪犯的语言列举了 18 项罪状，旨在证明乔治三世对美洲殖民地实施了暴政。

实际上，杰斐逊正在起草一份针对国王的起诉书。如果他能证明自己的观点，那么毫无疑问，美洲殖民地人民必须放弃效忠一名邪恶的统治者，因此，"这些联合起来的殖民地是且应该是自由独立的国家"。

杰斐逊把美洲殖民地没有自己的货币列为殖民地人民不满的首要原因。他断言，国王"拒绝批准对公众利益最有益、最必要的法律"。在《弗吉尼亚权利宣言》（Virginia's Declaration of Rights）和大陆会议《独立宣言》这两份文件的草案中，杰斐逊都提到了 1764 年的《货币法》。

拥有至少 140 名奴隶的托马斯·杰斐逊在对英国国王的所有严厉指控中，直到最后才使用最强硬的语言，指责乔治三世个人对奴隶贸易负有责任：

> 他对人性本身发动了残酷的战争，侵犯了一个从未冒犯过他的遥远民族的最神圣的生命权和自由权，俘虏他们，并把他们带到另一个半球做奴隶，他们或在被运送到那里的途中遭遇悲惨的死亡。
>
> 这场海盗式的战争——它遭到了异教徒列强的责难，是大不列颠基督教国王的战争。他决定让一个买卖人口的市场继续保持开放，并滥用否定权，压制所有试图禁止或限制这种恶劣商业行径的立法。

在每一个英属北美殖民地，奴隶制都受到法律保护。在新英格兰的大部分农村地区，被奴役者只占人口的一小部分，在经济上无足轻重。

但是在罗得岛，像会议代表斯蒂芬·霍普金斯这样的商人积极参与国际奴隶贸易，那里奴隶的比例比新英格兰任何其他殖民地都高。纽波特已经成为北美最有利可图的奴隶贸易港口。根据历史学家埃利森·斯登吉（Allison Stanger）的说法，罗得岛的商人赞助了至少 934 次前往非洲的航行，其船只购得了至少 106 544 人在北美出售：不到一半的人在航行中幸存。[3]

在中部殖民地，10% 的纽约人口被奴役，7.5% 的新泽西人口被奴役。虽然教友派教徒表示反对奴隶制，但大约 2.4% 的宾夕法尼亚人被奴役。在特拉华，6.4% 的人口被奴役。

越往南部走，奴隶制对殖民地的经济越重要，在奴隶制下劳动的人口比例越大：马里兰是 32.8%，弗吉尼亚是 41%，北卡罗来纳是 33.7%。南卡罗来纳是 53.9%，该殖民地的黑奴数量超过了自由白人。

关于代表们拥有奴隶的记录是不完整的，但是他们拥有奴隶的百分比似乎超过了他们所代表的殖民地的比例：代表们都来自社会的富裕阶层。

来自弗吉尼亚、马里兰、北卡罗来纳和南卡罗来纳的所有代表都拥有奴隶，其中大多数人的奴隶数量庞大。除了商人克里斯托弗·加斯登（Christopher Gadsden），南卡罗来纳的所有代表都拥有数百名奴隶；亨利·米德尔顿（Henry Middleton）有 800 名奴隶。在弗吉尼亚人中，乔治·华盛顿、理查德·亨利·李和本杰明·哈里森（Benjamin Harrison）都有 200 或更多的奴隶。帕特里克·亨利的奴隶数量最终将从 1774 年的 30 名增加到 100 名。

在参加第二届大陆会议的新英格兰代表中，有两名代表——约翰·汉考克和斯蒂芬·霍普金斯——拥有奴隶。在中部殖民地，纽约人有一些家奴。宾夕法尼亚代表约翰·迪金森曾公开反对奴隶制，并正在释放他的奴隶；本杰明·富兰克林拥有一名家奴和一名黑奴男仆。

在富兰克林和亚当斯以及整个委员会批准了杰斐逊的草案后，他们把它交给汉考克主席。接下来的 3 天，大陆会议仔细分析了草案的每一条。

杰斐逊后来写道，他的同僚们"立即"达成一致意见，彻底删除他对非洲奴隶贸易的谴责，这让他感到震惊。杰斐逊写道，任何提及奴隶制的内容都"被删除，以符合南卡罗来纳和佐治亚的要求，它们从未试图限制奴隶进口，相反，它们希望奴隶进口继续进行下去"。领导抗议者的是最年轻的代表，来自南卡罗来纳的 26 岁的爱德华·拉特利奇，他拥有 800 名奴隶。

杰斐逊写道，他对"我们北方的兄弟"如此迅速地同意南方的反对意见感到惊讶。这些人中有两名拥有大量土地的纽约代表。

一名代表是詹姆斯·杜安，他是一名盎格鲁—爱尔兰移民的儿子，第一任妻子玛丽·利文斯顿（Mary Livingston）是哈德逊河庄园主罗伯特·利文斯顿的女儿；1766 年，她富有的父亲罗伯特与奥尔巴尼大地主菲利普·斯凯勒（Philip Schuyler）*的女儿格特鲁德·斯凯勒（Gertrude Schuyler）结婚，这让他变得更为富有。这些联姻为杜安在纽约地主贵族最高和最有影响力的阶层中争取到了一席之地。杜安的岳父利文斯顿雇用了数百名贫困的佃农在他们巨大的哈德逊河庄园工作。斯凯勒未来的女婿亚历山大·汉密尔顿将成为杜安的法律助理。杜安后来成为革命后纽约市的第一任市长和纽约州的第一位联邦地方法院法官。

163

---

* 格特鲁德·斯凯勒的父亲为基利安·范伦塞拉尔（Kiliaen van Rensselaer），原文疑似有误。——编者注

另一名来自纽约、拥有大量土地的代表是罗伯特·L. 利文斯顿（Robert L. Livingston），他是纽约殖民地最高法院首席法官罗伯特·R. 利文斯顿的儿子。他的利文斯顿庄园共有 16.6 万英亩土地，沿着哈德逊河东岸延伸 20 英里，从 285 户第一代苏格兰佃农家庭那里收取租金。作为罗伯特·R. 利文斯顿的继承人，罗伯特·L. 利文斯顿有望得到皇家授予的近 100 万英亩土地。脱离英国会让他失去这项利润丰厚的土地授予。在他的表亲中，有许多哈德逊河谷富有而有权势的土地大亨，他们在纽约和新泽西总共拥有 400 万英亩的农田，这些农田不仅养活了纽约市的人口，还向整个大西洋世界出口货物。对于南部奴隶主来说，种植园主和北方的地主没有什么区别，后者从衣衫褴褛的佃农那里收取租金。

在整整三天痛苦的修改过程中，杰斐逊坐在富兰克林身边，"他意识到我并非对这些大修大改无动于衷"。[4] 杰斐逊后来对这种砍伐式的修改几乎没写什么，只是把一份他的宣言草案连同大陆会议修改和批准的版本一起寄给了在威廉斯堡的理查德·亨利·李。

杰斐逊没有将撰写美国第一份，也可以说是最著名的建国性文件的功劳归为己有，因为他并不以此为荣。杰斐逊很失望他没有在起草新的弗吉尼亚宪法中发挥重要作用，而对于他的宣言草案的彻底审查又让他痛心不已，于是他决定退出大陆会议——在他看来，这只是一次英属殖民地代表举行的临时会议。对杰斐逊来说，更重要的是将旧有的弱小的英属殖民地改造成为强大的独立国家。

约翰·亚当斯持完全相反的观点。他又一次无视大陆会议的通信禁令，兴高采烈地给阿比盖尔写信说，签署《独立宣言》的那天"将是美国历史上最值得纪念的时刻"。他预言，这将"被后代作为伟大的事件来庆祝"。这是"解放日"，应该"从现在起到永远"，在北美各地"举行盛大的仪式和游行，进行表演、游戏、体育活动，鸣枪、敲钟、

燃起篝火"来庆祝。⁵

似乎这还不足以抒发情感，亚当斯在第二封信中写道，几天后阿比盖尔将看到"阐述这场伟大革命原因的宣言"，这将"使其在上帝和人类的眼中是正确的"。亚当斯在这个新国家的诞生中看到了上帝之手："这两个国家永远分离是上帝的旨意。"⁶

杰斐逊和亚当斯对他们宣布从英国独立的截然不同的反应预示着一个裂痕，这个裂痕只会随着时间的推移而扩大。杰斐逊将弗吉尼亚视为他的国家；亚当斯则认为每个州都是新国家的一部分。

第 18 章 "在这里非常有用，很受尊重"

在第二届大陆会议成立一个委员会以起草《独立宣言》的同一天，它还成立了一个委员会，由每个州出一名代表组成，约翰·迪金森担任委员会主席。该委员会意识到需要某种形式的全国性政府来取代英国的统治，于是着手准备一部邦联的临时宪法。

在大陆会议颁布《独立宣言》一周后，迪金森委员会提交了《邦联和永久联合条例》（Articles of Confederation and Perpetual Union）*的草案。

但是大陆会议正忙于一场不断扩大的战争，还没有准备好就新的全国性政府的形式和结构进行严肃的讨论。它每周留出两天时间来讨论一份文件，《邦联条例》的第四稿也是最后一稿直到 1777 年 11 月才被采纳。该草案与富兰克林在 1754 年提出的联盟计划非常相似，设想了一个由拥有主权的、独立的州组成的松散组织，这些州为它们的"共同防御，自由、各州之间及全民福祉的安全"结成"坚固的友谊联盟"；它被提交给各州批准。

---

*《邦联和永久联合条例》简称为《邦联条例》。——编者注

以一院制国会为核心机构，每个州在国会都有一票投票权，各州的代表团由州议会选举的两到七名代表组成。当要进行立法时，来自各州的代表们将就相关问题确定自己的立场，然后代表他们的州投下一票。代表每六年只能任职三年；国会主席只能任职三年，且不能连任。

国会将作为各州之间争端的最后上诉机构，并有权铸造货币、运营邮政系统、维持武装部队，以及缔结条约和联盟。

但是邦联国会没有权力征税和管理商业。没有征税权，它的收入将来自各州，每个州根据其境内私有土地的价值缴纳税款。军队也将根据国会每年协商的方案进行装备。临时政府缺乏联邦司法系统。任何一个州都可以阻止新的州加入邦联，而加拿大随时都能加入！

《邦联条例》还包含一项薪酬条款，禁止"任何在合众国拥有任何盈利或信托职位的人"接受"来自任何国王、王子或外国的任何礼物、报酬、职位或任何种类的头衔"。

国会否决了狄金森最有争议的提议，即划定各州的西部边界。但是国会中没有一个州或投机投资者的组合愿意放弃对西部丰富资源的所有权。

没有任何扩张空间的马里兰州坚持要求其他州放弃对西部边境（今天的中西部）土地的主张。因为必须得到各州的一致批准，所以又花了将近五年时间，经历了两次否决，1781 年 3 月国会才最终通过《邦联条例》。

1776 年，唯一能确定的是这个新实体的名称：邦联国会。

1776 年 7 月 4 日，大陆会议主席约翰·汉考克下令在宾夕法尼亚州议会广场向人群大声宣读《独立宣言》。递送急件的信使们随即将该宣言的印刷件匆匆送往新成立的各州。

在纽约市，华盛顿将军对宣言的措辞表示欢迎，认为这是他的部队急需的强心剂。当印刷版《独立宣言》于 7 月 8 日送达纽约市时，一支由 150 艘英国运兵船和 30 艘军舰组成的舰队已经停泊在了纽约港；3.2万名正规军，包括 9 000 名德国雇佣兵，已经在斯塔滕岛上搭起了帐篷。

自从 3 个月前在坎农角把英国人赶出波士顿以来，华盛顿一直在康涅狄格和纽约集结民兵，等待英国人的反击。现在，他手下作战经验不足的民兵面对着英国从其海岸派遣而来的最大规模的舰队和最强有力的陆军。华盛顿命人向他的士兵大声宣读该宣言，并命令他们回到自己的宿营地。然而，许多士兵加入了在街道上涌动的暴民队伍，打碎了疑似效忠国王者的窗户。

"自由之子"的成员来到曼哈顿边缘的鲍林格林，跳过围绕着乔治三世国王骑马雕像的围栏。他们用绳子套住马以及马上的国王，将这座 15 英尺高的雕像拖拽到地上。一个人锯下了国王的脑袋；雕像的其余部分被马车运到康涅狄格州的利奇菲尔德，在那里，妇女们用它们制作了 42 088 发子弹。

1775 年 4 月，大陆会议投票同意用鳕鱼、木材、烟草和靛蓝与加勒比群岛交换武器和弹药。他们还委托代理人从欧洲通过西印度群岛为大陆军订购和输送补给品。在获悉英国议会已经通过了禁止所有美洲贸易的《美洲禁止法案》三天后，大陆会议派遣美洲主要的商业代表，康涅狄格的塞拉斯·迪恩，前往巴黎。

在等待被选举参加第二届大陆会议期间，迪恩反对罗杰·谢尔曼和康涅狄格保守的议会派系，支持提名法印战争的老兵以色列·普特南（Israel Putnam）为少将。作为报复，谢尔曼——他长期以来一直怀疑商人兼律师的迪恩通过操纵他已故妻子们的财产而致富——取得了康涅狄格农村地区大多数人的支持。

竞选连任大陆会议代表失败后，迪恩决定留在费城，直到 1776 年

1月结束任期，并继续与罗伯特·莫里斯和秘密委员会一起工作。作为回报，莫里斯支持迪恩被大陆会议任命为美洲的第一名外交官。富兰克林、迪金森和莫里斯组成了一个秘密委员会，起草了对于迪恩的指示，并于1776年3月3日派遣他前往巴黎担任大陆会议的商业和外交代表。

正如历史学家约翰·菲尔林（John Ferling）所说，迪恩"被选中是因为他了解大陆会议的想法"。他要"探索法国对美洲事业的友谊的深度"。迪恩的朋友兼康涅狄格代表埃利帕莱特·戴尔（Eliphalet Dyer）指出，迪恩"在这里非常有用，在大陆会议很受尊重"。[1]

富兰克林和莫里斯向迪恩提供了法国联系人的名单，这些人可以安排他见到法国外交大臣德·韦根尼斯伯爵（Comte de Vergennes）。迪恩伪装成百慕大商人，表面上是要讨论与法国的商业关系，但他的首要任务是采购25 000人军队的制服和"大量的武器弹药"，包括100门加农炮。此外，他同意担任罗伯特·莫里斯的商业代理，并按惯例收取5%的佣金。

他还受命弄清楚"如果殖民地形成一个独立的国家，法国是否会……承认它"并与其形成军事或商业联盟——或者两者兼而有之。

自从1763年的《巴黎条约》将加拿大和美洲西部大部分地区割让给英国后，法国外交部就一直饶有兴趣地关注着英国殖民地激进运动的发展。

韦根尼斯在伦敦派驻了一名观察员——商人皮埃尔-奥古斯丁·卡隆·德·博马舍（Pierre-Augustin Caron de Beaumarchais），他也是《费加罗的婚礼》（*The Marriage of Figaro*）的作者。在极端亲美的伦敦市长约翰·威尔克斯（John Wilkes）的家里，博马舍被介绍给弗吉尼亚的阿瑟·李，后者的哥哥是大陆会议代表。年轻的李正在学习法律，并担任李家族广泛利益的商业代表。他也曾协助本杰明·富兰克林的殖

169

民机构。

博马舍告诉李，法国政府在6月10日批准了一项100万里弗尔的捐赠，以援助美洲革命者。博马舍将通过建立一个虚假的商行——罗德里格斯·霍塔莱斯公司（Hortalez et Cie）来管理这笔资金，以掩盖法国官方的参与。根据国际法，公开向反叛的美洲殖民地提供违禁武器将违反法国的中立立场。

在国王路易十六（Louis XVI）的亲自批准下，法国政府借口宣布是改装武器的时候了。政府宣布其许多武器和船只"过时"，允许指定的商人以象征性的金额从皇家军火库中买走弹药，以援助美洲殖民者。

1775年11月，一个来自南特的法国商人代表团访问了在剑桥的华盛顿，并开始向他的军队提供战争物资。到1776年年中，源源不断的法国武器、弹药、布料和奎宁通过荷兰的圣尤斯特歇斯自由港流入南卡罗来纳和北卡罗来纳，圣尤斯特歇斯是第一个向美国国旗致敬的外国港口。

在那里，商人们以6倍于欧洲现行价格的价格卖给美国人火药。走私的火药装在通常装糖的大桶里，从牙买加运抵查尔斯顿。300桶火药和5 000支滑膛枪由挂着法国国旗的船只从波尔多运往费城，再由陆路运往波士顿。

到1776年12月，塞拉斯·迪恩将可以写信给大陆会议，说他已经从法国向马提尼克岛运送了20万磅火药和8万磅硝石，从阿姆斯特丹向圣尤斯特歇斯运送了10万磅火药，再用较小的美国船只转运到北美大陆。

到1776年底，大陆会议代理人在西印度群岛的所有荷兰、西班牙和法国殖民地以及欧洲港口公开活动。1777年初，8艘满载武器的法国船只通过马提尼克岛向大陆军运送了2 000吨军火。每到一站，美国商人和他们的代理人，其中包括大陆会议代表塞拉斯·迪恩和罗伯特·莫里斯，都从军火销售价格中抽取5%的佣金，这在革命期间相当于数百万美元的个人收入。

到 1776 年 12 月，很明显大陆会议需要在巴黎保持更为正式的外交存在。秘密通信委员会在费城秘密会见了一名法国特工后，挑选了一名成员，即本杰明·富兰克林，前往巴黎与塞拉斯·迪恩会合。阿瑟·李将从伦敦赶来，与富兰克林和迪恩一起组成美国第一个外交使团。

在没有通知或邀请李的情况下，富兰克林带上了他 22 岁的侄子乔纳森·威廉姆斯（Jonathan Williams），作为使团的商业代理人。他们在一个俯瞰巴黎的村庄帕西与迪恩会合，住在雅克-多纳蒂恩·雷伊·德·肖蒙（Jacques-Donatien Le Rey de Chaumont）的庄园，后者是一名政府承包商、农民总会成员，以及法国总理的亲戚。

富兰克林在接下来的 9 年里一直住在那里；肖蒙说，他不会收取租金，但大陆会议可以给他一块合适的土地，以示感谢。

1775 年 3 月，在得知《美洲禁止法案》将封锁美洲所有贸易活动仅仅 3 周后，大陆会议就将私掠合法化了。对于一个没有海军也没有能力征税的羽翼未丰的政府来说，这是一个重要的举措。这一做法不仅会为战争筹集资金，也会给企业家另一个获利的机会。

大陆会议授权投资者自费武装自己的船只，并招募船员，保证船员可以分享任何被完整捕获的敌舰的收益。一艘被捕获的船只驶到港口后，船只及其货物将一起被拍卖；投资者根据大陆会议批准的方案，与官员和船员一起瓜分战利品，并将战利品的 10% 留给总司令——目前是乔治·华盛顿——用于军队的需要。

大陆会议注册了大约 1 697 艘私人拥有的船只，而不是花费巨额费用建造一支大陆海军。在这些船只中，有 600 艘携带着特许证，作为大陆会议的委任状。

171

此外，富兰克林和迪恩等美国海外代理人将委托约 300 艘私人军舰，使美国用于商业掠夺的船只总数达到 2 000 艘。英国撤离波士顿后，仅从这个港口出发的私掠船就有整整 365 艘。这支商船队总共装备了 1.8 万支枪，在搜寻利润丰厚的英国商船的同时运输违禁武器和货物。

私掠活动提供了一条一夜暴富或破产的危险道路。华盛顿的军需官，来自罗得岛的纳撒内尔·格林（Nathanael Greene），投资了私掠船的航行活动。他要求一名同事对此保密，并建议使用假名。当大陆会议试图调查格林涉嫌挪用公款用于个人的商业投机活动时，华盛顿出于对军队士气的考虑，阻止了调查。

英国皇家海军不仅未能阻止私掠船在北美水域的袭击，而且很快就面临着一支美国官方海军。在收到英国开始袭击马萨诸塞和弗吉尼亚沿海城镇的消息的当天，大陆会议还从一份华盛顿将军发来的公报中获悉，英国议会派遣了一支由 6 艘战舰和 1 000 名海军组成的舰队，其中有 5 个团的苏格兰高地人和爱尔兰天主教正规军。

通过压倒性的投票，大陆会议授权建立一个向其海军委员会报告的海军中队来回应这一威胁。大陆会议任命伊塞克·霍普金斯（Esek Hopkins）为大陆海军第一任准将，他是一名奴隶贩子，也是来自罗得岛的大陆会议代表斯蒂芬·霍普金斯的弟弟；事实上，斯蒂芬·霍普金斯是任命其弟的委员会的主席。1775 年 10 月，大陆会议拨款 10 万英镑（约合今天的 1 500 万美元），用于"装备"由 4 艘船组成的"第一支舰队"。委员会从其成员罗伯特·莫里斯那里购买了两艘船。第一艘船是新下水的、200 吨重、140 英尺长的商船"黑王子号"（Black Prince）。它的船长约翰·巴里（John Barry）称它为"美洲最好的船"。这艘船重新装备了 30 门火炮，并改名为"阿尔弗雷德号"（Alfred），它将作为初创时期的大陆海军的旗舰。

莫里斯卖给大陆会议的第二艘船是一艘双桅船，这艘船被改名为"哥伦布号"(*Columbus*)。² 它的船长亚伯拉罕·惠普尔(Abraham Whipple)是罗得岛海军准将,也是伊塞克·霍普金斯的妹夫。霍普金斯的儿子约翰(John)被任命掌管"卡伯特号"(*Cabot*)。

费城码头上经过改装和武装的船只基本上都扮演了私掠船的角色,它们的任务是捕获敌人的商业货物和军用物资。到 1776 年 1 月,当大陆会议成立海事委员会以取代海军委员会时,8 艘船组成了美国海军的前身——大陆海军。

在 8 年的战争过程中,大陆会议的小型舰队捕获或摧毁了 196 艘英国船只,其价值为 600 万英镑(约合今天的 9 亿美元)。

事实证明,美国的私掠船在延缓英国战争行动方面甚至更为有效。根据伦敦劳埃德咖啡屋(Lloyd's Coffee House)的记录,仅在战争的第一年,美国私掠船就捕获了 733 艘英国商船,价值为 180 万英镑(约合今天的 2.7 亿美元),并将它们放在了法国、美国和加勒比海港口的拍卖台上。

173　　11 个州建立了自己事实上的海军。乔纳森·特兰伯尔州长为 200 艘以康涅狄格为基地的私掠船签署了特许证。多达 7 万人在私掠船上服役并分享战利品。到战争结束时,许多船员都拥有了自己的私掠船。在大胆的私掠船的袭击下,英国皇家海军在 1778 年损失了 100 艘船,在 1779 年损失了 200 多艘船。英国人最终被迫建立了一支护卫舰舰队,只是为了护送缓慢航行的商船。

与此同时,美国私掠船俘获了 500 多艘船只,它们的货物价值高达惊人的 6 600 万英镑(约合今天的 99 亿美元)。

私掠船的收益将会使数名大陆会议代表发财,包括塞拉斯·迪恩、斯蒂芬·霍普金斯,尤其是海军委员会主席罗伯特·莫里斯。

起初,罗伯特·莫里斯放弃了个人投资私掠活动。他在英国有太多的朋友,不可能去抢夺他们的任何财产。但是随着海上战斗的加剧,英国人抢走了他的几艘船，他失去了"大量财产"。他在给威廉·宾厄姆的信中写道，"我认为自己在上帝和人类眼中，完全有理由从那些掠夺我的人那里寻找我失去的东西"。

在威灵和自己现有关系网的基础上，莫里斯挑选了 24 岁的宾厄姆作为委员会在加勒比地区的主要代理人。作为一名隐名合伙人，他和宾厄姆共同委托了"报复号"（*Retaliation*）的行动，后者在第一次航行中俘获了 13 艘船。"我对私掠活动的顾虑都消除了"，他在给宾厄姆的信中写道。"反对和打击如此无情的敌人"已成为他的"职责"。[3]

没有人知道莫里斯和宾厄姆的私掠活动的利润到底有多少，但是莫里斯已经动用了他所有的秘密委员会关系网，将他们的船只派到欧洲和加勒比海，在其他私掠船的巡航中分一杯羹。莫里斯在被俘获的船只上的收获在费城人口中成为传奇。当德·夏斯德卢侯爵（Marquis de Chastellux）访问费城时，他这样写道，莫里斯"习惯于私掠船的成功，如果人们在周日观察到他比平时更严肃，原因便是，他在前一周没有收获"。[4]

在法国，有了肖蒙的支持，塞拉斯·迪恩装备了私掠船并在法国港口出售战利品，还与肖蒙、莫里斯和英国的托马斯·沃波尔（Thomas Walpole）一起组建了一家国际贸易公司。他们的国际网络包括查尔斯·威灵（Charles Willing），莫里斯在巴巴多斯的合伙人，他在那里安排欧洲货物转运到美洲大陆。莫里斯在费城的合伙人在西印度群岛和新奥尔良都有代理人。在全球资本主义的这个早期的例子中，美国商人及其国际代理人网络打破了英国传统商业体系的束缚。

法国海事部长德萨尔廷伯爵（Comte de Sartine）任命富兰克林的房东肖蒙为秘密私掠行动的负责人，后者允许美国代理人在没有竞争对手的情况下从事其活动。肖蒙管理公司的所有业务。没有他的同意，任何战利品都不能出售，而且如果出售，只能按照他的条件出售。

作为大陆会议的采购代理人，肖蒙和富兰克林的侄子乔纳森·威廉姆斯负责购买私掠船捕获的货物。作为战利品代理人，他们把缴获的货物卖给同僚，包括莫里斯和迪恩。本杰明·富兰克林后来证实，一些交易获得了高达 8 000% 的利润。

历史学家托马斯·帕金斯·阿伯内西（Thomas Perkins Abernethy）写道："罗伯特·莫里斯因此掌握了美国对外贸易的钥匙，通过他的代理人，他能够对大陆会议的外交政策施加强大的影响。"[5]

1776 年 7 月和 8 月初，当英国人在纽约市下船登岸时，华盛顿向约翰·汉考克承认，他不知道自己有多少部队可以投入战斗。表面上，两万人在炎炎夏日夜以继日地工作，在曼哈顿周围、总督岛和布鲁克林高地建造了 13 座布满大炮的堡垒。但是痢疾摞倒了数以千计的筋疲力尽的士兵。

8 月 22 日清晨，英国皇家海军的船只驶入格雷夫森德湾，开始向长岛南岸运送 1.5 万名职业士兵。5 天后，英国人在树木茂密的布鲁克林高地袭击了华盛顿的主力部队。在这场战争的第一场激战中，1 000 名美国人伤亡，15 000 名美国人被俘。

当英国人在基普湾再次发动袭击时，康涅狄格 3/4 的民兵已经决定回家。当英国军舰炮轰他们时，2 000 人从他们的浅壕沟中跳出来，没开一枪就冲上了波士顿邮路。

华盛顿试图在一片玉米地——今天的布莱恩特公园——里召集他们。他挥舞着军刀，"破口大骂"，并用剑背敲打了几名军官。他 3 次将帽子扔在地上，然后喊道："上帝啊，我要和这些人一起保卫美国吗？"[6]

随着华盛顿首先向北撤退，然后穿过新泽西到达宾夕法尼亚，他的军队减少到只有 2 000 人。大陆会议逃到巴尔的摩。代表们几乎没有时间讨论新的政府形式。

第19章 "为了一个小小的报复"

由于军队的大部分士兵不是逃跑就是死亡，华盛顿在9月25日停留了很长时间，给大陆会议写了一封绝望的信。他从新泽西海岸望过去，恰好能看到曼哈顿下城燃起熊熊大火。早些时候，华盛顿曾请求大陆会议批准烧毁曼哈顿，以使英国人没有栖身之处。当大陆会议拒绝了这一请求后，一场神秘的大火燃起。在大风的作用下，这场大火摧毁了493所房屋，迫使英国人在帐篷和地窖里过冬，英国人指责是华盛顿下令放火的。在给堂兄伦德·华盛顿（Lund Washington）的信中，华盛顿只是这样写道："上帝，或者某个诚实的好人，为我们做的比我们愿意为自己做的还要多。"[1]

在信中，华盛顿告诫他的大陆会议同僚们放弃幻想，即一名士兵可以仅靠爱国热情存活。"他的收入无法养活他，"华盛顿坚持认为，"而且当国家里的每一个人都对他的工作印象深刻并从中受益时，他不可能为了服务国家而毁掉他自己和家庭。"

华盛顿告诉大陆会议，那些愿意只靠"无私原则"作战的美国人"屈指可数"。这个国家不能再依靠短期招募民兵来打仗，也不能再只用少量金钱来资助战争。必须在人力物力上进行全面的投入。"这场比

第2部分 脱离 175

赛不可能在一天内结束；这场战争必须有计划地进行下去。"他写道。军队必须建立在"永久的基础上"。

美国人已经习惯于认为高薪的职业军队令人厌恶。爱国的小册子作者在他们的作品中痛斥英国和德国士兵是只为不义之财而战的雇佣军。承认美国人需要被支付薪酬去打仗，这在某种程度上冲淡了他们关于正义革命的概念。

华盛顿根据个人经验，认为激励人们，尤其是领导者的，不仅仅是利他主义。没有什么比"给你们的军官高薪"更重要的了。这将确保他们受到"荣誉原则和进取精神"的双重激励。

军官们不仅要获得能够维持生活的薪水，还要获得"能让他们过上绅士生活并保持绅士品性的津贴"。这样他们"才不会被微薄的收入驱使，去做一些低级肮脏的勾当，比如他们中的许多人会去民众家中行窃。有些东西是这样的人们应得的，他们冒着生命危险，拿自己的健康做赌注，并且放弃了甜蜜的家庭生活"。

如果说华盛顿曾经尊重过民兵，那么现在他已经没有了这种尊重。大陆会议自欺欺人地认为，民兵不仅可以避免常备军接管国家的危险，还可以省钱。"我确信，让五万或十万人成为领取薪水的常备军，比只保持其一半数量的常备军，偶尔由民兵来补充另一半数量要便宜得多。"他写道。大多数民兵是农民；由于大多数军事行动的时间与种植和收获季节重叠，暂停"农业和制造业"只会加剧经济混乱。

他认为，民兵"在扎营、集结和行军前后花在军饷上的时间——弹药的浪费、军需品的消耗"，"破坏了在固定部队中可能建立的各种条理和精简做法……并且在我看来，（如果坚持这个计划）将会毁掉我们的事业"。[2]

当他给汉考克写信的时候，马萨诸塞和康涅狄格为了达到招募配额，正在进行竞标战，用现金奖励贿赂潜在的招募对象。华盛顿提出了一个全国性的体系来代替这一做法。必须根据三年或战争期间的军衔和入伍情况来确定工资率。

他提出了一种新的入伍激励措施——奖励土地。根据军衔，授予固定规模的土地，以换取人们在战争期间的忠诚服役。四面楚歌的大陆会议在默许之前只进行了短暂的辩论。从 1777 年起，成千上万没有土地的美国人将会加入大陆军，希望在战斗结束后，他们或他们的家人能根据军衔（最高到上校）得到 100 到 500 英亩的农田。军官们承诺在战争期间服役，以换取足够的（如果不是丰厚的）薪水。后来，将军们得到了 850 到 1 100 英亩的土地奖励。

有几个州甚至提供了更高的入伍奖励。纽约州给士兵 600 英亩土地；宾夕法尼亚州给士兵 2 000 英亩土地；弗吉尼亚州给士兵 1 500 英亩土地；北卡罗来纳州给士兵 640 英亩土地，给将军 1.2 万英亩土地。

在华盛顿看来，大陆会议和州政府的这些土地授予强调了在政治上组织阿巴拉契亚山脉以西的土地的必要性。又进行了将近一年的战争，在宾夕法尼亚州约克这第二个临时首都，大陆会议才得以再次停下来，就《邦联条例》进行讨论。

1777 年 8 月，6 个沿海州——宾夕法尼亚、新泽西、特拉华、马里兰、新罕布什尔和罗得岛——提议授权大陆会议划定各州的西部边界。

这一提议被批准的前景似乎很暗淡。其他州对西部土地的顽固主张使得已经没有扩张空间的马里兰州持反对立场。弗吉尼亚、北卡罗来纳、南卡罗来纳、佐治亚、康涅狄格和马萨诸塞都根据它们的殖民地特许状宣称它们的领土延伸至"南海"，许多人认为这是指密西西比河。

然而，宾夕法尼亚、新泽西、特拉华、马里兰、新罕布什尔和罗得岛的特许将这些殖民地限制在了离大西洋几百英里的内陆。

最后，大陆会议投票决定在《邦联条例》中增加一项条款，即印第安部落可以将他们的土地割让给国家政府。1778 年 11 月，弗吉尼亚议会宣布其特许状范围内所有印第安人的土地出售无效。来自土地公司——包括由富兰克林家族组织的伊利诺伊公司和大俄亥俄公司——投资者的压力，促使弗吉尼亚宣布印第安人在所谓西北领地的所有购买行为无效。

到 1779 年，除了马里兰州，每个州都批准了《邦联条例》，直到每个州都将其对西部的权利转让给大陆会议，马里兰州才批准。即使弗吉尼亚将西部土地专门提供给士兵，马里兰仍然顽固不化。

当帕特里克·亨利州长批准派遣一支由乔治·罗杰斯·克拉克（George Rogers Clark）领导的小型军队，从英国人和他们的忠诚辅助者手中夺取伊利诺伊地区时，弗吉尼亚仍然是争议的焦点。这一行动使得弗吉尼亚通过征服权获得了这一地区。

为了报复印第安人和忠于国王的人的袭击，1779 年，华盛顿派遣了一支由他的 1/4 的大陆部队和 3 000 名纽约民兵组成的远征大军去掠夺易洛魁联盟的土地和村庄。

1780 年初，自封为易洛魁人霸主的纽约州立法机关将西部土地的所有权利转让给大陆会议。康涅狄格州放弃了萨斯奎汉纳公司对宾夕法尼亚州北部从特拉华河到伊利湖的狭长地带的所有权，10 月份，采取同样的做法，放弃了除西北部俄亥俄的 300 万英亩土地——西部保留地——以外的所有西部土地的所有权。

最终，帕特里克·亨利的继任者托马斯·杰斐逊州长说服弗吉尼亚议会放弃了对西部土地的所有权。杰斐逊的提议规定，拒绝所有投机者的要求，并且将西部划分为新的州，在与旧州平等的基础上加入邦联。

不得不放弃对西部土地所有权的革命领袖包括华盛顿、富兰克林、杰斐逊、理查德·亨利·李、乔纳森·特兰伯尔、罗伯特·莫里斯和

180

塞拉斯·迪恩。此时，根据税收记录，杰斐逊州长已经在弗吉尼亚州富人榜上排名第 28 位。

在此基础上，1781 年 1 月，弗吉尼亚州让出了它对于俄亥俄河以北土地的所有权，包括英国曾许诺奖励给乔治·华盛顿和法印战争中其他弗吉尼亚老兵的土地。

经过 3 年半的政治斗争和妥协，马里兰州终于签署了《邦联条例》，成为最后一个签署的州。签署时，大陆会议暂时栖身于托伦顿（9 个战时临时首都之一）。该条例规定，战后大陆会议将在一个新的永久性的首都召开，该首都将沿特拉华河而建。

为了切断新英格兰与其他反叛殖民地的联系，英国人一年中两次从加拿大派出陆军和海军联合部队，一路南下到达纽约市以结束这场革命。1776 年 10 月 11 日，在来自北方的英军的第一次入侵中，在尚普兰湖爆发了独立战争中最重要的一次海战。

为了阻挡英国人，本尼迪克特·阿诺德在尚普兰湖的南端建造了15 艘船，而英国人整个夏天都试图在加拿大境内建立一支强大的部队。在瓦尔库尔岛后面的一场近距离的野蛮战斗中，阿诺德损失了一艘船，然后他在夜间逃走。在接下来的 4 天，阿诺德再次损失了一艘船，随后他命令凿沉 8 艘船，并带着他的伤员驶向提康德罗加堡。英国人来得太晚了，无法攻击这个戒备森严的堡垒。大雪纷飞，他们一路撤退到魁北克，浪费了一个战争季节。他们的撤退使阿诺德得以派遣部队增援华盛顿，后者准备在圣诞节突袭托伦顿。革命到了命运攸关的时刻。

3 个月后，乔治国王在圣詹姆斯宫接见了少将约翰·伯戈因（John Burgoyne）。伯戈因已经拟定计划——从蒙特利尔向南进军，夺回提康德罗加堡，然后与从纽约市向北进军的军队会合。到 7 月 1 日，伯戈因站在了提康德罗加隐现的城墙前。

一名经验丰富的炮兵立即意识到一座俯瞰要塞的未设防山丘的重要性。一夜之间，英国人清理出一条通往山顶的道路，并将两门加农炮拖至山顶。他们的第一次齐射迫使美国军官下令让军队撤离堡垒，否则美国军队有可能全军覆没。

当来自伯戈因的急件到达伦敦时，乔治三世欣喜地对夏洛特王后说："我打败了他们，打败了所有的美国人。"[3]

伯戈因原本预计会俘获全部美国军队，但一场艰苦的后卫战让除200名美国人之外的其他所有人都逃脱了。

现在，时间，而不是距离，成了敌人：整个晚上，越来越多的美国军队阻挡了英国人的道路，后者可以听到沉闷的斧头声和树木的撞击声。他们的入侵速度减慢到每天一英里。

7月中旬，当斯凯勒将军的军队撤退时，他写信给华盛顿，描述了阻止英国人前进的暗淡前景：英国军队"因胜利而兴奋不已，有着充足的给养、大炮和各种军用物资"，而美国军队"人数稀少、士气低落、衣不蔽体，在某种程度上缺乏给养，没有营地装备，弹药很少，连一门加农炮都没有"。[4]

斯凯勒并不知道，一支法国舰队为了躲避英国的封锁，假装驶向加勒比海，其实护送了8艘补给船。1777年春天，这些补给船载着塞拉斯·迪恩秘密交易的成果，为大陆军送来了枪支弹药、鞋袜、毛毯、帐篷和工具。其中的两艘法国船只，"安菲特里号"（Amphitrie）和"信使号"（Mercure），已经到达新罕布什尔州的朴次茅斯，它们的船舱里满满地塞着两万支步枪和52门黄铜大炮。一队队牛把这些物资拖过伯克希尔。

当伯戈因最终渡过哈德逊河时，他发现美国人盘踞在精心设计的防御工事中，并装备有法国大炮。在萨拉托加，大部分美国人的武器现在是最先进的法国武器，这使美国人能够在两场战役中与英国侵略

182

者血战到底，在这两场战役中，英军伤亡人数是美军的两倍。

几周的等待过后，伯戈因明白了他不能指望威廉·豪（William Howe）将军的帮助，后者已经占领了费城并决定舒适地度过冬天。伯戈因被美国人包围，回加拿大的退路被切断，他只好投降。

尽管费城被占领，但英国人在萨拉托加全军覆没，这后来证明是战争的转折点，法国人由此相信，在他们的帮助下，美国人可以打败大不列颠。虽然萨拉托加战役是由美国士兵打赢的，但如果没有及时到达的法国人提供的枪支弹药，他们是不可能获胜的。

塞拉斯·迪恩后来将他的一份功劳揽入怀中："这些大炮、武器和军需品的购买和运送，在很大程度上决定了美国的命运和独立。"[5]

当费城失守的消息传到巴黎时，本杰明·富兰克林得知，他位于市场街的最近刚完工的三层宅第不仅落入敌人手中，而且还成了英国秘密情报机构的总部驻地。但是从同一份急件中，美国人得知伯戈因和他的军队已经投降。

当一名法国官员斥责富兰克林，说"好吧，博士，豪已经拿下了费城"时，富兰克林反驳道："抱歉，先生；是费城已经拿下了豪。"[6]

在伦敦，得知伯戈因投降时，诺斯勋爵惊慌失措。他使国王相信，现在是时候向美国人做出重大让步了，以免美国人与法国人结盟。他让一名特工给在巴黎的富兰克林和迪恩送去一封和解信，这名特工是出生于新罕布什尔州的效忠派分子保罗·温特沃斯（Paul Wentworth）。

富兰克林指示迪恩去见温特沃斯，他知道法国秘密情报机构会向韦根尼斯汇报这次会面。在他们的会面中，温特沃斯表示将向迪恩提供"荣誉和报酬"，如果后者在和解中予以合作的话。几个小时后，富兰克林收到了韦根尼斯的回复。他仍然十分谨慎，告诉富兰克林，在没有征求路易国王波旁家族的叔叔，也就是西班牙国王的意见的情况下，他不愿与英国开战。1777年的最后一天，马德里传来消息：查理三世国王（King Charles III）拒绝让西班牙参与美国的独立战争。

当韦根尼斯仍然不置可否时，富兰克林同意去见温特沃斯。1778年1月6日，他们在帕西的美国使馆会面两个小时，其间，温特沃斯递给富兰克林一封英国秘密情报局局长威廉·伊登（William Eden）爵士未署名的信。作为宫廷宠儿，伊登宣称英国宁愿打10年仗，也不会让美国独立。富兰克林回击道："美国已经准备好打50年仗来赢得独立。"[7]

富兰克林没有向法国外交大臣韦根尼斯报告这次会议，这使后者变得警觉起来。他召集内阁会议，表示担心美国人正准备与英国国王就他们的不满达成和解。法国的内阁大臣们一致投票决定与美国人结盟。

当正在制定结盟细节时，富兰克林派他的秘书爱德华·班克罗夫特博士（Edward Bancroft，他少年时曾是塞拉斯·迪恩的学生）前往伦敦，把条款透露给他的老朋友和银行家托马斯·沃波尔，后者是伊利诺伊土地计划的合伙人。沃波尔又把条款透露给英国反对派领袖查尔斯·詹姆斯·福克斯（Charles James Fox）。在英国议会里，福克斯迫使诺斯承认，他知道美国人即将与法国签署一项条约。

1778年2月6日，韦根尼斯邀请富兰克林、迪恩和阿瑟·李来到位于凡尔赛的外交部，他们签署了美国的第一项国际条约，建立了美国和法国对抗英国的军事联盟。该条约要求法国和美国都不得单独与英国媾和。美国独立是未来任何和平条约的一个条件。此外，该条约旨在促进两国之间的贸易和商业联系。

当班克罗夫特问富兰克林，为什么他穿着一件褪色的、明显与巴黎的时尚格格不入的蓝色曼彻斯特外套前往欧洲最时髦的宫廷时，富兰克林回答说："为了一个小小的报复。"这是4年前英国人在听证室羞辱他时他穿过的外套。[8]

第 3 部分

"危机已经到来"

第20章 "不和谐的部分"

现在，随着法国人与美国人并肩作战，英国人认为他们守不住费城，转而在北部采取以纽约为基地的防御战略。在英国人撤离的前几天，本杰明·富兰克林的前政治副手、英国占领期间的警察局长约瑟夫·加洛韦被告知，涌入费城的大约6 000名效忠国王的难民只要前往华盛顿将军位于福吉谷的营地，向大陆会议宣誓效忠，就安全了。他们在革命的愤怒和对英国的忠诚之间进退两难，许多人不愿意离开费城，但许多宾夕法尼亚州最富裕的市民选择逃离，留下了几乎所有东西。在随后的恐慌中，3 000名难民带着或拖着他们的财物穿过新泽西，被美国军队一路紧追不舍，直到纽约。

尽管塞拉斯·迪恩在安排重要的武器运输方面取得了惊人的成功，但在与法国签署同盟条约后不久，大陆会议在没有任何解释的情况下将他召回。

迪恩在巴黎收到的那封三行字的信似乎很亲切。这封信只是要求他亲自向费城的大陆会议报告"欧洲的事态"。迪恩不知道的是，阿瑟·李在给他的哥哥、大陆会议成员理查德·亨利·李的信中，指控他通过与法国商人和武器供应商的附带交易中饱私囊。李还声称，迪恩为了自己赚取利润，曾误导大陆会议购买货物，并在私掠活动中获取丰厚的收益。

迪恩不知道自己已经失宠于大陆会议中的一个激进派别，部分原因是，迪恩和富兰克林用满是溢美之词的推荐信，向大陆会议推荐了许多寻求高级军衔的失业的法国、德国和爱尔兰军官。虽然求职者中包括冯·施托伊本男爵（Baron von Steuben）和德·拉法耶特侯爵（Marquis de Lafayette）这样的无价之宝，但是大陆会议却没有能力评判他们的资质。其结果便是，大陆会议将将军军衔授予了那些能力在美国人之下的军官，这使得美国人日益愤怒不满。一名法国军官非常不受欢迎，当他无视建议，骑马踏上斯库尔基尔河上的一艘脆弱的渡船时，渡船沉了——没有美国人试图去营救他。

迪恩推荐的人中有托马斯·康韦（Thomas Conway），他是法国军队中的一名爱尔兰参谋，娶了一位法国伯爵夫人，但没有作战经验。到达美洲后不久，康韦被大陆会议授予准将军衔，但他参与了一项阴谋，企图推翻华盛顿的总司令职务，由霍雷肖·盖茨取代。

和其他一些大陆会议成员一样，李和亚当斯兄弟也对华盛顿的表现不满意。约翰·亚当斯确信，弗吉尼亚人获得了所有高薪军官的任命。他希望将军事控制权移交给一个战争委员会，该委员会的成员由大陆会议任命，反过来，该委员会可以提拔政治上的宠儿。盖茨将担任该委员会的主席。华盛顿知道盖茨在萨拉托加战役中一直安全地待在后方，但却把胜利的全部功劳都揽在自己身上。

华盛顿没有意识到，他的几个土地公司的合伙人——李已经加入了大陆会议中批评他的人的行列。他不惜放弃自己的指挥权，在给李的信中写道："我经历了比大多数人意识到的更多的事情，来协调这么多不和谐的部分。"[1]

华盛顿告诉李，大陆会议不断的、无能的干涉超出了他的耐心。"如果这种不可克服的困难挡在我的面前，我就不可能再在军队继续服役。"[2]

塞拉斯·迪恩准备回美国做一次短暂访问，向大陆会议报告有关欧洲外交的情况。他决定把他的账簿和大量信件留在巴黎，委托班克罗夫特保管。这是一个他会后悔的决定。

1778 年 6 月，在最后一艘英国船只撤离特拉华湾，驶向纽约的三天后，一支法国舰队沿着特拉华河驶向费城，这是法美联盟的第一次实际体现。塞拉斯·迪恩在国外待了三年后回到故里，作为第一任法国驻美国大使拉·卢泽恩（La Luzerne）骑士的客人，荣耀地乘坐旗舰航行。当迪恩告诉韦根尼斯他要离开法国时，韦根尼斯把他叫到凡尔赛，为了表彰他对联盟的贡献，送给他一个鼻烟盒，里面有一幅年轻的路易十六的微型画像，周围镶着钻石。

现在迪恩踏上了自己国家的土地，在向大陆会议提交文件之前，他对自己受到的指控一无所知。之后两个月，大陆会议一直让迪恩等待听证会。与此同时，他作为本尼迪克特·阿诺德的客人，和拉·卢泽恩一起住在佩恩从前的宅第中，本尼迪克特·阿诺德在萨拉托加因伤退出了战斗。阿诺德在担任费城的军事长官时非常不适，这一职位使得他与大陆会议长期不和，在英国占领结束后，又与宾夕法尼亚州的激进政客不和。

8 月，塞拉斯·迪恩的听证会终于举行，来自纽约州的大陆会议成员约翰·杰伊（John Jay）为他辩护。前一天，古弗尼尔·莫里斯（Gouverneur Morris）写信给杰伊："你的朋友迪恩，他提供了最重要的帮助，现在作为一个被告站在这里。暴风雨越来越大，我想一定会有一棵大树被连根拔起。"[3]

迪恩此时刚刚懊恼地得知，他不能指望从法国外交大臣韦根尼斯那里得到进一步的帮助，后者在获悉针对迪恩的指控后，指示他的副手康拉德·亚历山大·杰拉德（Conrad Alexander Gerard）不要卷入其中。

迪恩否认了盗用公款的指控，并出示了富兰克林和博马舍的证明，但他把信件和账簿留在了巴黎，所以无法证明他的支出。当他试图概述他在巴黎的努力时，被告知以书面形式展示这些内容，然后被要求离开房间。

经过两次唱名表决后，他被要求一周后返回听证会。他再次出现时，开始作证，但再次被阻止，并被告知两天后再来。随后听证会被推迟了。最终，迪恩在8月21日周五那天出庭作证。完成陈述后，他被告知退出听证会。

罗伯特·莫里斯出席了所有的听证会。在他看来，作为迪恩的赞助人和商业伙伴，他才是真正的目标。他已经受到了抨击，因为他坚持将偿还法国贷款的美国货物——通常是来自弗吉尼亚的烟草——运送到他在法国的代理处而不是博马舍那里。

博马舍曾派遣一名代理人——瑟弗诺·德·弗朗西（Theveneau de Francey）到费城安排直接汇款，结果却发现大陆会议中没有人会反对莫里斯。弗朗西谈到莫里斯时说，由于他是"大陆会议中唯一一名进行过大规模商业运作的商人，他的意见就是法律。他有很大的影响力和很高的信誉……通过他在世界各地的关系，他为所欲为。他在为共和国工作时也在为自己工作"。[4]

尽管如此，弗朗西指控莫里斯欺骗大陆会议。根据他的说法，莫里斯会为属于他的一船货物的1/10或1/12投保。如果船只安全抵达法国，莫里斯从他的份额中获得利润；如果船只沉没或被俘获，全部损失记入大陆会议账户，后者欠下莫里斯损失的全部货款。

塞拉斯·迪恩从未被正式起诉或无罪释放。相反，有人向他提供一万贬值的大陆币来清算他的账目，但他拒绝了。在被剥夺外交职务后，他决定公开为自己的政绩辩护。

191

他打破了大陆会议保持沉默的不成文规则，在《宾夕法尼亚邮船报》（Pennsylvania Packet）上对李家族进行反击，第一次向公众揭示了大陆会议内部的尖锐分歧。李家族进行了报复，指责迪恩损害了美国的事业，而在此之前，美国的事业一直依赖于表面上的团结一致。

托马斯·潘恩在担任外交关系委员会（Committee on Foreign Relations）的有偿秘书期间保持了一年的沉默，现在，他在一个分为八部分的系列报纸上谴责迪恩攻击李家族。事实上，这很难说是一个没有偏见的观点。潘恩的雇主，即外交关系委员会主席，是理查德·亨利·李，他是迪恩的原告阿瑟·李的哥哥。

潘恩质疑迪恩对他的账目的陈述，暗示他挪用公款，并呼吁各州检查他们的大陆会议代表和迪恩之间的所有商业联系。

接着，潘恩把他削尖的羽毛笔转向莫里斯，质疑莫里斯不公开说明秘密委员会秘密开支的动机。莫里斯在"对公众的讲话"中，拒绝为他的交易细节辩护，也没有给出他的代理人的名字，但透露他与迪恩共享三艘冒险船只：一艘船已安全抵达法国，一艘船被抓获，第三艘船从未起航。

罗伯特·莫里斯对大陆会议如此对待他的搭档感到厌恶。在大陆会议任职三年后，他决定辞职，清算秘密委员会的账目，并请求大陆会议任命一名接替者。塞拉斯·迪恩既没有大陆会议的委任状，也没有薪水，他决定返回巴黎收集他的文件资料，试图证明自己的清白。

乔治·华盛顿当时正造访费城，他对李和迪恩之间的纠葛及其余波感到沮丧。他向朋友本杰明·哈里森（Benjamin Harrison）透露，他担心这个国家"正处于毁灭的边缘"。

> 政党纠纷和个人争吵是当下的重要问题，而一个国家的
> 关键问题，积累的巨额债务、破产的财政、贬值的货币和缺

失的信用只是次要的考虑因素，并且推迟了一天又一天，一周又一周，似乎我们的事业有着最为光明的未来。

他指责大陆会议，"懒惰、放荡和奢侈似乎已经控制了他们中的大多数人"，并补充道："投机、侵吞和对财富的贪得无厌似乎已经胜过了所有其他的考虑因素。"[5]

被解除外交职务后，迪恩前往巴黎会见大陆会议任命的审计员。莫里斯给他提供了一封推荐信，信是给他的老朋友本杰明·富兰克林的：

> 我认为迪恩先生是美国事业的殉道者。在提供了最重要、最显要的服务之后，他遭到了最可耻的辱骂和诋毁。但我毫不怀疑，他的功绩得到普遍承认的那一天终将到来。[6]

迪恩满怀希望地出发了，随身携带着一份为法国和西班牙海军提供桅杆的合同。他还带着一捆大陆贷款办公室（Continental Loan Office）的债券，受委托销售给法国投资者。他乘坐"简号"（*Jane*）与法国船队一同航行，前者由他和莫里斯共同所有。但是厄运似乎跟随着迪恩的脚步：他的船沉了，贵重的货物丢失了。到达法国后，迪恩得知，由于大陆币持续贬值，法国投资者不愿投资美国企业，不会购买这些债券。

在巴黎，迪恩获悉，他投资的所有从法国运送补给品到美国的船只都被英国拦截了。历史学家现在开始相信，他信任的同事班克罗夫特博士趁他不在的时候，向他的英国雇主提供了有关船只动向的重要信息。迪恩经济上破产了。他将在欧洲穷困潦倒地度过余生。他从未发现班克罗夫特一直是英国间谍。

193

直到 60 年后，迪恩的家人才终于得到一些补偿。1841 年，一次国会审计裁定，大陆会议对迪恩的指控是"错误的，并且非常不公正"，并向他的孙女支付了 3.1 万美元（约合今天的 100 万美元）的补偿金。

迪恩的指控者阿瑟·李从未向大陆会议透露，他在美国驻法国使团的任期结束时，也就是在他返回费城，并作为弗吉尼亚州代表在大陆会议占有一席之地前，也接受了一个镶有钻石的鼻烟盒。

迪恩事件第一次向公众揭示了大陆会议精心打造的革命意识形态一致性面具上的裂缝。

第 21 章 "社会的害虫"

大陆会议在 1778 年 5 月批准了与法国的同盟条约后,这场战争的性质就变得完全不同了。华盛顿的军队重振旗鼓,他们身着法国军服,使用法国武器,在福吉谷冬季宿营期间接受普鲁士教官弗里德里希·冯·施托伊本的训练。他们追击撤退到纽约市的英军,在蒙茅斯战役中,在华氏 100 度的高温下与英军打成平局。

在接下来的 5 年里,美国独立革命成了英国与美国、法国和西班牙联军之间的全球战争的一个战场。英国人试图切断法国对华盛顿部队的进一步援助,减少了在陆地上的进攻,撤退到他们在纽约的主要基地,并对康涅狄格州、佐治亚州和南卡罗来纳州的查尔斯顿发动零星攻击,在查尔斯顿,他们取得了唯一的一次重大胜利。

华盛顿集中力量防守与新泽西西北山麓、哈得逊河谷、马萨诸塞和罗得岛接壤的战略地点,只发动了一次大规模进攻,粉碎了亲英的易洛魁联盟。在南部,激烈的游击战在效忠国王者和爱国者之间展开。

华盛顿的主要任务从对抗英国每年分裂、征服和粉碎美国军队的企图,转变为寻找足够的资金以继续战斗。他开始怀疑罗伯特·莫里斯的"囤积居奇"是一种道德上可疑的做法,即购买大量小麦和其他稀缺物资，并囤积至价格上涨。

在华盛顿的军队几乎饿死在福吉谷的那个冬天，他曾写信给他的前副官约瑟夫·里德（Joseph Reed），时任宾夕法尼亚州最高执行委员会主席，说他"很愿意……将那些谋杀我们事业的人——那些垄断者——绳之以法"。华盛顿哀叹几个州未能"将他们作为社会的害虫和美国幸福的最大敌人加以追捕"。[1]

华盛顿批评了罗伯特·莫里斯这样的商人从战争中获利的趋势。在给他的亲戚安德鲁·刘易斯（Andrew Lewis）将军的信中，华盛顿谴责"美德的缺失"，这是"比整个英国军队更加"让他"害怕的"。

> 我确信，除非敲诈勒索、垄断和其他已经蔓延开来，并变得极为普遍和有害于公共事业的做法能够得到适当的遏制，否则我们必然会在这种累积的压迫下沉沦。
>
> 想尽办法赚取和勒索钱财，同时谴责它的价值，似乎已经成为一个纯粹的商业行为和一场流行病，需要每一个好人和群体的干预。[2]

法国船只抵达美国海岸只是加剧了食物短缺。法国水手和士兵需要食物。费城的海滨仓库堆满了谷物，但大多数美国人买不起，因为法国的军需官们正在用黄金支付虚高的价格。到 1779 年，价格以每月 17% 的速度上涨，而大陆币则贬值到 1776 年价值的 1/40。

许多费城人对于在一个农业丰饶的地区却食物不继的现象感到困惑不解。他们组织政治俱乐部，如约瑟夫·里德的"宪法协会"（Constitutional Society），将通货膨胀归咎于富商。他们指责莫里斯和其他商人操纵商品市场并拒绝接受大陆币——买光谷物存放在仓库里，只接受法国人支付的硬通货。这种被称为"抢先"（forestalling）的做

196

法最终让革命的怒火爆发了。

1779 年 7 月 4 日，保守的"共和党协会"（Republican Society）领袖约翰·卡德瓦拉德（John Cadwalader）将军试图在州议会发表演说，反对价格控制。手持棍棒的激进民兵大喊大叫地打断了他的演说，并驱散了会议。卡德瓦拉德的演说鼓励了保守的商人进行抵抗。80 名商人向宾夕法尼亚州最高行政委员会抗议，称任何试图迫使商人接受更低价格的行为都是对财产权的侵犯。

作为回应，激进分子决定围捕共和派领导层，并将他们赶出这座城市。他们选定了詹姆斯·威尔逊作为替罪羊，他是《独立宣言》的签署人，也是许多效忠国王者的律师。

听到这个计划的风声后，商人们武装起来，并在费城市骑兵第一部队精锐骑兵的增援下，聚集在威尔逊的 3 层砖砌宅第外，这座建筑现在被他们命名为威尔逊堡。在城市的另一端，在帕迪·伯恩的酒馆，激进分子领导的民兵决定占领威尔逊堡。

当只剩下敲鼓声和喊叫声时，骑兵第一部队的士兵回家吃晚饭，留下威尔逊和托马斯·米夫林（Thomas Mifflin）将军去操练大约 30 名共和派成员。威尔逊和莫里斯呼吁最高行政委员会给予保护。两名共和派成员跑到城市军火库，抓起一大堆步枪，并往上衣口袋里塞满了子弹。

大约 200 人包围了威尔逊的家，其中包括许多宾夕法尼亚州的德裔民兵，他们配备有两门野战炮。40 名共和派成员撤退至威尔逊家中，在那里，军事总督本尼迪克特·阿诺德与米夫林将军共同指挥。

激进分子高呼 3 声，冲进了房子，乔治·坎贝尔（George Campbell）上尉探出窗外，开枪射击。民兵进行了还击；坎贝尔倒下，死了。阿诺德从 3 楼的一个窗口用手枪不停地射击。4 名民兵被杀，十几名民兵受伤；在房子里面，又有 3 人被击中。

当一名民兵用大锤砸着前门时，德裔炮兵拖来了一架野战炮。当民兵匆忙上楼时，斯蒂芬·钱伯斯（Stephen Chambers）上校开枪，打伤一人。另一人在钱伯斯重新装弹之前冲向他，抓住他的头发把他拖到楼下，用刺刀捅穿了他。现在，猛烈的交火声从楼梯、楼上的窗户和地下室的窗户传来。激进分子撤退，然后重振旗鼓，阿诺德在楼上指挥交火时，激进分子再次涌入。

就在这时，宾夕法尼亚州最高执行委员会主席约瑟夫·里德赶来，手里拿着一把手枪；在他身边的是昔日的肖像画画家查尔斯·威尔逊·皮尔（Charles Willson Peale）上尉。大陆军骑兵疾驰而来，挥刀砍杀暴徒。里德下令逮捕房屋内外的所有人。能够缴纳保释金的共和派成员立即被释放；民兵们被关押在核桃街监狱，被加农炮和骑兵第一部队包围着。

第二天，随着更多的民兵向费城进发，里德和骑兵第一部队骑马前去拦截。里德答应请求宾夕法尼亚州议会赦免民兵。他把这次流血事件解释为"自由的偶然泛滥"。詹姆斯·威尔逊躲到了新泽西。[3]

随着革命进入到第 5 年，大陆币严重贬值，以致华盛顿的主要助手亚历山大·汉密尔顿中校连一匹马都买不起。他那匹年迈的灰色母马在蒙茅斯战役中受了伤，但由他本人撰写的军队条例禁止他借用坐骑，除非是出于军事用途。正如华盛顿所说："在这个时候，即使是一只马匹形状的老鼠，也不能以低于 200 英镑（约合 4 万贬值的大陆币）的价格买到。"汉密尔顿的月薪：60 大陆币。

那年冬天，华盛顿军营里为军官们安排的舞会季票的价格是实际上一文不值的 400 大陆币。汉密尔顿放弃购买马匹，购买了一张舞会季票。他在华盛顿的食堂解决三餐，然后通过把他数量不多的遗产投资在私掠船上来维持生计。

1778 年 9 月，大陆会议任命约翰·亚当斯为塞拉斯·迪恩在巴黎的永久替代者，并命其协助富兰克林与英国进行和平谈判。亚当斯的任命结束了大陆会议在美国人应该提出的条件上形成的长达6个月的僵局：独立、最小边界、英国完全撤离美国领土、在大浅滩捕鱼的权利——这是新英格兰的经济支柱——以及边境定居者在密西西比河的自由航行权。亚历山大·汉密尔顿在给他未来的岳父菲利普·斯凯勒将军的信中断言，美国财政不安全的根源在于各州拒绝在《邦联条例》中授予国会征税的权力，导致大陆会议及其军队受制于各州无法或不愿兑现的年度征税。

例如，宾夕法尼亚州的康尼斯多加大篷马车对补给军队和运输战争物资至关重要，但华盛顿不得不每年都要申请，并且宾夕法尼亚州很少按配额提供。弗吉尼亚州制造大炮和火药，但杰斐逊州长坚持其大部分产量用于支持弗吉尼亚自己在伊利诺伊地区的驻军，而很少为南部或北部的大陆军提供支持。

由于没有征税的权力，大陆会议继续印制数以百万计的贬值的大陆币，并在欧洲大量借钱，以致其信用被耗尽——然后大陆会议诉诸于征收、没收和强制出售效忠国王者的财产。

1777年发行的纸币购买了价值1 600万美元的商品；到1779年，1.25亿大陆币只能购买到价值600万美元的物资。

汉密尔顿认为，国家糟糕的财政状况主要是由稳定货币供应不足造成的。随着法国黄金流入以购买美国粮食，农民和制造商越来越不愿意接受实际上毫无价值的大陆币，危机进一步恶化。汉密尔顿认为，唯一的解决办法是创建一家国家银行。

在《大陆主义者》（The Continentalist）这封长达1.5万字的信中，24岁的汉密尔顿主张国会必须获得可靠的收入来源。这封信作为一个包含4个部分的系列，刊登于《纽约邮船报》（New York Packet）上。汉密尔顿指出，"各州的单独努力永远不够"，所有州的资源"必须集中在一个共同的权威机构之下，这个权威机构有足够的权力来采取必要的措施，使我们免于成为一个被征服的民族"。

汉密尔顿呼吁进行财政改革，他提议国家银行的资金一半来自国外贷款，一半来自私人认购，可以用贬值的大陆信用证——法定货币——支付，使商人因为有利可图而接受它们。

国会可以用外国贷款购买国家银行一半的股票。反过来，银行将通过向全国性政府提供直接贷款来帮助其融资。银行将通过增加正常商业活动产生的流通货币供应量来促进税收。国会需要每年借款500万或600万美元。汉密尔顿指出，任何处于战争中的国家都不得不借钱，无论是向国内借钱还是向国外借钱。美国也不可能例外。

为了获得外国贷款，国会需要可靠的收入来源来支付当前利息，并且每年留出资金偿还本金。汉密尔顿预测，有了充足的税收作为国家资源，公共债务将在20年内消失。

汉密尔顿的提议包含了许多原则，这些原则是他10年后提出的国家银行可行计划的基础。

1779年3月，29岁的詹姆斯·麦迪逊（James Madison）来到费城参加第三届大陆会议。麦迪逊是一名富有的种植园主的儿子，也是托马斯·杰斐逊的密友和政治副手。他随身携带了2 000镑的弗吉尼亚州土地办公室（Virginia Land Office）发行的货币、一些大陆币和一些西班牙金币。200

他的弗吉尼亚镑每周都在贬值；他不得不把它们花在少数愿意接受它们的商人那里，或者以极其不利的汇率兑换成大陆币。第一个月，单是他的膳宿费就达到了惊人的21 373大陆币；他理发和修面花了1 000大陆币。

4月，麦迪逊被迫从联邦财政部贷款8 000西班牙银元，以便用非通货膨胀的货币支付账单。然而，大陆会议成员麦迪逊深感尴尬，仍不得不给父亲写信寻求帮助。

麦迪逊在给杰斐逊的信中写道，财政部"空了"，政府信用"耗尽了"，他的私人信用"被用到了极限"，而且由于"大陆会议的短视"，军队面临着"要么立即解散，要么〔取消〕免费住宿的选择"。

1780年春，美国经济逐渐陷入停滞。在军队最糟糕的冬天过后，乔治·华盛顿遭遇了一场兵变。由于大陆币最近的贬值，物资不再被运达新泽西西北部山区莫里斯镇的骑师谷营地。华盛顿在接下来的6周里将配给量削减到了接近饥饿水平的1/8。

5月25日，康涅狄格军团举行武装游行以示抗议，要求全额配给以及支付拖欠了他们5个月的军饷。之前至少有两次，为了找到足够的钱来支付他的军队，华盛顿雄心勃勃的计划几乎泡汤。1775年，康涅狄格的军队拒绝和阿诺德一起进军加拿大，除非他们能够寄钱回家维持家人的生计。费城教友派教徒因拒绝参加操练而被罚款，所筹得的金币及时送达华盛顿手中以支付他的士兵，这样他们才同意于1776年圣诞节渡过特拉华河。

这一次，华盛顿出动了宾夕法尼亚防线（Pennsylvania Line）来驱散枪口下的抗议。华盛顿向约瑟夫·里德概括了他的军队的绝望状况：

> 我向你保证，你对我们的苦难的所有想法都远没有现实糟糕。我们所有的部门、所有的行动都处于停滞状态；除非立即在各州采用一个与长期以来盛行的完全不同的系统，否则，我们的情况必将很快变得绝望，没有恢复的可能性。
>
> 如果你在现场，我亲爱的先生，如果你能看到我们周围的困难，我们如何连最普通的服务都无法管理，你就会相信这些话语不够强烈，相信我们有一切恐惧。说实话，我几乎已经不抱希望了。

在 1781 年的第一天，随着战争的持续，大陆币变得几乎一文不值。征兵人员向新兵支付 25 美元的黄金，这激怒了 1 500 名宾夕法尼亚防线的退伍军人。他们拿起武器，杀死了一名军官，并打伤了另外几名军官，然后向费城进发，与大陆会议对峙。

他们在普林斯顿安营扎寨，选出谈判代表与宾夕法尼亚州官员谈判。尽管做出了一些让步，但一半的宾夕法尼亚防线的军人拒绝服役。三周后，当新泽西战线也发生哗变时，华盛顿袭击了他们的营地，并命令哗变者处决他们的领导人。

华盛顿的绝望行为突显出，由于缺乏足够的资金来支付军饷，甚至是拖欠军饷中的一小部分，美国独立革命已经濒临崩溃。

第22章 "被拖欠军饷"

随着财政危机的爆发，国会中日益壮大的国家主义派别取代了争取州权的派别的位置，前者认为后者严重削弱了他们战胜英国的机会。

由菲利普·斯凯勒领导的国家主义者，受亚历山大·汉密尔顿著作的启发，提议由罗伯特·莫里斯担任极具权势的财政总长这一新职务。

自1776年以来，莫里斯一直主张废除国会的行政委员会制度，代之以由个人主管的陆军部、海军部、财政部和外交部。1781年2月，宾夕法尼亚防线发生叛乱后，多年来对中央集权的反对戛然而止。

为了将邦联从崩溃的边缘拉回来，莫里斯将被授予非凡的权力：作为最重要的行政长官，他将负责政府的每一个方面，除了军队。

由于中央政府只有一个立法院，而且其他成员没有政治支持或资金来掌控权力，莫里斯将被授予的权力更像是现代总统的权力（现场的一名法国官员估计，莫里斯的净资产为800万英镑——约合今天的12亿美元——这使他成为美国第一位亿万富翁）。起初，莫里斯很不情

愿。汉密尔顿力劝他承担起这项艰巨的任务，汉密尔顿写道：

你对美国和世界的贡献将不亚于美国的独立！通过给我们的财政带来秩序——通过恢复公共信用——而不是通过赢得战争，我们将最终达到我们的目的。[1]

国会中几乎没有人怀疑莫里斯的资格。在华盛顿的军队于1776年进攻托伦顿之前，正是他筹集了一笔钱来支付他们的军饷。当莫里斯的妻子玛丽组织一次妇女挨家挨户募捐的慈善活动，为华盛顿的军队筹集物资时，莫里斯就已经介入其资金管理。不仅如此，他还自己捐了1万英镑（约合今天的150万美元），并寻求费城其他富人的捐款。甚至托马斯·潘恩也贡献了5 000贬值的大陆币（莫里斯后来将这笔钱还了回去）。

但莫里斯可以看到另一种可能性，一个更持久的机构。在一系列会议上，莫里斯建议认购者进行分期存款，直到基金达到30万英镑（约合今天的1 500万美元）的目标。作为回报，认购者将获得相当于其认购金额的附息票据，可在6个月内赎回。这笔钱将为大陆军购买300万份每日口粮和300桶朗姆酒。莫里斯将他的发明命名为宾夕法尼亚银行，这实际上是美国的第一家银行。

该基金很快就有了92名认购者。一周之内，国会批准了该计划，并以美国的信用承诺对认购者进行"有效的偿还和赔偿"。不到两个月，华盛顿写信给莫里斯说，该银行现在是他的主要物资来源。

莫里斯久经考验的商业头脑和个人财富将稳固新的财政总长之职。

莫里斯最坚定的拥护者——亚历山大·汉密尔顿对这位美国商界领袖给予了高度赞扬。"莫里斯先生当然应该从他的国家得到很多，"汉密尔顿写道，"我相信，在这个国家，除了他自己，没有人能够让这台印钞机保持运转。"[2]

尽管如此，塞缪尔·亚当斯带头反对将如此多的自由裁量权授予一个人。詹姆斯·麦迪逊领导国家主义者敦促国会任命莫里斯，并将他描绘成一个更强大、更集权的政府的化身，以此作为反击。1781年2月20日，在只剩下塞缪尔·亚当斯一人仍持异议的情况下，邦联国会选举莫里斯为财政总长。

在接受这个职位之前，莫里斯提出了几项条件。他拒绝放弃任何商业伙伴关系；取代而之的是，他会把自己的私人生意交给第三方。但是为了控制日益增长的官僚机构和削减开支，他坚持对他认为有害或"不必要"的官员拥有"绝对权力"。他将为未来国会的财政事务负责，但不会为其过去的债务负责。

塞缪尔·亚当斯再次反对授予他如此多的权力，但在长达一个月的僵局之后，财政危机没有消失，莫里斯也没有让步，最后，国会屈从了莫里斯的条件，他接受了这一职位。

仅仅3天后，莫里斯便提交了他关于北美银行的计划。作为他行政管理的基石，该银行将立即恢复政府的信用，并使国家的私人财富重新流通起来。

北美银行是一家私人银行，资本只有40万美元（约合今天的600万美元），将以每股400美元（约合今天的6 000美元）的金币或银币发行股票，预计股息为6%。该银行将贷款给国会，并接受其存款；它的钞票可以用来缴税。它将提供票据形式的贷款，但商业贷款要在30或60天内偿还。这种票据将作为银行而不是政府支持的纸币流通，取代实际上已毫无价值的大陆币。

在选举董事会时，每个股东都有一票表决权。北美银行的首任董事是《独立宣言》的签署人乔治·克莱默（George Clymer），以及约翰·尼克松（John Nixon），他们都是宾夕法尼亚银行的董事。莫里斯可以拥有北美银行的股份，但不能在董事会任职。

针对美国独立革命的主要原因之一，莫里斯在一个以前从未有过

205

国家银行的国家创建了一个国家银行——在所有其他形式的货币流通都失败以后。莫里斯将私人金融和公共金融混在一起,想要让私人信贷成为公共金融的基石。

莫里斯向约翰·杰伊宣扬他的伟大创新,他说他希望:

> 把几个州更紧密地团结在一个总的货币联盟中……并以强烈的自爱原则和切身的个人利益吸引许多有实力的个人为我们国家的事业服务。[3]

莫里斯更为简洁地向在巴黎的富兰克林阐述了他的理念:

> 我的意思是使这家［银行］成为美国信用的主要支柱,以便为联盟的利益获得个人的金钱,从而通过私人利益的纽带将这些个人更强有力地束缚在总体事业上。[4]

随着北方的战争陷入僵局,战斗转移到了南方——战斗形式是效忠国王者和爱国者之间的游击战,以及"打了就跑"(hit-and-run)的英国人的突袭。一艘军舰沿着波托马克河航行到弗农山庄。在华盛顿的堂兄、农场经理伦德的建议下,船长说农场是华盛顿的财产,他不会洗劫这样一名杰出绅士的家,但会接受一份相当大的礼物,比如华盛顿的牲畜和庄稼,以及他选择的 22 名奴隶。在烧毁邻近的农场后,英国人扬长而去,没有对弗农山庄造成任何永久性的破坏。

杰斐逊州长就没那么幸运了。康华利勋爵(Lord Cornwallis)的 8 000 人军队在向约克敦缓慢行军途中在他的 3 个农场扎营。他们在蒙蒂塞洛大吃大喝,却也没有造成永久性的破坏。但是在埃尔克山——康华利 10 天的总部所在地,军队收获了他们需要的玉米,然后烧掉了杰斐逊剩下的庄稼、谷仓和栅栏，并带走了他的所有牲畜。他们骑走了杰斐逊最好的马，包括他非常有价值的种马，割断了所有太小而不能服役的马的喉咙。他们还用马车拉走了30名奴隶，让杰斐逊的农场满目疮痍。杰斐逊后来坚持说，他损失的财富超过了他欠英国债权人的全部债务，包括本金和利息。英国指挥官在效忠派的帮助下，获悉了《独立宣言》签署者的姓名和地址，并特别关注了他们的家。当英国人占领新泽西州的普林斯顿时，他们选择了理查德·斯托克顿（Richard Stockton）富丽堂皇的宅邸作为他们的总部。他们不仅毁坏了房子，还把树和篱笆劈成柴火，并偷走了牲畜，包括斯托克顿珍贵的阿拉伯马。

在放弃对费城的占领之前，他们洗劫了本杰明·富兰克林的家，并把本杰明·韦斯特（Benjamin West）所作的富兰克林夫妇的肖像画扔进了他们的一辆马车。

国会最终于1781年6月通过《邦联条例》之后，投票决定将巴黎和平谈判委托给一个特使委员会，而不是只委托给易怒的约翰·亚当斯——他对法国政府意图的不信任让谈判变得困难，即使清教徒式的亚当斯迷恋法国礼仪："礼貌、优雅、柔和、精致都是极致的。"[5]

亚当斯还公开批评富兰克林参加巴黎文学沙龙以及"时不时地花天酒地"，亚当斯认为，这会阻碍使命的顺利进行并危及美国的事业。

此时，国会认为只有两个目标是至关重要的：独立和主权。其他所有事项都由专员们在没有约束性指示的情况下自行协商。

这一转变是根据法国驻美公使拉·卢泽恩的建议做出的。法国人对美国使团内部的不和谐感到惊讶，因此没有法国人的"知情和同意"就不应该采取任何行动。

法国人无疑知道美国使团中有英国间谍，于是秘密调查了富兰克林，发现他是干净的，字面意义上的干净：法国秘密警察对他亚麻内衣的干净程度感到惊讶。[6]

在严肃的谈判开始之前，富兰克林单独会见了英国特使理查德·奥斯瓦尔德（Richard Oswald），而亚当斯则前往荷兰，以争取荷兰对美国独立的承认，并从阿姆斯特丹的银行家那里争取 200 万美元的贷款（约合今天的 3 亿美元）。

纽约州的约翰·杰伊是美国谈判小组的最新成员，他得知一名法国官员秘密前往英国，劝说英国将美国限制在狭窄的领土范围内，并剥夺加拿大沿海的传统捕鱼权。杰伊派他自己的秘密谈判代表去伦敦，说服首相谢尔本勋爵承认美国独立是任何解决方案的先决条件。谢尔本赢得了已厌倦战争的内阁的同意，1782 年 9 月，认真诚恳的谈判终于开始了。

一个迫切需要解决的症结是如何对待效忠国王者。起初，富兰克林坚持认为不能为效忠国王者提供给养。毫无疑问，所有的谈判者都知道富兰克林的儿子威廉已经成为效忠国王者的领袖，现在正流亡英国，向英国政府施压要求赔款。

法国人坚持认为，逃难的效忠国王者必须得到补偿：没有一个皇家政府能够坐视不管，不为他们国王的忠实追随者提供帮助。英国人试图缓和这一问题，建议用出售英国控制的加拿大边境土地的收益赔偿效忠国王者的损失。

在富兰克林断然拒绝这一主意后，英国人建议法国及其盟友西班牙放弃佛罗里达和新奥尔良，将它们变成效忠国王者的避难地。英国谈判代表奥斯瓦尔德要求要么给效忠国王者大片土地（如现在的整个缅因州），要么全面大赦，并"强烈建议"各州赔偿效忠国王者。富兰克林反驳道，整个加拿大都必须割让给美国，以换取对效忠国王者的补偿。他指着地图，直截了当地说："我们不想让他们做我们的邻居！"[7]在由此产生的条约第五款中，美国委员保证国会将"真诚地建议"州立法机关完全归还效忠国王者的权利和财产。

208

事实上，富兰克林非常清楚，根据他自己起草的《邦联条例》，没有一个州会受到这个"建议"的约束。在伦敦，效忠派难民认为英国加入这一措辞完全是在出卖他们的权利。

当第四名特使约翰·劳伦斯（John Laurens）加入富兰克林、亚当斯和杰伊后，他们决定不服从国会的指示，并且自己起草了一份条约。1782 年 11 月 1 日，英国谈判代表奥斯瓦尔德签署了该条约，承认美国的独立。

在划定边界时，富兰克林展开了他在早前的战争中印制的 1756 年的地图。在北边，边界线以圣克罗伊河为界，将加拿大和缅因州（仍是马萨诸塞州的一部分）分开，沿着 45 度纬线穿过五大湖到达密西西比河，然后向南到达新奥尔良，以及西班牙路易斯安那和西班牙佛罗里达的边界（西班牙将在最终条约中获得佛罗里达）。英国人签字放弃了加拿大和墨西哥湾之间、大西洋和密西西比河之间所有土地的权利。

富兰克林顽强的谈判使美国的领土增加了 1/5——从阿巴拉契亚山脉到密西西比河，这些富饶的土地是像他自己和定居者这样的投机者长久以来梦寐以求的。亚当斯一直坚持到他能确保新英格兰有权在纽芬兰和新斯科舍捕鱼，并在海边晒干和腌制他们的渔货。英国军队将停止敌对行动，并"方便快捷地"撤出。一个关键条款（几乎是后来才想到的）是，两国公民欠债权人的所有债务都要得到确认，并且两国法院可以受理追收。

美国委员们在巴黎右岸的罗伊酒店举行的日常会议敲定了条款草案，草案将不经任何改动即获得国会批准，成为最终的和平条约。

1782 年的最后一天，罗伯特·莫里斯把一个面色阴冷的大陆军军官代表团带进费城的财政部办公室，这个代表团来自哈德逊河畔的华盛顿总部，他们顶着狂风暴雪骑马而来。亚历山大·麦克杜格尔（Alexander McDougall）将军和其他 4 名军官在军队解散前前来索要欠

209

薪。仅军官的补偿就拖欠了 500 万美元（约合今天的 1.5 亿美元）。请愿者中有炮兵司令亨利·诺克斯将军和其他 13 名来自 5 个州的大陆军防线的高级军官。华盛顿在代表团离开营地之前已经阅读了请愿书，并且"没有异议"。请愿书上写道："我们已经承受了人类所能承受的一切……我们的财产已经耗尽，我们的私人资源已经枯竭。"请愿者要求发放多年的欠薪，并没有试图"掩盖普遍存在的不满情绪，这种不满情绪来自邪恶和伤害的压力，正在军队中蔓延"。在 7 年的战争中，这种邪恶和伤害使他们的状况"十分悲惨"。[8]

"士兵由于被拖欠军饷而产生的不安情绪是巨大和危险的；任何进一步试探他们耐心的做法都可能会产生不良影响。"请愿书警告道。[9]

如果战争结束而士兵们没有得到补偿，那么他们可能拒绝解散。到那时国会将不得不与一万名武装起来的、饥饿而愤怒的人们进行斗争。

士兵们的请愿书要求做出书面承诺，即在未来某个日期用硬通货支付各种债务，包括补偿多年的口粮短缺和用贬值的货币支付过的款项。但是军官代表团明确表示，士兵们将不再等着立即得到现金支付。他们拒绝回家，除非国会再给他们一个承诺。

据国会成员麦迪逊的记录，一周后，莫里斯在他的办公室会见了来自各州的国会代表，并告知委员会："在目前的财政状况下，不可能进行支付。"[10]

他描绘了一幅可怕的画面。政府银行已经收回了贷款；国会在法国财政部透支了 350 万里弗尔（约合今天的 2 000 万美元），而且富兰克林警告，法国将不再提供信贷。莫里斯已经透支了自己的信贷，现在要求国会批准他的透支。

1 月 7 日，国会全体成员授权莫里斯继续透支其法国账户：法国将不得不支付透支款项，否则就有将美国人重新推入英国怀抱的风险。投票结束后，麦迪逊向一名同僚哀叹道："这是我们贫穷和愚蠢的证明，无法回避。"

随着新国家濒临破产，莫里斯必须想出一个让军队满意的计划。在财政部办公室会见汉密尔顿、麦迪逊和南卡罗来纳州的约翰·拉特利奇（John Rutledge）时，莫里斯决定用汇票和他自己的账户出具的票据，凑够一个月的薪酬，即 25 万美元（约合今天的 700 万美元）。

莫里斯召见麦克杜格尔将军和他的同僚，说他会给他们一个月的薪酬，但每次只给一周的金额，这样士兵们就不会在营地食堂的庆祝活动中一次就花光这笔钱。

到 1783 年 3 月，莫里斯与华盛顿和纽约的一名承包商合作，提出了一项计划，即允许军队团部的财务主管将莫里斯的票据兑换成士兵带回家的军饷——部分是现金，部分是衣服和日用物资，但不能是酒。

就在约翰·巴里船长带着 7.5 万美元（约合今天的 110 万美元）的西班牙银元从哈瓦那突破英国封锁、杀出一条血路的关键时刻，一艘载有 12 万美元（约合今天的 180 万美元）银币的船只从法国驶来。

在让部队踏上漫长的归途之前，华盛顿要求每名士兵都从国会获得"绝对不可或缺"的额外 3 个月的军饷：

> 最终被解散，没有这点微薄的收入……就像一群乞丐，贫穷、痛苦、没有希望……会把每一个正直而敏感的人推向绝望的极端恐惧。[11]

但是，莫里斯在给国会的一封信中婉转地解释道，财政部没有钱。他能提供的唯一解决方案是发行 50 万美元（约合今天的 1 500 万美元）的票据，以他的信用作为担保。在与汉密尔顿和威尔逊再次商讨后，莫里斯决定给士兵们发放 6 个月后可兑现的票据。

莫里斯订购了 1.5 万张纸，告诉政府的印刷商在每张纸上印上"国

"债"的水印。1783 年 6 月的第一周，莫里斯工作到深夜，亲自签署了6 000 张面值为 5 美元和 100 美元的票据。

华盛顿将莫里斯的票据——最终支持的承诺——分发给部队，他现在可以放心地解散他反叛的军队了，让他们有尊严地回家，并找寻承诺给他们作为入伍奖赏的土地。

在等待来自巴黎的最终的和平条约时，华盛顿把思想和笔锋转向了这个新国家的未来。在一封致各州州长的通函中，他呼吁团结在一个"值得尊敬的和繁荣的"文职政府下，这个政府将提供"商业的无限扩展"。

为了实现这一目标，他制定了 4 项原则："在一个联邦首脑领导下的"政府，"对公共正义的神圣关注"，军事上的"和平建立"，以及"普遍繁荣"所必需的各州的"相互让步"。

为了让美国的独立得到国际认可，他坚持认为必须"对所有公共债权人完全公正"。所有国内的和国外的债务，包括对军队的，都必须偿还，以避免"国家的破产及其所有可悲的后果"。[12]

一年后，当罗伯特·莫里斯辞去财政总长一职时，他附和了华盛顿关于建立"公共信用"至关重要的建议。"债务可能确实不菲，但拒绝还债的代价更加昂贵。"为了维护美国来之不易的自由，美国公民现在必须团结起来。否则，"我们的独立只是一个名字"。[13]

在马背上度过 8 年零 7 个月并占据 280 个临时总部之后，乔治·华盛顿在安纳波利斯停下来，向大陆会议辞去了职务。不久后，他在1783 年圣诞节前及时回到弗农山庄的家中。

多亏与罗伯特·莫里斯的创造性合作，华盛顿得以向其军队支付他们用鲜血和牺牲换来的金钱——并消除了他自己有关大规模叛乱的噩梦。

第23章 "最可耻的利益"

独立战争使这个新国家变得一文不名。当华盛顿派助手坦奇·蒂尔曼（Tench Tilghman）把英国在约克敦投降的消息带给在费城的国会时，蒂尔曼不得不自己支付旅费，并且最后发现美国财政部已经没有钱来偿还他了。羞愧的国会成员们为此进行了募捐。

在普林斯顿，华盛顿参加了新泽西学院的第一次战后毕业典礼，汉密尔顿的大炮曾在战争中轰击过该学院。华盛顿想捐一大笔钱以作弥补，但由于大陆币实际上一文不值，他不得不赠送印有乔治三世国王肖像的英国金币，这让他感到羞愧。

1783年10月，当托马斯·杰斐逊参加战后的首次国会会议时，他不得不从其他代表——詹姆斯·麦迪逊和詹姆斯·门罗（James Monroe）那里借钱，因为弗吉尼亚州已经4个月没有报销他的费用了。"与此同时，"杰斐逊想道，"我们中的一些人因为缺钱，马匹也被轰出了马厩，这让我们十分窘迫。"[1]

英国议会无视他们在独立战争中的军事失败和随后的和平条约，加紧努力消除美国的商业竞争。英国显然是为了摧毁美国商船队，重新援引了1756年殖民时期的《航海法》，要求英国属地之间或进出英国的所有货物都必须由英国船只运送——"英国的地盘，英国的货物"。

《航海法》禁止了新英格兰与其加拿大邻居之间的长期贸易，也禁止了与英属加勒比殖民地的长期繁荣的商业联系。此外，英国坚持其条约盟友西班牙和葡萄牙对美国实施贸易禁运，并禁止美国与它的任何殖民地进行贸易。英国还禁止从其本国向美国出口重要商品，包括绵羊、羊毛和毛织品。

与此同时，英国违反和平条约，拒绝将其军队从五大湖周围和沿加拿大—美国边境的设防贸易站撤出，理由是美国人拒绝履行条约，按照合同偿还战前欠英国商人的债务——用银币或金币，而不是贬值的大陆币。

当法国成为美国的盟友时，效忠国王者的问题已经将革命转化为内战。除了将效忠国王者征招至陆军和海军，英国还组建了55个由效忠国王者组成的地方军团，并有1.9万人被整编为正规军。总共有近5万名美国人在英国皇家军队服役，其中包括1.2万名黑人。

大约20%的白人男性是积极的效忠国王者；1758年，耶鲁学院毕业班40%的学生加入了效忠派。在纽约，效忠派包括许多愿意继续做英国臣民的佃农。纽约和新泽西的许多荷兰农民更喜欢君主制。

1783年初，纽约州的许多城镇通过决议，禁止效忠国王者在城镇范围内定居。在全州范围内，效忠国王者则被禁止从事法律和医疗职业，不得投票，不得任公职，不得担任陪审员。超过1/4的战前人口被驱逐；1783年，总共有3.5万名效忠国王者驶出纽约港，前往新斯科舍或英国，这个数字大约相当于这个港口战前的人口。成千上万的人从陆路逃到加拿大的上加拿大省，也就是今天的安大略省，在那里，700名效忠国王的逃亡者最终定居在了今天的多伦多。

甚至在英国人于11月撤离这座城市之前，富裕的效忠派流亡者就雇用了律师亚历山大·汉密尔顿，因为他在媒体上表达了宽容的观点。

215

当纽约州议会通过《非法侵入法案》（Trespass Act），允许对被英国人或效忠国王者没收或使用的爱国者的财产进行损害赔偿的诉讼时，汉密尔顿独自站出来说："我们已经失去了太多宝贵的公民。"[2]

汉密尔顿担心效忠国王者的逃离会严重削弱这个新国家的经济。与此同时，对于汉密尔顿来说，很难反驳这样的指控：他是在玩世不恭地从自身利益出发进行论证，特别是在这么多效忠国王者——包括已经逃离的几十人——每年支付他6英镑（约合今天的900美元）的律师费之后。

汉密尔顿总共为64起针对效忠国王者的案件辩护。最重要的民事案件将脆弱的年轻美国的民主与国际法对立起来。根据纽约州的《非法侵入法案》，被告被禁止辩解说他们是按照英国占领军的命令行事的。该法案还剥夺了被告向上级法院上诉的权利。

当汉密尔顿在费城参加国会会议时，纽约州立法者通过了《非法侵入法案》，试图阻止批准和平条约。该法案违反了授予美国独立地位的和平条约，公然违反了国际法。该法案还忽视了国会对各州的建议。

汉密尔顿决定将伊丽莎白·罗格斯夫人（Mrs. Elizabeth Rutgers）对效忠国王者约书亚·沃丁顿（Joshua Waddington）和伊夫林·皮尔波特（Evelyn Pierrepont）的诉讼作为测试案例。罗格斯夫人是一名70多岁的寡妇，是纽约州首席检察官埃格伯特·本森（Egbert Benson）的姑姑，当英国人于1776年占领纽约时，她放弃了大量财产，包括一家大型啤酒厂和一家酒馆，逃离了这座城市。

效忠国王者沃丁顿和皮尔波特翻新了被毁的建筑，正如一位历史学家所说，他们"在整个战争期间获得了巨大的利润"。战争结束时，他们带着他们的收入逃到了英国。啤酒厂神秘地着火了，可能是被一群反对效忠国王者的暴民点燃的；当罗格斯夫人重回到这个城市时，它已经成为一片废墟。她根据《非法侵入法案》提起诉讼，要求赔偿8 000

216

英镑（约合今天的 120 万美元）。

该案件的关键点是，效忠派酿酒师在英国军队的授权下接管了酿酒厂。汉密尔顿从阅读法律书籍中得知，占领军有权使用其占领的任何敌方领土上的所有财产。根据由和平条约延长的大赦令，罗格斯夫人无权获得任何赔偿。

1784 年 6 月 29 日，在拥挤的市政厅法庭上，汉密尔顿的辩论遵循了 3 个要点。首先，《非法侵入法案》违反了战争法。纽约州自己的宪法接受了英国的普通法，并将其作为纽约州法律的一部分。普通法包括万国公法。

在第二个论点中，汉密尔顿向法庭指出，根据《邦联条例》，只有国会有权签订和平条约。万国公法要求大赦。国会通过批准该条约，接受了大赦。条约第 6 条明确禁止进一步没收或起诉任何一方的任何人。

第三，汉密尔顿认为，市长法庭必须决定纽约州的《非法侵入法案》是否与任何更高的法律相冲突。他认为，州法律违反了万国公法、和平条约和国会的授权。因此，市长法庭必须宣布州法律无效。

汉密尔顿的法律老师、前国会成员杜安市长在书面意见中承认汉密尔顿的全部推理，并做出了有利于沃丁顿和皮尔波特的裁决。罗格斯太太只能得到 800 英镑以作为战争头两年的租金，而不是 8 000 英镑的损害赔偿金。

汉密尔顿赢得了这场官司，因为他首次提出了司法审查的原则，这一原则最终发展成为包括最高法院在内的美国联邦司法体系的一部分。眼下，他说得很清楚，《邦联条例》的主要缺陷之一是缺乏任何司法机构。

他还成功地论证，国际条约必须被视为美国的法律。只有最高国际法庭，而不是任何国家的法律，才能使它们无效，而这种法庭是不存在的。正是汉密尔顿对战争暴利和现在的没收行为的憎恶，驱使他

217

公开与纽约州许多富有的爱国者决裂。

他特别谴责了《独立宣言》的签署人和前纽约州国会代表罗伯特·L.利文斯顿的行为，后者是哈德逊河谷的土地大亨。

1779年，汉密尔顿曾写信给约翰·杰伊："没有比［纽约州的］没收法案更愚蠢、贪婪和不公正的了。"[3] 1783年，利文斯顿附和了汉密尔顿的观点："我和你一样，对迫害的暴力精神深感痛惜……不掺杂纯粹的或爱国的动机。"

然而，在1784年，利文斯顿却写信给他在巴黎的朋友约翰·杰伊，请杰伊为他在欧洲安排6 000至8 000英镑（约合今天的90万至120万美元）的信贷，以便他可以买下纽约州被没收的效忠国王者的地产。当只有最富有的人才有现金的时候，这个州却在公开拍卖大量地产。对汉密尔顿来说，这是"最可耻的利益"。[4]

对许多纽约州的土地所有者来说，利文斯顿可以为他的投机行为辩护。他可以指出，他已经拥有的大量土地在战争中被效忠国王者和英国军队严重破坏，他的佃户现在拖欠租金，而且他也没有得到作为州官员或国会成员的薪水。

具有讽刺意味的是，利文斯顿的计划失败了，因为许多欧洲银行家对用贬值的美元偿还的想法反应冷淡。荷兰银行家两次拒绝了杰伊代表利文斯顿提出的请求。在纽约州，利文斯顿只能借到大约1.25万美元（约合今天的18.7万美元），其中2 000美元（约合今天的3万美元）是州长乔治·克林顿（George Clinton）的个人贷款。利文斯顿在纽约市买了几栋砖砌联排别墅。

他不是唯一受益于战后土地投机的《独立宣言》签署者。在费城，罗伯特·莫里斯北美银行的董事詹姆斯·威尔逊以可疑的证券借了近10万美元（约合今天的150万美元）。

1784年3月，汉密尔顿起草了美国第二家银行——纽约银行的章程，最初的资本为 12.5 万美元（约合今天的 187 万美元）。他在建立该银行的过程中起主导作用，并成为创始董事之一。汉密尔顿将他的许多富有的姻亲和效忠派客户介绍至该银行。由于未能从州议会获得银行执照，汉密尔顿说服了他的联合董事们无论如何都要开设这家银行。

汉密尔顿越来越多地涉足银行业，这只会让他对金融投机者产生反感，他认为这些投机者正在削弱国家政府。他的大部分法律客户是商人，他可以看到，个别州的行为正在削弱美国在欧洲的声誉。

汉密尔顿看着他青年时期至关重要的贸易网络枯萎死亡，他想要在书中寻找答案。他能看懂法语，如饥似渴地阅读了法国改革派财政大臣雅克·内克尔（Jacques Necker）的三卷本回忆录，这是他的密友和独立战争中的老战友拉法耶特侯爵刚刚从巴黎寄来的。

1784 年底，拉法耶特在一群年轻的法国助手和身着制服的仆人的陪同下回到美国，开始了他在这个新国家的旅行。在计划这次逗留时，拉法耶特曾写信给乔治·华盛顿将军，这位他在战争期间忠诚服务过的将军，称自己为"你的养子"。[5] 但是，在对弗农山庄进行了为期两周的访问之后，他拒绝了华盛顿的邀请，没有陪他一起去俄亥俄山谷。这位退休将军在那里收取他数千英亩土地的租金时遇到了麻烦。

当华盛顿前往西部时，拉法耶特渴望见识这个他曾为之战斗的年轻国家，计划先往南行进，然后往北行进。拉法耶特和詹姆斯·麦迪逊一起旅行，到达了国会正在开会的纽约市，激动地和汉密尔顿重聚。除了革命思想，拉法耶特还从弗农山庄带来了一个消息——这是华盛顿、杰斐逊和麦迪逊的共同想法——组织一家公司开发内河航道。

219

该计划是由波托马克公司（Potomac Company）通过一系列运河、公路和内陆水道，将波托马克河与俄亥俄河连接起来，以便开发老西北地区，并如华盛顿长期以来所梦想的那样，将内陆的收获所得——包括他在今天的西弗吉尼亚州发现的煤矿——横跨大西洋运往欧洲市场。

华盛顿迫切需要收回俄亥俄山谷欠他的租金。他农场收入的减少和英国突袭弗农山庄造成的损失，使他的财务处于"混乱状态"。[6]他听说擅自占地者声称拥有他在西部的土地，并在那里建造房屋和谷仓，他打算迫使他们付钱。他尤其想从他（在今天宾夕法尼亚州的佩里奥波利斯）建造的磨坊上获得收入，这是公认的阿勒格尼山脉以西最成功的磨坊。他打算在造访西部期间拍卖这座磨坊。

华盛顿一行人沿着很久以前他和英国将军布拉多克一起走过的路线，在第4天穿过了大草原，在那里他曾经放弃了尼塞瑟提堡。围栏防御工事现在是一片废墟，但它下面的土地作为牧场可以卖很多钱。第5天，他们到达了弗吉尼亚州的沃姆斯普林斯，在那里，华盛顿委托建造一座有5个房间的房子和一座马车房，作为矿泉附近的避暑胜地。

生意方面，他拜访了负债累累的西部合伙人吉尔伯特·辛普森（Gilbert Simpson），他欠华盛顿600英镑（约合今天的9万美元）；辛普森只能拿出30英镑（约合今天的4 500美元）、一名女奴和一些小麦（华盛顿后来知道这个女人不是奴隶，于是释放了她）。而华盛顿花了1 200英镑（约合今天的18万美元，在当时是一大笔钱）建造的磨坊，却保养得差到已经无法运转，以至于拍卖会上没有人出价。

华盛顿十分愤怒，他召集擅自占用他土地的苏格兰—爱尔兰裔定居者开会。当几个人坚持说他们通过努力工作改善了他的土地，并希望他们多年的努力有所回报时，华盛顿勃然大怒。除了被敬畏，华盛顿什么都不习惯，他挥舞着盖有独立前皇家政府印章的契约。

当定居者提出购买土地时，华盛顿拒绝向他们出售单独的地块。他们将不得不集中他们的资源，从他那里买下或租下土地。当定居者拒绝付钱给华盛顿，并说他只能驱逐他们时，华盛顿骑马去了位于今天宾夕法尼亚州尤宁镇的法院，开始驱逐在他的土地上随处可见的擅自占地者。

随着效忠国王者的逃离，美国损失了大量资本，加之没有稳定的货币以及英国在战后全球经济萧条时对国际贸易施加了限制，美国人发现自己的独立并不彻底，依然缺乏经济独立性和运作能力。

第 24 章 "天堂是沉默的"

美国独立战争结束后，英国人和法国人刚返回本土，战后萧条就开始了，引发了越来越多的经济困难和政治纷争。

建国者们都没有预料到的是，始于 1761 年抗议波士顿非法搜查和扣押，并导致 20 年后惊人的军事胜利的巨大危机，只是实现真正独立需要经历的漫长磨难的第一阶段。虽然 1783 年的《巴黎条约》（Treaty of Paris）停止了独立战争的公开冲突，并给予了美国政治上的自主权，但它并没有保证美国的经济独立和运作能力。英国立即开始否认美国的主权，毫不留情地试图扼杀美国的贸易并饿死这些前殖民者。

随着公共信用被摧毁、英国和法国黄金外流导致大陆币迅速贬值，以及军队解散，失业变得十分普遍。每个州都试图通过对抗普遍的商业不景气来自我拯救，但没有一个州成功。

在纽约州，州长乔治·克林顿和他的北部选区选民（主要是农民）不信任并抵制亚历山大·汉密尔顿和纽约市商人对州际问题采取更强有力的国家解决方案的呼吁，认为他们过于亲英。作为一名民众主义
者，克林顿运用日益增长的权力，拒绝了国会对于召开特别会议审议关税以支持政府的呼吁。

各州之间，尤其是纽约和新泽西之间的仇恨越来越大。纽约要求对运送到纽约市以满足市民取暖和烹饪需求的每船木柴征收关税；英国人之前砍倒了所有的树。每艘超过 12 吨的船只都必须像来自外国港口一样在纽约海关入关和清关。手头拮据的新泽西船工向他们的立法机构施压，要求他们向纽约征收桑迪胡克灯塔＊的税，因为该灯塔属于纽约市。

康涅狄格州对来自马萨诸塞州的进口商品征收的关税比对来自英国的还要高。当一名独立战争时期的将军想要从马里兰州穿越弗吉尼亚州到肯塔基州时，他被拒绝入境，直到他获得护照。

在战事正酣的那些年，这些州不过是名义上的联合。现在它们之间的争吵无不削弱了美国在国外的威望。在欧洲人眼里，美洲是 13 个弱小的共和国。当杰斐逊出席凡尔赛的每周外交招待会时，他站在队伍后面，等待轮到他与外交大臣进行简短的会面，他的位置是由法国人对国家相对重要性的看法决定的。

5 年来，每一次推动国际贸易连贯政策的尝试都被一点一点地阻挠。各州相互竞争。根据邦联全体一致的原则，一个州可以阻止任何措施。

一项授予国会有限商业控制权的提案失败了，该提案允许国会禁止来自未与美国签署商业条约的国家的船只和货物进入美国。11 个州同意该提案；拥有重要港口的纽约州和罗得岛州犹豫不决。两年后，罗得岛州同意了该提案，但纽约州仍然拒绝同意。

1779 年，乔治·罗杰斯·克拉克在印第安纳公司（Indiana Company）的弗吉尼亚和宾夕法尼亚投资者支持的远征中，袭击了位于伊利诺伊地区卡斯卡斯基亚和文森斯的英国要塞，这使《邦联条例》的通过进

223

＊ 桑迪胡克灯塔由纽约殖民地修建，旨在保护经过桑迪胡克进出纽约港的船只，但是该灯塔所在的位置属于新泽西州。——编者注

一步复杂化。当该公司试图出售没有明确所有权的土地时，弗吉尼亚州成立了一个土地办公室，并将西弗吉尼亚和俄亥俄河以南的土地——老的俄亥俄公司名下的土地——投放市场。

这在国会引发了一场争论，进一步加剧了各州之间的竞争。马里兰州阻止了富兰克林和迪金森提出的将西部土地转让给国会的提议。该州州长和最有影响力的政界人士都是大型土地公司的成员，他们拒绝在《邦联条例》上签字，直到弗吉尼亚州放弃对俄亥俄河以北土地的所有权。

在杰斐逊担任州长期间，弗吉尼亚州最终放弃了对上述土地的所有权，马里兰州也做出了让步。但是随后，完全被土地投机者控制的新泽西代表团领导了一场运动，将转让土地又阻止了3年多。历史学家托马斯·帕金斯·阿伯内西记录道："每当这个问题在国会被提出来时，一名来自弗吉尼亚州的代表就会跳起来，要求每名代表在投票前以自己的名誉宣布他个人是否与土地公司有关联。"[1]

弗吉尼亚州放弃了对西部土地的所有权，最终使得各州能够确定自己的西部边界线。它终结了三大土地公司——印第安纳、万达利亚、伊利诺伊和瓦伯西土地公司——的投机行为，有效地戳破了投机泡沫。

1784年3月，在安纳波利斯举行的邦联国会会议上，议员杰斐逊提出一项为西北地区建立政府的计划，该会议由来自弗吉尼亚州的理查德·亨利·李主持，出席人数不多。杰斐逊提议将这些领地划分为14个新州。

一旦定居者采用了最初13州任何一州的宪法和法律，并且定居者的人口与13州中人口最少的州相当，那么，该领地将在与最初13州平等的基础上加入邦联。国会通过了杰斐逊1784年的《土地法令》（Land Ordinance）——除了最后一项条款："在1800年之后，将不再有奴隶制和强制劳役。"

对于拥有 204 名奴隶的杰斐逊来说，废除奴隶制已经成为压倒一切的国家要务。他认为，在任何进一步的西部开发行动之前，国会必须解决这个问题。在《土地法令》中，他加入了一项条款，规定在所有联邦土地上废除奴隶制。该法令获得了通过。但是第二天，当杰斐逊试图将禁令扩展到现有的 13 个州时，代表们陷入了僵局。

在一场激烈的辩论中，大多数北方州支持废除奴隶制，但是当进行最后投票时，南方代表，包括会议主席理查德·亨利·李和杰斐逊的其他弗吉尼亚同胞，都投了反对票。

杰斐逊需要 7 个州的赞成票来支持这项措施；但他只能获得 6 个州的赞成票。新泽西州的约翰·贝蒂（John Beatty）患了感冒，待在寓所里；该州的大多数代表投票反对废除奴隶制。杰斐逊的动议以一票之差被否决，这让他很不高兴。他写信给他最亲密的朋友麦迪逊："南卡罗来纳州、马里兰州！弗吉尼亚！投了反对票。"[2]

多年后，杰斐逊写信给一位法国历史学家：

> 一个人的声音就能阻止这一令人憎恶的罪行在这个新国家蔓延开来。因此，我们看到数百万未出生的人的命运悬于一人之舌，在那个可怕的时刻，天堂是沉默的。[3]

杰斐逊将继续等待"正义之神"来解放他自己的奴隶。

当约翰·杰伊辞去驻法公使一职的消息传来时，杰斐逊（他的妻子在生下一个 16 磅重的婴儿后去世）又一次怀着厌恶之情从国会辞职，前往巴黎与富兰克林和约翰·亚当斯会合。

在接下来的 5 年里，杰斐逊将在欧洲各地旅行，建立领事馆以帮助拓展美国的国际贸易。

第 25 章 "我不会满足"

到 1786 年夏天，战后的萧条已经到了危急阶段，美国经济的任何一面都无法幸免。国际贸易几乎停止了。农民无法支付税款或贷款，面临着大范围的抵押品赎回权被取消的问题。

经营着 1 000 家乡村商店的苏格兰商人切断了进一步的信贷——甚至拒绝向农民提供种子——并通过起诉讨债。仅存的进出口贸易是英国和美国之间的贸易，但在一年内下降了 30%。农场的工资在 5 年内下降了 20%。

几个州继续开动它们的印钞机，生产越来越不值钱的货币。几个州已经通过了"延缓法"，以阻止资金短缺、高税收和顽固不化的债权人的恶性组合导致债务增加。

在弗吉尼亚，种植园主欠英国商人的债务相当于弗吉尼亚流通货币的 10 倍。托马斯·杰斐逊从巴黎写信回来，想要通过出售土地和奴隶的方式来偿还欠英国商人的债务。当他的租户连续 4 年无法支付他的埃尔克山农场的租金时，他把农场和其中被奴役的工人放在了拍卖台上。但是这笔交易没有产生现金：买家只能支付给他用未来收成担保

的债券。他在给堂兄的信中写道，拍卖奴隶的收入"少得可怜"，奴隶

"平均每人只有 45 英镑"（约合今天的 7 000 美元）。[1]

1784 年 6 月，弗吉尼亚州众议院商务委员会主席詹姆斯·麦迪逊支持一项决议，为弗吉尼亚州和马里兰州共同管辖波托马克河铺平了道路。所有人都知道背后是乔治·华盛顿在运作。

1785 年 3 月，应华盛顿的邀请，来自马里兰州和弗吉尼亚州的专员们聚集在弗农山庄的新餐厅，解决切萨皮克湾地区日益严重的贸易问题。华盛顿不是会议成员，但是作为新成立的波托马克公司的总裁，他同意主持这次会议。

这次会议是华盛顿多年来努力争取公众支持他所谓的"宏伟设计"的结果。这一"宏伟设计"指的是一条 190 英里长的河道，它将合并波托马克水道和运河，旨在连接俄亥俄山谷和大西洋。关于纽约州和宾夕法尼亚州运河建设项目的报道增加了会议的紧迫性。

30 年来，华盛顿对美国内陆的财富一直有清醒的认识；没有人比华盛顿更想成为美国进步的倡导者。他认为开发西部山区不仅是繁荣的关键，也是国家生存的关键。现在与西部建立更好的交流，甚至比革命前更加重要。成千上万的开拓者穿过阿勒格尼山脉，耕种俄亥俄河及其支流附近的肥沃土地。这个新国家的欧洲对手急于使这些拓荒者脱离美国。

在华盛顿看来，美国四面被敌人包围。英国人仍然没有放弃他们在五大湖周围的 7 个要塞，许多印第安部落仍然忠于他们。在密西西比河的西岸和佛罗里达，西班牙正通过其印第安盟友掠夺移民的贸易。

从华盛顿的角度来看，更糟糕的是，美国各州非但没有合作，反而相互竞争，在彼此的道路上设置障碍。没有比华盛顿重建波托马克水道工程更好的例子了。

甚至在战争结束前，华盛顿就已经将注意力转回到生意经营上。

227

他自费派遣工作队，清理出了一条通向他那 3.3 万英亩西部土地的更好的道路。

1783 年 1 月，一名新近移民而来的名叫克里斯托弗·科尔斯（Christopher Colles）的爱尔兰工程师写信给华盛顿，表示愿意帮忙清除宾夕法尼亚州西部俄亥俄河上游的航行障碍。科尔斯声称，只需炸开"两三英里"的急流，就可以打开河道，让船只从皮特堡沿着俄亥俄河一直航行到密西西比河。

华盛顿曾经想要科尔斯参与他的波托马克河项目，但科尔斯找到了重建纽约市水道系统的工作，还向更容易接受意见的纽约立法机构提议在哈德逊河和伊利湖之间修建一条运河。

华盛顿仍然相信波托马克水道有可能成功，但它必须是一个私人企业。科尔斯向国会提出了他自己的关于俄亥俄河的建议，但是，正如华盛顿所料，国会拒绝就此采取行动。当华盛顿在弗农山庄主持会议时，马里兰州议会正在推进自己的项目——与华盛顿总部设在弗吉尼亚州的波托马克公司形成直接竞争。

就在等待来自巴黎的最终和平条约的时候，1783 年夏天，华盛顿和他的几名将军向莫霍克河上游发起了一次突袭——这是科尔斯提出的通往内陆的路线。

令人震惊的现金短缺和弗农山庄农场的破败状况，似乎使华盛顿推迟了西部之旅的计划。他向德·夏斯德卢侯爵吐露心声，"我不会满足，直到我探索了西部地区，穿越了那些划定新帝国边界的界线"，尽管他的"私人问题"召唤他回到弗农山庄。[2]

在弗吉尼亚，华盛顿的伙伴们不等签署和平条约就开始行动了。来自巴黎的消息称，英国将把阿勒格尼山脉和密西西比河之间的大片领土割让给这个新国家，这足以引发一轮新的投机热潮。

和华盛顿一样，许多弗吉尼亚人相信，如果他们能通过波托马克河将切萨皮克和欧洲之间的贸易引入内陆，弗吉尼亚就能成为美国的商业中心。早在 1783 年秋天，国会议员杰斐逊就被任命为一个委员会的负责人，该委员会负责起草邦联政府新首都的选址计划。他提议将选址定在切萨皮克海岸。

乔治·华盛顿的计划只是扩大弗吉尼亚影响力的蓝图中的一个元素，该州已经是最大的州，且人口是最小州人口的 5 倍。杰斐逊在 1784 年 2 月写信给麦迪逊，要求弗吉尼亚坚持其对今天俄亥俄州的卡纳瓦河西岸的所有权，作为抵抗印第安人对弗吉尼亚进攻的缓冲区。

在同一封信中，杰斐逊敦促麦迪逊在弗吉尼亚州议会支持波托马克水道。"西部水域和大西洋之间的水道当然保证了我们对西部和印第安人贸易的垄断。"他指出，宾夕法尼亚州计划沿斯库尔基尔河修建一条运河，以此作为弗吉尼亚州迅速采取行动的理由。

他敦促麦迪逊征收每年 1 万英镑（约合今天的 150 万美元）的"特殊的"弗吉尼亚税，以开发波托马克河和詹姆斯河。为了保证公众的支持，杰斐逊建议华盛顿担任该项目的首席执行官：

> 华盛顿将军非常关心波托马克河。监管这条河流将是他退休后的一项高尚的消遣活动，只要河水还在流淌，就会为他留下一座纪念碑……
>
> 只要这笔钱用在波托马克河上，他就会接受这个任务。他的名声将会使这一项目在议会获得通过。

杰斐逊不需要说服华盛顿相信该计划的经济价值。这个宏大的项目不会违背他宣称的"退出所有公共就业岗位"的意图。杰斐逊很快补充说，他本人没有拥有"波托马克河或俄亥俄河任何水域的一寸土地"。杰斐逊坚持说，他"对这项事业的热情是公开的、纯粹的"。[3]

对杰斐逊来说，不言而喻，华盛顿不再担任公职，可以自由地获得丰厚的利益。起初，华盛顿回应道，由于州际竞争和立法资金的问题，他怀疑尽管这一政策是"伟大和真正明智的"，但特别税会没有机会实施。但是华盛顿很快就改变了主意，同意监管波托马克工程。他短暂的退休生活结束了。

1784年春天，麦迪逊任命自己为弗吉尼亚州众议院商务委员会主席。6月20日，他任命自己为一个委员会的委员，以与马里兰州谈判，为联合水道管辖权铺平道路。华盛顿的老朋友、前国会议员托马斯·约翰逊（Thomas Johnson）在马里兰州议会推动了一项类似的决议。

整个夏天，酒馆和客厅里都充斥着关于这条水道的激动人心的传言。到了秋天，华盛顿在前往西部视察他在俄亥俄山谷的土地时，参观了波托马克河上的塞内卡瀑布，当时，工人们已经在瀑布两边搭建了棚屋。

回来后，他给弗吉尼亚州州长本杰明·哈里森送去了一份长篇报告，并正式请求成立波托马克公司。1784年10月15日，他向托马斯·约翰逊递交了公司注册文件，以推动马里兰州立法机构的通过。华盛顿第一次表达了他对这个新国家面临的问题日益增长的焦虑：

> 邦联政府缺乏活力，一个州反对另一个州，一个州的政党反对另一个州的政党，以及东部人民之间的骚乱，使我们的民族性格大打折扣，并使我们的政治和信用濒临绝境。再往前走一两步，我们就会陷入麻烦的海洋，也许会陷入无政府状态。[4]

华盛顿写得越多，波托马克水道的想法对他来说就越好，这不仅是一个赚钱的计划，该公司可以在五大湖区的毛皮贸易中获得"很

230

大一部分"，而且是"积蓄联盟福祉和力量的必要步骤"。他在给雅各布·里德（Jacob Read）的信中写道："正是利益的黏合剂将我们凝聚在一起。"[5]

针对认为该水路是"乌托邦计划"的批评，华盛顿反驳道，国家政府至少应该勘察其广阔的西部新领土，以便西部可以向更多的定居者和商人开放。

在给理查德·亨利·李的信中，他敦促国会"对西部水域进行充分的勘探，全面确定西部水域的航行路线，准确绘制西部水域的地图，并制作一份完整而完美的国家地图"。[6]但华盛顿在国会最强大的盟友杰斐逊此时已经作为新任欧洲贸易部长前往巴黎，国会第一次忽视了华盛顿。

就像参加军事战役一样，华盛顿开始了他的波托马克工程。1784年11月15日，华盛顿出现在弗吉尼亚州众议院，当时那里聚集了一群"数量众多和值得尊敬的"弗吉尼亚人和马里兰人，他们将告诉任何愿意听的人，他们的运河建设项目是"维护联盟的最宏伟的链条之一"。[7]

这些议员们帮助起草了必要的立法，并将其提交给华盛顿，华盛顿又将其转发给商务委员会主席麦迪逊，强调他已经对两个州立法机构资助该项目的"跛行行为"失去了耐心。他告诉麦迪逊，他已经决定，波托马克工程"最好交由一家公司管理"。[8]

该公司将以 100 万美元（约合今天的 1.5 亿美元）的价格出售给股东。华盛顿的提议一天之内就在两个立法机构顺利通过：1785 年 1 月 25 日，弗吉尼亚州和马里兰州通过了相同的法案。华盛顿得意扬扬地将消息传达给国会主席李，麦迪逊将消息传达给了在巴黎的杰斐逊。

波托马克河两岸的立法者如此自信，每个州都购买了最初发行的 220 股股票中的 50 股。弗吉尼亚州还投票同意给华盛顿 50 股股票，以

231

奖励他的努力。但是华盛顿对公众舆论仍持谨慎态度。虽然他需要这笔钱——他给在英国的乔治·费尔法克斯（George Fairfax）写信说，股票将为他的收入提供"最大、最确定"的基础——但他希望"像空气一样自由、独立"，并担心会被一些人指责"动机不良"。[9]

在给杰斐逊的信中，他写道，他希望公众舆论相信，他监管这个项目，除了为了两个公共体——首先是弗吉尼亚，其次是美国——的利益之外，没有其他动机。最后，华盛顿说服弗吉尼亚州议会将他股票的收益用在将生命献给独立战争的士兵的孤儿的教育上。

华盛顿的公益姿态并没有影响波托马克公司股票的出售。当华盛顿购买股票时，他敦促老朋友和同事加入他的行列。他催促自和平条约签署以来一直拥有美国烟草对法国特许经营权的罗伯特·莫里斯在亚历山大建立一个大型仓库，并补充说："如果我有兴趣和天赋进入商业领域的话，我不知道还有比这更好的赚钱机会。"他的项目将激励其他人，最终将"航行带到几乎每个人的门口"。[10]

弗农山庄的访客发现自己成了餐桌推销的被动听众。据一名茫然的德国访客说，华盛顿用事实和数字烦了他两天。

1785 年 5 月 17 日，许多弗吉尼亚州和马里兰州最富有的居民聚集在亚历山大参加公司的组织会议。在午宴上，华盛顿宣布会议开始，并宣读了一份关于这条航道的商业和政治意义的简要报告。

然后，他呼吁选举主席团成员。卡罗尔顿的丹尼尔·卡罗尔（Daniel Carroll），美国最富有的人之一，被选为主席。认购书发行时，价值 40 300 英镑（约合今天的 600 万美元）的 403 股股票被质押。成员们接着选举了总裁和董事会：华盛顿没有任何异议地当选为总裁。

两周后，在亚历山大城市酒馆的一个私人房间里秘密召开的第一次董事会会议上，董事会决定立即开始工作：雇用 100 人，平分为两组，清理两条河道。董事们还决定开始募集股份保证金来支付成本。

这两个州的专员之间的谈判定于 1786 年 3 月举行。由于华盛顿不是代表，他认为邀请专员们到他新近翻修的弗农山庄是合适的。在那里，与会者从华盛顿口中获悉，美国人以两倍于预期的速度抢购了股票。启动这个项目需要 250 股股票；当时已经卖出了 500 股。华盛顿仍然希望听到外国投资者的声音。他要求杰斐逊试探法国、荷兰和英国的金融市场。

华盛顿让专员们别无选择，只能消除他们之间的分歧。然而，谈判很快遇到了阻碍。马里兰州的代表团拒绝讨论任何事情，直到弗吉尼亚州同意放弃在切萨皮克湾入口处收取通行费。

弗吉尼亚州的代表反驳道，他们只允许在从河流本身移走的瀑布处收费，并沿着一条将取代老布洛克路的收费公路收费。他们接到指示，不要在这个关键问题上让步，但为了不让谈判破裂，他们决定忽略对他们的指示：进入切萨皮克的通道将不会收费。

谈判由华盛顿作为沉默的见证人，为期 8 天。一项协议允许两州在波托马克潮水区域拥有联合商业权和捕鱼权。但随后马里兰州的托马斯·斯通（Thomas Stone）坚持一项决议，该决议呼吁联合向国会申请建立一支小型独立海军的许可，以防邦联政府未能保护水道（直到 1797 年才有联邦海军）。

斯通建议，在向国会提交的同一份申请中，还应寻求国会批准弗吉尼亚州和马里兰州对州货币和进口税的联合监管，以便在年度会议上进行审查。弗农山庄会议暴露了邦联政府的许多弱点，代表们认为这些弱点必须加以修补。斯通还建议专员们邀请宾夕法尼亚州和特拉华州的代表参加 1786 年 5 月在安纳波利斯举行的下一次会议。最后，来自弗吉尼亚州立法机构的代表建议扩大邀请范围，将各州的代表都邀请进来。代表们一致同意。

专员们的协议被称为《弗农山庄契约》（Mount Vernon Compact），

这是对邦联政府的第一次严肃批评。在以后的几年里，麦迪逊认为弗农山庄的会谈是为美国制定新宪法和建立一个更强大、更集中的国家政府迈出的第一步。

并非所有人都称赞华盛顿对他最新事业如救世主般的奉献。巴尔的摩的商人在嘲笑他，他知道这一点。他告诉一名英国访客："他们知道这肯定会极大地损害他们的商业。"[11]

华盛顿一心一意地从事这个项目，其附带作用是提醒了国会领导人，华盛顿并没有失去作为组织者以及激励者在人力、物力和财力方面的优势。国会主席理查德·亨利·李在给弗吉尼亚州的一名友人的信中写道："你们都知道他不屈不挠的精神和随之而来的品格……这些品格保证了波托马克工程的成功。"[12]

但是，在华盛顿和公司董事可以在那个夏天参观工地之前，严重的问题出现了。很难找到工人，因为该地区的大多数壮年男子都在忙着收割庄稼。但是找到愿意劳动的人比让股票认购者付钱更容易。即使在华盛顿和董事会多次发出呼吁，且华盛顿威胁采取法律行动后，许多股东也很少或根本没有支付他们的份额。私下里，华盛顿将责任归咎于软弱的邦联政府以及由此造成的资金短缺。

1786年春天，亚历山大·汉密尔顿决定，是时候与华盛顿和麦迪逊一起把这个国家从其组成州的狭隘嫉妒中拯救出来了。在竞选纽约州议会中的纽约市代表时，他拼凑了一个国家主义阵营，该阵营赢得了纽约州的立法选举，并任命汉密尔顿为州代表参加安纳波利斯会议。

但是，当大会在9月11日开幕时，只有少数几个州——弗吉尼亚和中部各州——的代表出现。甚至连马里兰州也没有派代表参加在该州首府举行的会议。

三天后，当其他州的代表还没有到达时，汉密尔顿在麦迪逊的支持下，抓住新泽西州议会赋予代表的更广泛的权力，推动大会呼吁国会和各州州长授权召开议题更广泛的会议，而不仅仅是研究贸易障碍。

在一封通函中，汉密尔顿列举了"邦联政府系统中的重要缺陷"，这些缺陷导致了"目前国内外事务的尴尬局面"。

安纳波利斯会议的代表们呼吁国会批准于1787年5月在费城召开新的代表大会，"以使联邦宪法足以应付联盟所面临的紧急情况"。[13] 然后，汉密尔顿在更多代表到达之前，提议安纳波利斯会议休会。

第26章 "即将来临的风暴"

235 安纳波利斯会议突然结束后仅仅两周，马萨诸塞州西部伯克希尔丘陵负债累累的农场主——大部分是革命军的退伍军人——发动了起义。该地区的许多农场主无法向店主或税务员偿还债务；他们面临着与家人一起被逐出农场或者被监禁的危险。

根据马萨诸塞州保守的新宪法（该宪法由约翰·亚当斯撰写并于1780年获得通过），参与投票和担任公职的权利仅限于拥有一定财产的男性。约翰·汉考克拥有价值最少1 000英镑（约合今天的15万美元）的财产，可以轻松获得州长资格。然而，在几个西部城镇，没有一名公民有资格担任州级职务。

富有的波士顿商人控制了州议会，并在一项新法律的支持下，允许土地所有者以高利贷的利率向农场主发放贷款，而农场主再也无法偿还贷款。州议会还将税收负担从富裕的债券持有人转移到了贫困的农场主身上，后者中的许多人靠着代替军饷的土地艰难度日。

236 数以百计的破产农场主被投入债务人监狱。反叛者——马萨诸塞州的政客们很快就这样称呼他们——变得特别愤怒，因为立法机构没有理会他们通过"暂缓"法律来防止更多的抵押品赎回权被取消的请

232

求，而是休会了。

1786 年 8 月 29 日，在伍斯特的一次城镇会议上，不满情绪爆发了。一周后，对于行动的愤怒呼吁在汉普郡引发了一场由 50 个城镇参加的代表大会。在一次气氛紧张的集会中，镇上的代表们谴责了马萨诸塞州参议院、律师、获得公正的高昂成本、整个税收结构以及纸币的短缺。

丹尼尔·谢斯（Daniel Shays）是一名自耕农，在革命军中获得了上尉军衔。他得到了赠给退伍军人的土地，并在佩勒姆的镇上担任公职。他带领 1 500 名愤怒的武装人员来到北安普顿郡法院，法官们正在那里对债务人进行判决。

对谢斯和他的邻居来说，新的财产税和对投票及担任公职的限制反映了英国统治下导致革命的主要弊端。谢斯大步走到法院门口，递交了一份请愿书，要求法官停止诉讼。

第二周，更大的人群迫使伍斯特的法庭关闭。在康科德和大巴灵顿，人群阻止法官和律师进入法院，赶走治安官，停止治安官的拍卖。

北安普顿抗议 4 天后，州长詹姆斯·鲍登（James Bowdoin）发布公告，谴责谢斯导致了"暴乱、无政府状态和混乱"。鲍登派遣了 600 名民兵保卫位于斯普林菲尔德的州最高法院。谢斯集结了同等数量的武装人员，于 9 月 26 日与州民兵对抗，迫使其逃离。州最高法院休庭。

大土地投机商亨利·诺克斯受邦联国会委托调查抗议活动，他报告道，至少有 15 000 名"邪恶和野心勃勃的人"武装起来，"决心消灭所有公共和私人债务"，并威胁"不仅要推翻现行宪法的形式，还要推翻其原则"。[1]事实上，谢斯在任何时候带领的人员最多不超过 2 000 人。

收到诺克斯报告的副本后，华盛顿的门生亨利·李［Henry Lee，又被称为"轻骑兵哈利"（Light-Horse Harry）］将军写信给他，对"不满分子"以"取消债务、分割财产和与大不列颠重新联盟"为目标表示"极度担忧"。李请求华盛顿利用他的"无限影响力"来恢复"和平与和解"。[2]

华盛顿回应道，"你画的这幅'骚乱和愤怒'的图画"是"可悲可叹的"：

> 人类自己不适合管理自己的政府。当我看到乌云笼罩着任何国家都不曾有过的最明亮的早晨时，我感到无以言表的羞愧。

华盛顿拒绝利用他的影响力："影响力不是政府。"[3]

国会上，在阅读了李的报告，即谢斯一群人"声称只要改革他们的宪法和修正某些缺点"后，詹姆斯·麦迪逊在给父亲的信中写道，他担心人们会"诉诸武力"。[4]

毫无疑问，华盛顿和麦迪逊知道国会没有钱支付邦联军队去镇压叛乱。州长鲍登意识到国会将无所作为后，他从私人捐助者那里筹集了两万英镑（约合今天的 120 万美元），并雇佣了一支 4 400 人的部队，其中大部分是失业的波士顿人——这是自独立战争以来美国最大的武装力量。

在国会看来，内战似乎迫在眉睫——一场失业者和被剥夺公民权的退伍军人之间的战争。有报道称，武装叛乱分子即将夺取位于斯普林菲尔德的联盟军火库中的加农炮，对此感到震惊的国会据《邦联条例》赋予它的明确权力，投票组建了一支大陆军，并任命独立战争结束时华盛顿的二把手本杰明·林肯（Benjamin Lincoln）将军去对抗谢斯及其武装力量。

238　　当大雪覆盖伯克希尔时，谢斯上尉召集了他自己的大约 1 200 人的军队。1786 年圣诞节后那天，他率领一支队伍向斯普林菲尔德进发，与卢克·戴（Luke Day）指挥的其他起义者会合。他们的目的是恐吓在西斯普林菲尔德守卫新英格兰联盟军火库的小股民兵。

当谢斯和戴赶在鲍登的民兵增援之前从军火库中夺取枪支时，他们犯了一个典型的错误，即在横跨康涅狄格河时，将部队分割开来。当谢斯提出联合进攻时，戴回复道，他还要两天才能准备好进攻。更糟糕的是，戴的消息被截获了。

谢斯仍然期待着戴的援军，并于第二天早上发起了进攻。谢斯的部队行进到离军火库不到 100 码时，军火库的大炮射出一排霰弹。4 人中弹身亡；其余的人逃走了。

当林肯和他的大陆军到达时，谢斯及其追随者正向着佛蒙特州山区撤退。经过一整夜的艰苦行军，林肯于 1787 年 2 月 4 日拂晓突袭了谢斯。那天，气温徘徊在零下 20 度左右，林肯的军队在齐腰深的雪中穿着雪鞋奔跑战斗，俘虏了 150 名叛乱分子。其余人逃脱了，谢斯和他的手下消失在边境另一边，寻求佛蒙特州的庇护。在拒绝逮捕他们的独立共和国官员的保护下，谢斯和他的核心追随者在佛蒙特州西南角的桑德兰附近建造了一座山堡。

马萨诸塞州最高法院匆忙召开会议，宣布 4 000 名谢斯的追随者犯下叛国罪，剥夺其法律权益并没收其土地。但是在 1787 年的春季会议上，马萨诸塞州立法机构赦免了所有的谢斯追随者，除了他们的 4 名领导人。

谢斯起义让约翰·汉考克备感震惊。加之，他患有痛风的脚被抬起，这让他无法待在自己位于贝肯山的宅第里，于是他重返政坛。他以压倒性优势再次当选州长，赦免了所有的谢斯追随者。汉考克敦促立法机构废除了直接财产税，降低了法院费用，并免除了服装、家庭用品和贸易工具的债务扣押。

尽管谢斯的税收叛乱很快被平息，但它彻底惊动了华盛顿和其他一些美国领导人，他们越来越确信脆弱的邦联正处于崩溃的边缘。在弗吉尼亚州，理查德·亨利·李担心"叛乱会像传染病一样蔓延，并

239

可能会到达弗吉尼亚州"。[5]

托马斯·杰斐逊在巴黎任职期间获悉谢斯的叛乱，对此持相反的观点，他在给阿比盖尔·亚当斯的信中写道：

> 反抗政府的精神在某些时候是如此宝贵，我希望它永远保持下去……我喜欢偶尔来点叛逆。它就像大气中的风暴。

当杰斐逊得知谢斯及其追随者已经投降时，他写信给约翰·亚当斯，建议大赦："上帝禁止我们在 20 年内没有这样的叛乱。自由之树必须不时地用爱国者和暴君的鲜血来浇灌。"[6]

马萨诸塞州叛乱之后，1787 年 2 月，亚历山大·汉密尔顿在纽约州议会发表演说，要求纽约州支持引入联邦关税。

汉密尔顿战胜了克林顿州长认为联邦海关会侵犯纽约州主权的反对意见，并做出了一个明智的妥协，即建议纽约州任命税务员来征收关税，然后将税款交给联邦国会。随后，汉密尔顿壮了壮胆，要求任命一个纽约州代表团参加 5 月在费城举行的大会。

在将近 5 年的退休生活中，乔治·华盛顿一直避免利用他的影响力发表政治声明。但现在，他写信给麦迪逊，表示有必要从"即将来临的风暴"中"拯救政治机器"。华盛顿写道，如果不对"我们的政治信条做一些改变"，如果没有一部"受到良好保护和密切关注"的"自由和充满活力的宪法"，13 个州"将会分崩离析"。[7]

240　　国会批准召开会议对《邦联条例》进行适度的修改，但华盛顿被谢斯的反叛震惊了，确信只有彻底的变革才能挽救美国。现在，他愿意利用自己的影响力带来根本性的变化。

第27章 "普通、诚实的人"

1787年5月初一个闷热的下午，乔治·华盛顿在精锐的骑兵第一部队的护送下抵达费城，骑兵们身着白色马裤和高筒靴，头戴黑色银边圆帽，为制宪会议的开幕增添了喜庆的气氛。当车队缓缓驶向宏伟的红砖州议会大厦时，欢呼的行人在栗树掩映的街道两旁排列开来。

然而，在会议开始之前，华盛顿打算去拜访一位老友。他的马车沿着鹅卵石铺就的市场街，嘎嘎作响地驶向本杰明·富兰克林那栋漂亮的砖砌联排别墅。这名年长政治家的女儿萨拉（Sarah）把华盛顿领进了绿树成荫的庭院。自从他们在去莫农格希拉的路上首次相遇以来，已经过去了30多年；自从他们上一次在波士顿城外的包围线上谈话以来，已经过去了10年，独立战争也已经结束。现在，在制宪会议正式开始之前，还有时间进行一次悠闲的拜访。

富兰克林欢迎华盛顿来到他新加建的三层楼房。一层专门用来会客和收藏他的美国哲学协会（American Philosophical Society）的书籍，另外两层是他的漂亮的图书馆。

这名曾经贫穷的印刷商为他的珍本书籍而自豪；最瞩目的一本——华盛顿肯定会喜欢——是那本无价的带有彩色插图的有关美国园艺史

的书，该书仅仅印刷了 12 本。当教皇庇护六世（Pope Pius VI）放弃对其中一本的所有权时，富兰克林受邀将其订购。富兰克林向华盛顿展示了《堂吉诃德》（*Don Quixote*）的精装版和托马斯·潘恩的《危机》（*The Crisis*）的初版，这版撰写在鼓面上，完成于 1776 年圣诞节华盛顿对于托伦顿史诗般的进攻之前；华盛顿曾下令向他的部队大声朗读该书。

富兰克林的前半生鄙视管理者，并与他们作对，现在他担任宾夕法尼亚州最高行政委员会主席。富兰克林曾经在他的报纸上刊登奴隶广告，当他被选为宾夕法尼亚州废奴协会（Pennsylvania Abolition Society）的主席后，他释放了他的最后一名奴隶。

又过了两周，制宪会议的参会代表人数才达到法定人数，其议程也得以在 5 月 25 日开始。来自宾夕法尼亚州和弗吉尼亚州的代表最先到达；罗得岛州根本没有派出代表团。包括帕特里克·亨利在内的几名独立战争领导人抵制这次会议；约翰和萨姆·亚当斯都没有出席；杰斐逊仍然留在巴黎的外交岗位上。

代表们的年龄不等，来自新泽西州的乔纳森·戴顿（Jonathan Dayton）最年轻，只有 26 岁，富兰克林 81 岁，后者因痛风和肾结石而身体虚弱，有几天他不得不被核桃街监狱的囚犯用轿子抬着。他时常看起来像是睡着了，部分原因是他必须服用鸦片酊（鸦片和蜂蜜的混合物）来缓解疼痛。一名与会代表毫不留情地将他描述为"一个矮胖、轮廓分明的老人，穿着朴素的教友派服装，秃顶，留着短短的白发"；另一名代表注意到，富兰克林"思维敏捷，头脑相当于一名 25 岁的青年"。[1]

55 名代表的平均年龄是 42 岁。29 名代表受过大学教育。34 名代表受过法律训练。其余代表是商人、农场主或种植园主。13 名代表是乡村律师，将务农事宜与有关财产界线和契约的争吵混在一起。8 名代表的大部分收入来自从事州际和国际贸易的商业客户。7 名代表是商人，

243

4 名代表拥有船只。10 名代表的主要收入来自公职。

所有代表都是白人男性。25 名代表拥有奴隶，数量从 1 名家仆到 300 名农田工人不等。大多数代表是知名的公众人物：39 名代表曾在国会任职。7 名代表当过州长，8 名代表签署了《独立宣言》，15 名代表撰写了州宪法。19 名代表参加过独立战争，其中数人在战争中负伤。5 名代表曾在福吉谷的华盛顿手下服役。两名代表是创建州立大学的大学教授，7 名代表是移民。所有人公认的最富有的代表当然是英国出生的金融家罗伯特·莫里斯*。

不是所有的代表都有充足的现金。虽然他们中有一半以上拥有公共证券，但他们持有的是从各个州购买的债券，以为战争融资，这些债券现在已经大幅贬值。新罕布什尔州的尼古拉斯·吉尔曼（Nicholas Gilman）就是一个典型的例子，他是一名独立战争的老兵，在进入国会任职之前，曾拥有并经营着一家杂货店。他的证券面值为 1 000 美元（约合今天的 2.9 万美元），每年仅赚 10 美元（约合今天的 290 美元）。如果他在会议开始时兑现他的债券，他将只能得到 125 美元（约合今天的 3 625 美元）。

特拉华州的雅各布·布鲁姆（Jacob Broome）更加拮据，他是一名农场主，那年的收成仅给他带来 733 美元的收入。他省吃俭用，将资金投资于公共证券。一张债券的面值为 38.80 美元（约合今天的 1 131 美元）；另一张债券的面值为 2.78 美元（约合今天的 80 美元）。

不过，情况更加糟糕的是大卫·布瑞利（David Brearley），一名独

---

* 独立战争结束后，莫里斯变得更加富有。在和平时期，他实际上垄断了全国的烟草贸易，根据一份 3 年期合同，他用自己的船队每年向法国出口 2 000 万磅烟草。对法国来说，支持美国革命的回报是直接获得生长在切萨皮克附近的甜烟草，将其制成鼻烟。法国人沉迷于他们的鼻烟。他们不再需要付钱给英国中间商来获得这些烟草，新的中间商是罗伯特·莫里斯。

立战争老兵，现担任新泽西州最高法院首席大法官。他有一张面值为 12.45 美元（约合今天的 361 美元）的大陆贷款办公室的债券；它的市场价值只有区区 2.49 美元（约合今天的 72 美元）。

与证券市场最有利害关系的代表是马萨诸塞州马布尔黑德的埃尔布里奇·格里（Elbridge Gerry），他是一名靠私掠船发家的商人。他的投资面值为 5 万美元，但目前的实际价值只值该金额的 1/5（约合今天的 30 万美元）。格里是在证券市场获利最多的 5 名代表之一，但他们要么拒绝签署宪法，要么退出制宪会议。

持有 1.38 万美元证券的埃德蒙·伦道夫（Edmund Randolph）是乔治·华盛顿的私人律师。他曾是华盛顿在独立战争中的副官，也是弗吉尼亚州首席检察官。他拒绝签署认可宪法，因为他认为宪法缺乏足够的制衡。

奥尔巴尼律师、纽约州议会议长约翰·滕·艾克·兰辛（John Ten Eyck Lansing）持有 7 000 美元的有价证券；他是克林顿州长的亲密盟友，后者大力反对联邦政府。兰辛在制宪会议中途退出，因为他反对联邦宪法的想法。

马里兰州的种植园主约翰·弗朗西斯·默瑟（John Francis Mercer）持有 7 200 美元的凭证；他的兄弟休（Hugh）是华盛顿的密友，曾在尼塞瑟提堡受过伤，后担任俄亥俄公司在伦敦的代理人，之后在普林斯顿战役中被刺刀刺死。尽管约翰·默瑟本人与华盛顿关系密切，但他也拒绝签署认可宪法。

路德·马丁（Luther Martin）持有 7 200 美元的证券，他是一名老兵，也是詹姆斯·麦迪逊的密友。作为美国最成功的律师之一，他反对联邦政府，并拒绝签署认可宪法，因为他反对在计算国会议席时将奴隶计入人口数量。

最富有的代表和普通代表之间的差距如此之大，如果这 5 名最大的利益相关者在制宪会议开幕时在费城市场上出售他们的证券，他们的总收入可以购买其余 5 名代表持有的所有证券。[2]

东道主宾夕法尼亚州代表团团长罗伯特·莫里斯提名乔治·华盛顿主持制宪会议。独立战争期间，莫里斯担任财政总长一职，几乎掌握了总统一般的权力。

华盛顿曾经对莫里斯的金融交易持批评态度，但现在他接受了提名，并在讲台上就座。这名退役的将军本人拥有大量土地，但却缺少现金。他可能拥有从切萨皮克湾到西弗吉尼亚大约 5.1 万英亩的滨河地产，由 300 名奴隶和同样多的佃农料理，但他却不得不向一名更富有的邻居借钱支付他前往费城的旅费。

在来自泰德沃特地区的华盛顿的同僚中，身材矮小的 36 岁的詹姆斯·麦迪逊面对着制宪会议的新主席，坐在铺着绿色桌布的弧形会议桌中央，在那里他可以听到所有人的发言，并记录无懈可击的笔记。达成妥协后，麦迪逊作为杰斐逊州长在弗吉尼亚州众议院的发言人，参与了弗吉尼亚州转让西部土地的谈判，为其他各州树立了榜样，最终使邦联焕发生机。经过长达 10 年的立法斗争，麦迪逊还使杰斐逊有关宗教自由的法规在弗吉尼亚州获得通过，结束了州对神职人员的补贴，确立了政教分离的原则。

制宪会议上，与富兰克林和罗伯特·莫里斯一起坐在宾夕法尼亚桌旁的是莫里斯的生意伙伴古弗尼尔·莫里斯，一名花花公子和天才作家。他们的旁边是苏格兰宪法专家詹姆斯·威尔逊和商人兼银行家乔治·克莱默。

像富兰克林和威尔逊一样，12 名代表获得了大量未开发的土地。名义上，伊利诺伊-瓦伯西公司的总裁威尔逊拥有一个帝国，但他有太多分散的投机活动，以致负债累累。在更小的范围内，富兰克林在宾夕法尼亚州东北部的威斯特摩兰县拥有 3 000 英亩土地。

甚至更多的代表在西部土地上进行投机活动，大约 14 家土地公司的名字无疑是他们非常熟悉的。在年轻的华盛顿加入理查德·亨利·李创建更具雄心的密西西比公司之前，老俄亥俄公司就吸引了他与法国人作战。在 18 世纪 60 年代，富兰克林和他的跨大西洋合作伙伴在印第安纳公司、万达利亚公司和大伊利诺伊公司进行了大量投资，所有这些都是为了寻求王室给予大量土地，但都因与宗主国的决裂而流产。其他代表持有忠诚公司、伯灵顿公司（Burlington Company）、格林布瑞尔公司（Greenbrier Company）、特兰西法尼亚公司（Transylvania Company）、伊利诺伊-瓦伯西公司、新威尔士公司（New Wales Company）、萨斯奎汉纳公司、雅卓公司（Yazoo Company）和军事冒险家公司（Military Adventurers Companies）的股份。

40 年来，这些公司的投资者一直用贬值的货币购买土地，并持有这些土地，希望未来获得巨大利润。在华盛顿最近一次从退伍军人手中购买股票的西部之行中，他惊讶地听到投机者谈论起 50 万英亩土地，就像他们曾经谈论起 1 000 英亩土地一样。

无论是投资于证券市场、贸易还是土地，大多数代表都认为他们必须决定谁将投票、谁将担任公职并管理这个庞大的新国家。启蒙运动的普遍观点认为，财产让一个人在社会中占有一席之地。

大多数州要求有财产所有权才有资格投票。弗吉尼亚州要求拥有 25 英亩耕地或 500 英亩未开发的土地。在宾夕法尼亚州和新罕布什尔州，财产所有者的儿子可以免税。

担任公职的资格更加苛刻。根据约翰·亚当斯起草的 1780 年马萨诸塞州宪法，约翰·汉考克毫不费力地证明他拥有价值 1 000 英镑（约合今天的 15 万美元）的财产，所以有资格担任州长。在南卡罗来纳

247

州，想要有资格担任州长甚至需要拥有更多的财产——1万英镑（约合今天的100万美元）。要竞选新泽西州议会的席位，众议院席位需要价值500英镑（约合今天的7.5万美元）的财产，参议院席位需要价值1 000英镑（约合今天的15万美元）的财产。

在关于谁应该投票选举总统的辩论中，古弗尼尔·莫里斯认为国家里拥有土地的自由人应该投票。弗吉尼亚州的理查德·亨利·李将谁应该作为"社区中稳固、自由和独立的一部分"进行选举，定义为"拥有中等规模财产的人，一方面没有负债，另一方面满足于共和政府，不追求巨额财富、职位和权力"。

但是谁应该统治这个庞大的新国家呢？在这片土地上担任最高职位需要拥有更多的财产吗？纽约州的约翰·杰伊是这样认为的："拥有这个国家的人应该治理这个国家。"[3]

埃德蒙·彭德尔顿首先站起来，提出了一份由詹姆斯·麦迪逊起草的包含15项决议的提案。该提案被称为"弗吉尼亚方案"，它不仅仅是要对《邦联条例》进行修改；它提议建立一个全新的全国性政府。

弗吉尼亚方案提出了一个两院制立法机构，各州按比例选出代表，下议院由人民选举产生，上议院由下议院从州立法机构提名的人中选举产生。该方案要求从国家立法机构中选出一名行政长官，由立法机构选举产生一个拥有最高法院和下级法院的司法机构，以及选出一个拥有否决权的审查委员会。

经过两周的激烈辩论，新泽西州的威廉·帕特森提出了小州方案，他是弗吉尼亚方案（后来被称为大州方案）的主要反对者。帕特森的9项决议呼吁各州在国会两院拥有平等的代表权。

新泽西方案强调保留《邦联条例》，但将授予国会前者所缺乏的权力：征税和管理国际和州际贸易的权力。该方案要求一个没有否决权的多元执行机构，而不是单一的行政长官，以及一个由国会任命的最高法院。美国的条约和国会的法案将是各州的最高法律。

现在，代表之间的界线已经划定，一方满足于对《邦联条例》进行修改，另一方主张彻底废除《邦联条例》，为新形式的全国性政府制定框架。

亚历山大·汉密尔顿力劝他的前指挥官乔治·华盛顿参加制宪会议并支持改革运动。汉密尔顿自己也抛开利润丰厚的法律事业，加入了这一改革运动，并得到了由他的岳父菲利普·斯凯勒将军领导的纽约市商人和哈德逊河谷富裕地主联盟的支持。

汉密尔顿是由纽约州州长乔治·克林顿任命参加制宪会议的，后者当时正在州长的第六个任期上。克林顿代表支持邦联纸币和免税政策的技工、工匠和纽约州北部的农场主。他对汉密尔顿的任命和上述代表立场不一致，但他保证这名雄心勃勃的年轻的经济学家将会被他任命的另外两人——罗伯特·耶茨（Robert Yates）和罗伯特·兰辛（Robert Lansing）击败。

在北方代表眼中，亚历山大·汉密尔顿不仅是前国会同僚、纽约市杰出律师，以及大地主、效忠国王者、商人和银行家的发言人，还是一名直言不讳的国家主义者。南方人从不同的角度看待他：他们将他视作一名废奴主义者。众所周知，他是促进奴隶解放协会（Society for Promoting the Manumission of Slaves）的共同创始人和主席。汉密尔顿从未忘记他少年时代在加勒比地区的学徒生涯，在那里，当奴隶从来自非洲的船上下来，将要被拍卖，从事终身奴役劳动时，他需要清洗奴隶的身体并将其涂上油脂。当时，他正在筹集资金购买并解放被奴役的人。

汉密尔顿从未拥有过一名奴隶，但他知道克林顿州长拥有八名奴隶。他撰写了一份请愿书，递交给立法机构，请愿书中提到与"南方各州"的奴隶贸易，并呼吁纽约州禁止进一步从非洲进口奴隶，以结束"这种与人类如此不相容、与革命理想如此不一致的贸易"。尽管遭到来自拥有奴隶的荷兰选民地区的代表的强烈反对，该提案仍然获得了通过。但只有教友派教徒解放了他们在纽约州拥有的所有奴隶；许多期待进一步改革的纽约州人把他们的奴隶卖给了南方种植园主的代理人。

6月18日上午，在对新泽西方案进行了几天的激烈辩论后，汉密尔顿请求华盛顿主席允许他发言。然后，他站起来，没有看讲稿，开始了一场长达六个小时的不间断的演说。一开始他说，他觉得他不得不宣布自己对弗吉尼亚方案和新泽西方案都"不友好"，但"特别反对"帕特森的小州方案。任何没有触及各州主权的《邦联条例》修正案"都不可能解决问题"。

他对"惊人"数量的代表感到沮丧，这些代表期望仅用一个软弱的联邦政府代替一个松散的主权州的联盟就能获得"想要的良好效果"。对汉密尔顿来说，所有的缺陷都在于各州：

> 我们看到所有激情——关于贪婪、野心、利益的激情，它们支配了大多数个人和所有公共机构——都流入了各州的支流，而没有流入全国性政府的洪流……那么如何避免这些罪恶呢？只有全国性政府拥有完全的主权，才能把所有强烈的原则和激情都转向自己一边。

因为自己不是商业州，像新泽西州这样的小州只会"为商业州的财富做贡献"。而且它们永远也不可能达到作为投票资格的税收配额，正如弗吉尼亚方案所提议的那样。他认为，"它们将会也必定会失败"，而联盟本身也将会解散。

他认为，唯一的解决方法是通过"消灭"州政府来消除州政府的成本："它们对于商业、税收或农业的任何伟大目标都不是必要的。"它们应该被"废除"。"地区法庭——为地方服务的市政当局"将做得更好。而且他不相信"共和政府可以在如此大的范围内建立"。

许多汉密尔顿的听众对这种异端邪说感到震惊，但汉密尔顿继续说道：

> 在每一个鼓励工业发展的社区，人们都会被分为少数人和多数人。因此，会产生不同的利益。会有债务人和债权人。把所有的权力给多数人，他们会压迫少数人。把所有的权力给少数人，他们会压迫多数人。因此，两者都应该拥有权力，以保护自己，对抗对方。

汉密尔顿随后大声宣读了他自己的政府计划：两院制最高立法权，议员由自由民选举产生、任期三年的众议院，以及议员在"行为良好期间"任职的参议院——类似于英国上议院，但议员职位不是世袭的。参议员将由选举人选出。法官将由人民直接选举产生，并在行为良好期间一直任职。

总督——汉密尔顿没有使用"总统"这个词——一旦当选将终身任职；总督将对所有法律拥有否决权，并负责执行这些法律。他将是所有军事力量的总司令，将"在参议院的建议和认可下"制定所有条约。他将任命财政部、战争部和外交部的部长。这名首席行政长官将经由参议院批准提名所有大使，他将"有权赦免除叛国罪以外的所有罪行"，如要赦免叛国罪则需要参议院同意。汉密尔顿担心不受约束的总督可能是一个"怪物"；因此，总督以及法官和参议员，是可以被弹劾的。

在这场精彩的、令人凝神屏息的演说中，除了任期限制和关于选民的规则和资格之外，汉密尔顿描绘了美国政府的基本框架。

在接下来的几天里，汉密尔顿时不时地站起来为他的部分计划辩护，然后，确信没有人会接受他的建议后，他便回家了。在离开之前，他和詹姆斯·麦迪逊进行了一次"漫长的午后散步"，麦迪逊对汉密尔顿的印象比他的同僚更深刻。

没有人针对汉密尔顿的建议立即采取行动。正如康涅狄格州的威廉·塞缪尔·约翰逊所说，汉密尔顿"受到所有人的赞扬，却没有人支持他"。

10 天后，兰辛和耶茨也回到了纽约州。之前，他们对制宪会议嗤之以鼻，反对其议程，并准备反对代表们提出的任何"全国性"制度。

但是汉密尔顿紧跟事态的发展，不时回到费城。他了解到，宾夕法尼亚州的詹姆斯·威尔逊打破了关于众议院代表席位的僵局，提议根据每个州的白人男性人口和 3/5 的黑人人口来确定代表席位。南方代表看出，这个后来被称为 3/5 条款的提议保证了蓄奴州将控制众议院。就国会代表权而言，像乔治·华盛顿这样拥有 300 名奴隶的人可以被算作 181 名选民，而本杰明·富兰克林只能被算作 1 名选民。他们热切地接受了威尔逊的提议。

作为回报，南方代表转而支持新英格兰各州，终止各州关税，并将联邦关税作为联邦政府的主要财政手段。

每个州在参议院拥有平等投票权的规定为起草 23 项决议扫清了道路，这些决议构成了宪法的初稿。该初稿被提交给制宪会议后，引发了长达 4 周的辩论。

最激烈的争论促使了一项决议的产生，即国会在 20 年内不得讨论取缔非洲奴隶贸易的问题。结合 3/5 条款，这一禁令表明，在表面之下，北方和南方在奴隶制问题上业已存在深刻的分歧。

在审查宪法草案时，国内外官员的薪酬问题浮出了水面。许多参

252

加过邦联国会的代表都记得塞拉斯·迪恩接受法国国王赠送的镶钻鼻烟盒作为临别礼物时引起的骚动。因此,《邦联条例》禁止"任何在合众国拥有任何盈利或信托职位的人"接受"来自任何国王、王子或外国的任何礼物、报酬、职位或任何种类的头衔"。

现在,在制宪会议的最后时刻,薪酬问题再次出现。本杰明·富兰克林透露,1785 年,当他准备乘船回家时,法国外交大臣送给他一幅国王路易的微型象牙水彩肖像,周围环绕着两个镶嵌有 408 颗钻石的同心圆环。富兰克林的孙子、美国驻巴黎使团的秘书威廉·坦普尔·富兰克林估计其价值为 1 000 金路易(约合今天的 27 万美元)。坦普尔显然是陪同富兰克林和其他美国特使去凡尔赛接受他们的临别礼物的。法国国王特别叮嘱外交大臣韦根尼斯送给富兰克林一份"比一般送给全权公使的礼物更有价值的礼物":"我希望好好对待富兰克林先生。"

对富兰克林更为年轻的革命同事来说,他接受外国君主如此精美的礼物象征着犯下了他们认为旧帝国制度所具有的一切错误。富兰克林解释道,他发现自己处于尴尬的境地。不接受王室礼物会给人以不尊重法国外交传统的印象,并可能损害两个盟国之间的关系;接受礼物将被视为使美国欠法国人的债。在离开巴黎之前,富兰克林已经将礼物之事告知了他的继任者杰斐逊。他不难猜测,当轮到杰斐逊回家时,他也会收到类似的礼物。现在,富兰克林将这个难题抛给了制宪会议。

在新宪法的初稿中,第一条第四段只禁止接受荣誉称号,而不是礼物。但是现在马萨诸塞州的埃尔布里奇·格里坚持重新提出这个问题:

> 有外国关系的人将被送到我们中间并渗透进我们的组织,以便实现他们的目的。每个人都知道欧洲为秘密服务机构花了多少钱。

253

格里认为，当起草《邦联条例》时，国会对薪酬的担忧围绕着英国君主通过在宫廷中授予带有丰厚收入的职位或封地来购买议会和上议院选票的做法，因此《邦联条例》禁止担任多个职位。

南卡罗来纳州的查尔斯·科茨沃斯·平克尼（Charles Cotesworth Pinckney）现在要求将《邦联条例》中关于薪酬的措辞添加到修订后的宪法中，内容如下："未经国会同意，任何人不得接受任何国王、王子或外国的任何礼物、薪酬、职位或头衔。"

富兰克林提议将这些珠宝作为礼物献给国家，但国会拒绝了这一提议。在他的遗嘱中，他将这些珠宝留给了女儿萨拉。

4个月后，制宪会议的最后一次辩论于9月10日举行。包括汉密尔顿和麦迪逊在内的五人委员会夜以继日地工作了两天，为9月17日的投票准备最终草案，届时12个代表团将分别投票，然后按州排队签署该草案。16名代表已经回家；留下来的人中，有3人——马萨诸塞州的格里、弗吉尼亚州的伦道夫和梅森——拒绝签字。

当汉密尔顿得知草案文件已准备就绪，要进行最后的修改和签署时，他没有通知纽约州代表兰辛和耶茨，就匆匆赶往费城。他公然违抗克林顿州长和纽约州议会，成为纽约州唯一的签署者。如果没有汉密尔顿的大胆行动，纽约州就不会成为美国宪法的签署州。

这些代表像查尔斯·比尔德所说的那样，使自己的投机利益影响了他们在制宪会议上的行动，从而每个人都成为"宪法通过的直接经济受益者"了吗？出席制宪会议的代表们获得了多少个人的意外之财？历史学家福里斯特·麦克唐纳（Forrest McDonald）的一项详尽的研究表明，与比尔德的理论（代表们为了自身利益而废除《邦联条例》以形成一个对他们更有利的中央集权政府）相反，他们自己充其量只获得了有限的回报。

1791 年 12 月，当尼古拉斯·吉尔曼将他的旧债券换成新的美国债券时，他会发现他在新共和国的股份 4 年内增加了 503 美元（约合今天的 14 587 美元）——大约每月 10 美元。大卫·布瑞利的翻了一番，从 5 美元（约合今天的 145 美元）涨到了 10 美元（约合今天的 290 美元）。

罗伯特·莫里斯的证券升值了 2 650 美元（约合今天的 7.7 万美元），达到 7 150 美元（约合今天的 20.7 万美元），仍然远远低于他在制宪会议前持有的大陆证券 1.1 万美元（约合今天的 350 万美元）的面值。

关于比尔德对建国者及其在制定宪法过程中的作用所做出的令人敬仰的经济判断，麦克唐纳提供了或许是最好的分析。当他研究了参加制宪会议的每一名代表的财产情况，考虑了每个阶级、派别、地理区域和每个团体内部的政治观点后，他得出结论，简单的阶级分析根本不符合事实。

罗伯特·莫里斯对他同僚们的利己主义做出了同时代的判断，他在给一名友人的信中写道："一些人吹嘘它是来自天堂的作品，还有一些人给了它一个不那么正义的起源。我有许多理由相信它是普通、诚实的人完成的作品。"[4]

尽管健康状况越来越糟，本杰明·富兰克林还是参加了制宪会议的几乎每一项议程。正是富兰克林和华盛顿的出席给制宪会议增添了庄严的氛围。回顾这 4 个月的进程，富兰克林在向制宪会议宣读的最后讲话中写道：

> 我承认，这部宪法有几个部分我目前不赞成，但我不能肯定我永远不会赞成……我也怀疑我们能召开的任何其他会议是否能够制定一部更好的宪法……
>
> 每当你召集一些人来集思广益时，你不可避免地会把他

们所有的偏见、激情、错误的观点、局部利益和自私的想法聚集在一起。能期待这样的集合体产出完美的作品吗？

富兰克林对于他的同僚们创造了一个"如此接近完美"的新政府体系表示赞叹。[5]

新宪法要在 9 个州批准后才能生效，这一有争议的过程将持续整整 9 个月。

当制宪会议在费城进行辩论时，最后一届邦联国会正在纽约市举行。它最重要的成就是批准了一项法令，即将东部各州转让的俄亥俄河以北的所有领地组织起来。

《西北法令》（Northwest Ordinance）主要基于杰斐逊 1784 年的计划，它规定将这部分领地细分为 14 个新州。每当一块领地上有 5 000 名自由的成年男性时，他们就可以建立一个两院制立法机构。当该地区的自由民达到 6 万人时，它就可以在与最初的 13 个州平等的基础上加入联邦。

最终，这些新的州将拥有信仰自由、陪审团审判权和公共对教育的支持。最重要的是，任何形式的奴隶制或非自愿奴役，除了作为对犯罪的惩罚，在西北领地都是被禁止的。

该法令的一项重大遗漏是没有禁止像富兰克林的万达利亚这样的公司进行土地投机，这个漏洞的创造者是纽约州立法机构中的一个人，即马纳塞赫·卡特勒（Manasseh Cutler）牧师，他可以被称为美国首名说客。这名耶鲁毕业的国会议员出生于康涅狄格州，是一名商人兼律师，在成为公理会牧师和革命军随军牧师之前，曾在马萨诸塞州担任教师。1786 年，即制宪会议的前一年，卡特勒开始从事西部土地的投机活动。作为一家新俄亥俄公司的创始人之一，他与国会签订了一份合同——允许独立战争的退伍军人用战争期间发给他们的债券购买马斯金根河口的土地。

卡特勒暗中帮助起草了《西北法令》，由马萨诸塞州代表内森·戴恩（Nathan Dane）提交给国会。为了使该法令顺利通过，卡特勒用俄亥俄公司的股份贿赂了主要的国会议员。通过将西北领地临时总督的职位由选举产生改为任命产生，卡特勒得以将这个职位提供给最后一届邦联国会的主席阿瑟·圣克莱尔（Arthur St. Clair）将军。10月初，也就是新宪法在费城签署两周后，最后一届邦联国会批准了《西北法令》。

经过短暂的抵抗后，旧国会向各州立法机构提交了新宪法的副本，以便让它们提交给特别批准会议。

257　　特拉华州声称是第一个一致批准新宪法的州。宾夕法尼亚州是第二个投票的州，来自费城和商业城镇的支持宪法的联邦主义者战胜了反联邦主义者，以 46∶23 的投票结果批准了新宪法。

新泽西州联邦主义者占主导地位的大会一致通过新宪法；佐治亚州也一致批准了新宪法。一周后，康涅狄格州以压倒性优势通过了新宪法。在意见分裂的马萨诸塞州，联邦主义者同意将 9 项修正案作为权利法案附加于新宪法中，这获得了塞缪尔·亚当斯的支持，新宪法最终以 187∶168 的投票结果得以通过。罗得岛州议会拒绝召开大会，但允许举行公投：2 945 名合格选民中只有 237 人赞成批准新宪法。又过了 4 年，罗得岛州才成为最后一个批准新宪法的州。

在马里兰州于 1788 年 4 月以 63∶11 的投票结果批准宪法后，南卡罗来纳州以 2∶1 的优势批准了宪法，成为第 8 个批准宪法的州，只需另一个州批准宪法即可。

新罕布什尔州有争议的大会仅开一周就休会了，4 个月后再次开会时，联邦党人以 57∶47 的投票结果战胜了反联邦党人，批准了宪法，其条件是在宪法中添加包含有 12 项修正案的权利法案。在弗吉尼亚州，雄辩的帕特里克·亨利领导了反对宪法的斗争；逻辑性强的麦迪逊带领其支持者以 89∶79 的投票结果险胜，并承诺添加权利法案。

在纽约州波基普西，争论最激烈的大会开幕时，克林顿州长领导的反联邦主义者占据了绝大多数席位。汉密尔顿——起初与麦迪逊和约翰·杰伊一起工作——每周撰写一篇文章，为建立一个强大的联邦政府提供论据，后来这些文章被收录进《联邦党人文集》（*Federalist Papers*）。在波基普西大会上，汉密尔顿拖延时间，希望来自新罕布什尔州和弗吉尼亚州的有利消息对纽约州议会产生影响。

当汉密尔顿提议有条件的批准时，他的动议被否决了。但他随后采取了一个策略——在纽约市举行了一次提前的胜利游行，展示了工匠和劳工的强烈支持，这些人通常是克林顿的支持者。随后汉密尔顿呼吁投票批准宪法，并以 30∶27 的微弱优势获胜。

随着宣布宪法已经在必要的 9 个州获得批准，旧国会最后一次拖拉行事。它花了三个月的时间通过一项法令，将新政府的临时首都设在了纽约市，同时开始建造永久首都。

行将终结的邦联国会将选举人的任命和投票日期定为 1789 年 2 月 4 日，并宣布新国会将于 3 月 4 日在纽约市政厅召开第一次会议。

新宪法的批准程序需要 4 年时间才能完成。罗得岛州一直坚持到 1791 年，直到詹姆斯·麦迪逊起草且第一届国会通过由 10 项宪法修正案构成的《权利法案》。

但是谁拥有投票权呢？虽然古弗尼尔·莫里斯富于感染力的序言承诺"我们人民"将参与到"一个更完美的联邦"中，但是根据 1790 年举行的第一次美国人口普查，在 390 万美国人中，只有 16 万 21 岁以上的白人男性——仅占人口的 4%——拥有足够的财产获得投票资格。

穷人和债务人被剥夺了选举权，同样没有选举权的还有妇女和印第安人。被排除在选举人范围外的还有 75.7 万名被奴役的非裔美国人，其数量几乎是合格的拥有财产的白人男性选民的 5 倍。

与此同时，新国会颁布立法，允许移民在居住两年后成为公民。归化是一个新的强有力的理念，将很快增加美国的人口数量。

第 28 章 "餐桌谈判"

在去往就职典礼的路上，华盛顿拜访了在费城的罗伯特·莫里斯，邀请他担任第一任财政部长。出乎意料的是，莫里斯提出了异议："我可以为你的财政部长一职推荐一个比我聪明得多的人，你从前的助手，汉密尔顿上校。"

显然，华盛顿没有考虑过由汉密尔顿担任此职，后者当时30出头，缺乏行政管理经验。震惊之余，华盛顿告诉莫里斯，他不知道汉密尔顿"有任何金融知识"。莫里斯没有犹豫，"他什么都懂"，他告诉华盛顿。"有他这样的头脑的人，不会出任何差错。"[1]

华盛顿于1789年4月在纽约市就职，不久就宣布了他的内阁人选。他的前炮兵司令、失败的土地投机者亨利·诺克斯被任命为战争部长。

他将外交事务委员会更名为国务院，创建了第一个联邦部门，并让麦迪逊给在巴黎的杰斐逊写信，试探他是否愿意出任国务卿。不过如果杰斐逊愿意的话，他可以继续留在巴黎。华盛顿在公开任命替代的驻法大使之前，一直在等待杰斐逊的回音。

在巴黎待了5年后，杰斐逊计划回家安排他女儿的婚事并解决他错综复杂的财务问题。然而，当他于1789年11月抵达诺福克时，他惊讶地在报纸上看到华盛顿已经任命他为国务卿。他立即写信给总统，说他更愿意回到巴黎。

在一次私人会面中，麦迪逊敦促杰斐逊接受这份工作：南方和西部依赖他来代表他们的利益。公众对他的热情接待只是增加了压力。弗吉尼亚州议会两院的盛大欢迎仪式和参观由他设计的里士满新议会大厦，让他充满了公民自豪感。毫无疑问，影响他做决定的因素是，如果他返回法国，他作为外交官的薪水将从9 000美元（约合今天的25.8万美元）降至3 500美元（约合今天的10万美元）。

这是杰斐逊几乎不能失去的收入。他欠英格兰和苏格兰商人的债务高达5 722英镑（约合今天的625万美元）。杰斐逊把他17岁的女儿玛莎带回家，安排她嫁给一个表亲，并在蒙蒂塞洛附近为这对夫妇购买了一个1 000英亩的种植园，有12个奴隶家庭在那里工作。为了做到这些，他从荷兰银行家那里获得了一笔新贷款，这也增加了他堆积如山的债务。

当他得知他的英国代理人将他1786年的收成以很低的价格出售，而且收益的2/3被用来支付高额的弗吉尼亚州财产税和为奴隶购买衣物时，他十分恼火。他愤怒地表示，旧国会从未报销他垫付的9 000美元，这等于他一年的薪水，这笔钱用于购置他在巴黎做外交工作期间的"装备"：马车、马匹、工作人员和家具。

在杰斐逊离开巴黎之前，他被召唤至凡尔赛，在那里，和本杰明·富兰克林、塞拉斯·迪恩和阿瑟·李一样，他收到了一份镶有钻石的皇家礼物，一个价值300金路易（约合今天的8.1万美元）的金鼻烟盒。他无疑读过麦迪逊寄给他的新宪法中的薪酬条款，因此起初认为，他将不得不拒绝接受任何礼物。但随后他推断，在外交任务完成后，官员们交换礼物是欧洲的既定习俗。杰斐逊认为接受礼物是腐败的一种形式，但他也认为在某些情况下他有义务接受礼物。

261

当他得知如果他不接受法国官员的礼物，他们也不会接受他的礼物时，他陷入了两难的境地。杰斐逊觉得有义务给官员们送礼，这是他们所需收入的一大部分来源。"他们不能失去他们的额外补贴；这是他们生计的一部分。"他写道。他认为，为了表示尊重，他必须接受鼻烟盒。他一点也不确定国会会给他报销这些礼物的花费。[2]

最终，他决定接受这个镶满钻石的皇家礼物，并将珠宝取下秘密出售。他会用部分收益为法国官员购买礼物，然后把剩余部分留给自己。他花了两年时间才将所有钻石售出。

买完礼物后，他净赚了300英镑（约合今天的3.5万美元）。他决定不用这笔钱偿还任何债务。

当杰斐逊在伦敦拜访亚当斯一家时，他曾亲自与他的英国债权人见面。他声称在独立战争前，他已经卖掉了土地，并将从买家那里获得的债券转让给了债权人的弗吉尼亚代理人。但是债权人的弗吉尼亚代理人在战争期间拒绝接受债券，因为买方是用贬值的弗吉尼亚货币支付杰斐逊的。

当时作为弗吉尼亚州州长，杰斐逊告诉自己，他必须尊重他所代表的政府的货币。但是英国商人的代理人仍然坚持让他用黄金或白银支付。在伦敦，现在杰斐逊被迫直接与债权人重新谈判。他承诺用7张债券偿还，每年兑现一张。眼下，他离开时身上只有不多的40英镑（约合今天的6 000美元）硬币。

杰斐逊于1789年11月回到蒙蒂塞洛的家中。他推迟两个月接受华盛顿的任命，同时安排卖掉他被战争摧毁的埃尔克山种植园以及那里的奴隶。他计算出英国军队对他的财产造成的损害等于他欠英国债权人的全部债务，这使他更加不愿意偿还债务了。

最后，他于1790年3月，也就是华盛顿就职将近一年后，接受了国务卿一职的任命。

262

在前往纽约的途中，杰斐逊在费城停留，去看望他的老朋友本杰明·富兰克林，富兰克林已经到了弥留之际。仅仅几天后，1790 年 4 月 17 日，在女儿、女婿和外孙们的陪伴下，富兰克林与世长辞，享年 84 岁。罗伯特·莫里斯的妹夫、美国第一位圣公会主教，在基督教堂主持了富兰克林的葬礼。教堂顶部的钟是富兰克林用彩票筹集的钱购买的。钟声响起时，威廉·怀特（William White）主教吟诵道："人为妇人所生，一生短暂。"在教堂墓地的一个角落里，本杰明·富兰克林被安葬在黛博拉旁边，她是他的"朴素的乡下姑娘"。

在发表于费城报纸上的遗嘱中，富兰克林公开剥夺了他的儿子，即效忠国王者威廉的继承权，因为"他在独立战争期间扮演反对我的角色"。[3] 他将大部分遗产留给了女儿萨拉。

不久后，富兰克林的女婿理查德·贝奇从路易十六的肖像画外圈上切下了足够的钻石，作为欧洲之旅的资金，这次旅行包括在伦敦与萨拉被流放和被剥夺继承权的兄弟重聚。

随着华盛顿及其政府第一年任期的展开，对他们的要求急遽增加。总统给他的新任财政部长 120 天的时间来起草一份偿还旧国会债务的计划，包括外国贷款和各州的战争债务。在《关于公共信用的第一份报告》（First Report on the Public Credit）中，汉密尔顿提议偿还所有独立战争债务——估计为 8 000 万美元（约合今天的 15 亿美元）。

汉密尔顿提议用一种新的货币，一种国债，或者他称之为的"国家福祉"（national blessing），来取代所有战时债券。与任何商业票据相比，政府票据在"主要商业交易中"会像黄金一样"被作为硬币"。

汉密尔顿不考虑只支持原始债券持有者、独立战争士兵或他们的遗孀或孤儿的做法。目前的债券持有人将成为新的联邦债券持有人，获得旧证券的全部面值。

263

当他计划承担所有债务的消息泄露时，政府将采纳自己财政部长的建议的假设引发了一波内幕交易。在众议院、参议院，在整个纽约市，甚至远至南方的查尔斯顿，到处都充满了各种猜测。

财政部一名腐败的职员卖给汉密尔顿的助手威廉·杜尔（William Duer）一本分类账簿，上面列有弗吉尼亚和北卡罗来纳大陆战线被拖欠军饷者的姓名、地址和拖欠金额。杜尔与费城商人威廉·宾厄姆联手，筹集了大量现金，并派代理人到南方的穷乡僻壤购买缺少现金的士兵手中的军饷债券，有时他们为债券的 1 美元面值只支付 10 美分。

汉密尔顿用现金经济取代美国债务经济的第一次努力在 1790 年春天停滞不前。国会中几乎没有人明白，发行国债来偿还现有州和联邦的所有债务将会给美国带来高信用评级、保持低税收、鼓励外国发放贷款，从而刺激外国投资。

在短期内，汉密尔顿大胆计划的消息带来了一笔荷兰银行贷款，该笔贷款拯救了邦联的债务，并提供了联邦政府一年所需的费用。一夜之间，汉密尔顿修复了美国的海外信用。

但是，当众议院就联邦承担州战争债务进行投票时，汉密尔顿仍然无法获胜。麦迪逊早在制宪会议期间就支持联邦承担债务，但是他对针对如此多退伍军人的投机热潮感到愤怒。他带领南方人以 31∶29 的微弱优势击败了承担债务的提案。

汉密尔顿让国家政府承担旧债的计划，超出了已经还清战争债务的州里农业地区的政界人士的承受能力。弗吉尼亚人，即使他们用贬值的货币支付了战争的费用，也特别讨厌偿还北方各州的战争债务，这些州不仅没有在战争中支付他们的账单，而且还会从贴现债券的投机中获得大量财富。

华盛顿小心翼翼地在承担债务问题上保持中立。虽然他什么也没说，但许多人觉得他们知道他的想法。他赞成对那些被迫折价出售军饷

第 3 部分 "危机已经到来" 259

凭证的士兵给予特殊照顾。一旦汉密尔顿开始在国会讨价还价，以操纵债务承担问题，他就很难保持表面的冷漠。当麦迪逊在众议院提出一项区分原始债券持有人和投机者的提案时，遭到了北方各州的否决。

就在这时，国家新首都的选址问题出现了。大多数南方人被一年两次去往纽约市的麻烦和费用所困扰，坚持选择波托马克河沿岸的沼泽地，这对南北双方都不方便。金钱和权力都集中于北方，尤其是集中于商业中心纽约，这让南方人备感担忧，他们愿意在波托马克河畔建立新首都的时候暂时搬到旧首都费城。

一天，汉密尔顿和杰斐逊在华盛顿的办公室外不期而遇。杰斐逊最近才到这里就任新职。汉密尔顿请他利用他对南方同胞的影响力，让自己的债务承担提案在国会获得通过。尽管处理国内外事务是杰斐逊工作的一部分，但他不想看上去直接参与汉密尔顿的计划，而是当场决定邀请汉密尔顿和麦迪逊第二天到他家吃饭，讨论僵局。杰斐逊还邀请了来自宾夕法尼亚州和马里兰州的国会议员，在晚餐会议前，他拟定了一个妥协方案，可以使国会通过债务承担提案，交换条件是将新首都迁至波托马克河畔。

1790 年 6 月 20 日，在喝了杰斐逊几瓶最好的进口自法国的葡萄酒后，宾夕法尼亚州的国会议员同意支持将首都迁往南方，如果费城在1800 年永久首都建成之前是临时首都的话。波托马克地区将从这座城市的建设中受益，大多数观察家预计这座城市如果不是这个新国家的商业首都的话，也将成为重要的新商业中心。

1790 年 7 月，当债务融资、债务承担和首都选址提案提交国会时，这三项提案都迅速获得通过。作为将首都建在波托马克河畔的交换条件，两名马里兰州议员和两名弗吉尼亚州议员改变了他们的投票，支持债务承担提案。当时，人们认为这一被称为"餐桌谈判"的举动拯救了联邦。

新首都的选址碰巧离弗农山庄很近。新首都将通过华盛顿改进的波托马克水道与美国内陆相连。波托马克公司的股东包括华盛顿总统，他平静地签署了提案，使其成为法律。

新首都将建在 10 英里见方的哥伦比亚特区，将被称为华盛顿市，政府大楼将建在以前毫无价值但现在十分宝贵的沼泽地上，这些沼泽地由马里兰州和弗吉尼亚州各提供一半。华盛顿总统购买了 8 块建筑用地，成为这一地区的第一批土地所有者之一。

基于在承担国家债务的斗争中取得的成功，汉密尔顿提议创建一家国家银行。1791 年 2 月 8 日，众议院通过了建立美国第一银行的提案。在众议院和参议院，汉密尔顿都争论道，国家银行是"对一个国家来说最重要的政治机器"，它将使税收得以支付，从而提供新政府迫切需要的收入。

汉密尔顿认为，宪法第一条第八款允许国会制定对政府来说必要且适当的法律，因此可以授权立法者创建国家银行。银行提案在众议院以 39：20 的投票轻松通过，华盛顿于 1791 年 2 月 25 日将其签署为法律。

从短期来看，汉密尔顿占了上风，但是杰斐逊和麦迪逊持反对立场，反驳说宪法中没有明确授予国会的权力属于各州。这一意见分歧将导致美国内战，并将一直持续到 21 世纪。

266

第 29 章 "克林顿菌"

　　托马斯·杰斐逊患有慢性偏头痛，他在通往费城的主要道路上租来的房子里很难获得安宁。尽管首都将要南移，但是为了让自己住得更舒适，他对实际上并不属于他的房子进行了大规模的、昂贵的改造。

　　到 1791 年春天第一届国会结束时，杰斐逊计划休假。麦迪逊提议旅行，这将使杰斐逊得到令人愉快的休息。麦迪逊知道华盛顿一家会去南方旅行，他建议他和杰斐逊去尽可能远的北方旅行，一个月后再回来。

　　杰斐逊特别想去佛蒙特州。他认为自己是边疆农场主的支持者；他相信未来属于独立的农场主，而不是城市居民。他甚至开始相信他所在的弗吉尼亚州已经挤满了富有的种植园主。佛蒙特州在成立之初就废除了奴隶制，吸引了来自拥挤的邻州的小农，这也是杰斐逊式民主的理想实现。杰斐逊写了佛蒙特州加入联邦的申请书，并把肯塔基州加入联邦的时间推迟到佛蒙特州成为第 14 个州之后。

　　杰斐逊有充分的理由想离开费城一些日子。一段时间以来，华盛顿内阁内部的紧张关系一直在升级。杰斐逊已经和主张亲英贸易政策的汉密尔顿剑拔弩张。他们的内讧即将变得公开。杰斐逊看到他的老朋友约翰·亚当斯站在汉密尔顿一边，变得警觉起来。

亚当斯以戴维拉（Davila）为笔名，在支持汉密尔顿的《合众国公报》（*Gazette of the United States*）的一系列专栏中发表文章，他去年一直在强调不受约束的民主的危险。

因此，杰斐逊在收到一本刚刚在伦敦出版的托马斯·潘恩最新的反英著作《人的权利》（*The Rights of Man*）时非常高兴。美国畅销政治小册子的作者潘恩之前设计了一座成功跨越费城的斯库尔基尔河的铸铁桥，并前往英国寻找投资者。潘恩在一本小册子中贬低英国议员埃德蒙·伯克对法国大革命的攻击。被控犯有煽动诽谤罪的潘恩，逃到巴黎后才躲过了逮捕，在那里他受人尊敬，是当选国民公会议员的唯一一位美国人。

杰斐逊写了一封信，向读者推荐潘恩的小册子，并将其寄给了一名印刷商。他想对自己的评论保密；毕竟，他与亚当斯和汉密尔顿都在华盛顿的内阁中。当印刷商把杰斐逊的签名信作为对潘恩的小册子的推介而出版时，他十分懊恼。许多报纸转载了这封信。一夜之间，杰斐逊被视为对华盛顿的亲英政策不再抱有幻想的美国人的代言人。他在给总统的信中写道："我真的感到羞愧，因为我热爱沉默……憎恶纷争，却被这样带到了公共舞台上。"[1]

杰斐逊散布传言说，作为美国哲学协会的副主席，他将与麦迪逊一起进行一次科学考察，以查明黑森瘿蚊肆虐的原因，这种害虫一直在毁坏纽约和新英格兰的谷物。此外，他说，作为国务卿，他打算查看新生的制造项目。事实上，他们的旅行掩盖了一个政治议程。他将有整整一个月的时间与麦迪逊进行紧张的讨论。杰斐逊在给女婿托马斯·曼恩·伦道夫（Thomas Mann Randolph）的信中，附上了一份《合众国公报》，称其编辑策略是"纯粹的保守主义，传播了［汉密尔顿的］君主制、贵族制理论和对人民大众的排斥"：

269

> 我们一直在努力创建一份不包括广告的周刊或半周刊，这样它就可以通过邮政系统在各州免费发放，并丰富［我们的］信息媒介工具。我们一度希望说服弗雷诺［菲利普·弗雷诺（Philip Freneau），记者、诗人，也是麦迪逊在普林斯顿的室友］，但是我们失败了。[2]

此时，在一封私人信件中，杰斐逊承认了他一直在公开场合否认的事情：他参与了华盛顿政府内部的一个反对派，并准备推出自己的党派报纸，以批评汉密尔顿和总统的议程。

杰斐逊的女婿每周通过政府邮件将支持汉密尔顿的报纸转发到他们行程中的各个站点，这样杰斐逊就可以在漫长的旅途中与麦迪逊私下讨论最新的政治新闻。当杰斐逊离开费城时，亚当斯正在《合众国公报》上痛斥他支持潘恩公开宣扬的激进观点。

起初，杰斐逊提出支付他们所有的费用，但麦迪逊坚持分摊费用。像往常一样，杰斐逊手头拮据。出发前，他不得不等四桶蒙蒂塞洛烟草的到来，以便在费城出售后用作旅费。但是当这批货最终到达时，已经在火灾中被烟熏坏，一文不值了。事实证明，杰斐逊会在路上花光所有的钱，最后会向麦迪逊借钱。

杰斐逊总是记录他的开支，即使没有人给他报销。在这次旅行中，他选择了一本袖珍版的《弗吉尼亚年鉴》（*Virginia Almanack*），在书页的背面记下每天的开支，这些书页都只在一面印有内容。正如杰斐逊的开支记录所示，他的奴隶詹姆斯·海明斯（James Hemings）用他从小费和礼物中省下的钱，经常垫付沿路购买的新鲜食物的费用。

杰斐逊乘坐他那辆与众不同的蒙蒂塞洛制造的黑色高大马车驶出费城，在纽约市追上了麦迪逊，与弗雷诺和众议院书记员约翰·贝克利（John Beckley）一起住进了梅登巷的一栋寄宿公寓。关于他们会面

270

的流言激起了汉密尔顿支持者对政治阴谋的报道，但是杰斐逊和麦迪逊对此保持沉默。

汉密尔顿的朋友乔治·贝克维斯（George Beckwith）是英国驻美国的非官方特使。他向英国外交大臣格兰维尔勋爵（Lord Granville）报告：

> 我很遗憾地通知阁下，国务卿的政党和政治在这里取得了进展。［他们］将有足够的影响力，在下一届国会之初通过可能对英国不友好的法案和决议。国务卿和麦迪逊先生一起去了东部各州，尽他们所能地劝说与英国打一场商战。[3]

汉密尔顿的小儿子约翰（John），后来也是他的传记作者，毫不怀疑杰斐逊是在进行谋私利的政治活动。他直截了当地宣称，杰斐逊和麦迪逊在去奥尔巴尼与反联邦派州长克林顿会面之前，在纽约市秘密会见了新当选的参议员亚伦·伯尔（Aaron Burr）。

如果杰斐逊和麦迪逊只是在度假，他们没有理由隐瞒或评论对纽约政界人士的访问。但如果像约翰·昆西·亚当斯（John Quincy Adams）后来写的那样，他们在从事"两面派活动"，那么他们有充分的理由保持沉默。

杰斐逊一行很可能在伯尔位于里士满希尔的新宅邸拜访了他。根据杰斐逊的费用记录，他没有使用自己易于辨认的马车，而是租了一辆马车。

甚至这种联盟的可能性也让汉密尔顿的支持者感到担忧。"他们最好保持安静，"汉密尔顿的朋友、大学室友罗伯特·特罗普（Robert Troup）在给他的信中写道，"因为如果他们成功了，他们将彻底摧毁政府结构。"[4]

事实上，杰斐逊和麦迪逊的确与弗雷诺见了面，请他在国家的首都

271

创办一份每周出版三次的报纸。作为秘密组建政党的第一步，杰斐逊制定了如下计划：动用国务院的预算和外交经费来支付弗雷诺，并对汉密尔顿的政策进行党派批判。杰斐逊的《国家公报》（*National Gazette*）会攻击汉密尔顿的《合众国公报》，两位内阁部长都将用笔名抨击对方的立场，而他们都十分清楚华盛顿憎恶纷争。

当麦迪逊和杰斐逊沿着邮路向北走时，杰斐逊派海明斯带着马车和一点旅费走在前面，并在他的年鉴上注明："詹姆斯前往波基普西的费用为 6［美元］。"[5]

在哈德逊河的单桅帆船上待了 3 天之后，杰斐逊和麦迪逊已经迫不及待地要享受亨德森旅馆的舒适了：杰斐逊开始在他的费用记录中给酒馆打分。他们匆匆赶往奥尔巴尼，在那里，根据约翰·汉密尔顿的说法，他们"以参观植物为借口"秘密拜访了克林顿州长和其他的反联邦主义者。年轻的汉密尔顿坚信他们正在研究"克林顿菌"（Clintonia borealis）。他们还拜访了汉密尔顿的岳父菲利普·斯凯勒少将，他带领他们参观了杂草丛生的"血腥场景"，杰斐逊在给华盛顿的信中这样描述道。[6]

麦迪逊随身携带着一本小小的手掌大小的日记本，上面记录了他遇到一名自由的黑人农场主——普林斯·泰勒（Prince Taylor），泰勒的房子孤零零地坐落在乔治湖的北端："他拥有一个大约 250 英亩的好农场，由他和 6 名白人雇工一起耕种。"作为一名独立战争的老兵，泰勒以每英亩 2.5 美元的价格购买了这块土地，"通过他的勤奋劳作和良好的管理，这块土地得到了很好的利用。他很聪明；会读、写、理解账目，处理事务十分熟练灵巧"。[7]

现在已经比预定时间晚了将近一周，杰斐逊和麦迪逊原本打算沿着尚普兰湖航行，但是因为一场风暴被迫折回。他们原路返回萨拉托加，穿过哈德逊河，沿着一条把骨头震得嘎嘎作响的土路，来到佛蒙特州西南部的本宁顿，经过"人口聚居"的农场，在那里他们第一次看到糖枫树，一些糖是用这些枫树"制造出来的，还可以制造更多的糖"。

那年春天，杰斐逊一直在思考一个带有政治色彩的农业问题。英国政府重新实施了 1756 年的法规，禁止美国船只从加拿大和加勒比海的英国属地运载英国货物。杰斐逊决心打破美国对其最大的进口商品——糖的依赖，当时，大量硬通货都被用来购买糖。在去度假之前，他给华盛顿总统写了一封关于"糖枫树"的信。[8]

在本宁顿，佛蒙特州的首名参议员摩西·罗宾逊（Moses Robinson）得知他们的来到，坚持他们和他待在一起。杰斐逊本打算隐姓埋名地在佛蒙特州旅行，但没有考虑到安东尼·哈斯韦尔（Anthony Haswell），他是杰斐逊狂热的共和派粉丝，也是《佛蒙特公报》（Vermont Gazette）的编辑。哈斯韦尔披露了杰斐逊和麦迪逊这两名迄今来到新州的最高联邦官员的情况，并通过交换副本，将其在全国各地的报纸上传播。

晚餐时，罗宾逊参议员把他的客人们介绍给了当地的绅士阶层，在佛蒙特长达几十年的寻求加入联邦的过程中，他们中的许多人在大陆会议担任佛蒙特的代理人。那天晚上的餐桌上，杰斐逊宣传了枫糖浆工业的发展。他建议每名农场主保留 75 棵枫树，并承诺帮助新州开发作为蔗糖替代品的枫糖浆的市场。事实上，他的确在 1792 年安排荷兰人送来了铸铁水壶，用来帮助农场主熬浓糖浆。

晚餐还没有吃完，杰斐逊就得知英国人违反了《巴黎条约》，在尚普兰湖的北希罗岛上建了一座碉堡，该岛位于加拿大边界以南 5 英里处，与纽约州尚普兰的一座美国堡垒相对。英国人在那里驻扎了单桅帆船"玛利亚号"（Maria），并强迫美国船只靠岸，即使在暴风雨中也要搜查违反 1756 年《航海法》的走私货物。结果，两艘佛蒙特州船只倾覆，一名船员溺水身亡。杰斐逊报告，佛蒙特州人很紧张；佛蒙特州在附近建了一道栅栏，配备了 200 名民兵。州政府官员显然预料到会有麻烦。

杰斐逊很清楚，英国人拒绝撤走他们的军队并拒绝放弃北部五大湖的要塞，理由是美国人，像他自己一样，拒绝以硬币支付独立战争前的债务，并没收了效忠国王者的财产，违反了和平条约。

现在时间不多了。杰斐逊和麦迪逊中断了他们的新英格兰之旅，返回费城和国会。这肯定会酿成一场重大的外交危机。

杰斐逊还陷入了另一种危机：一份"可怕的运费账单"。因为从巴黎打包并运送了 86 箱书和家庭用品，他又欠了 258 英镑（约合今天的 2.8 万美元）的债。他欠"亨利埃塔号"（*Henrietta*）的运费达到了 544.53 英镑（约合今天的 6 万美元）。

总的来说，杰斐逊从法国首都搬迁到美国临时首都之举使他的债务增加了约 8.8 万美元（以今天的货币计算）。

最重要的是，华盛顿总统害怕分裂的前景。尽管他个人一再努力，他的内阁还是明显地分裂成了杰斐逊的民主共和党人和汉密尔顿的联邦党人。在路易十六于 1793 年 1 月被处决，以及法国向英国和荷兰宣战的消息传出后，这场冲突公开化了。在一次激烈的内阁会议上，汉密尔顿坚持认为巴黎从君主制到共和制的血腥政权更迭将使 1778 年的《法美同盟条约》（Franco-American Treaty of Alliance）失效。

汉密尔顿认为，由君主制签署的条约已经不存在了。杰斐逊反驳说，条约是国家之间签订的，他指出，美国政府的形式也发生了变化——从邦联到立宪共和国——而没有废除其条约义务。

内阁在该条约是否要求美国帮助法国抵御英国入侵西印度群岛的问题上陷入僵局。杰斐逊反对以任何理由发动战争。汉密尔顿和杰斐逊在正式接待法国新任大使埃德蒙-查尔斯·热内（Edmond-Charles

Genet）的适当性问题上发生了冲突。热内是罗伯斯庇尔（Robespierre）任命的，后者是恐怖统治的主要设计师，恐怖统治夺去了许多与美国并肩作战的法国贵族的生命。

华盛顿决心将美国从欧洲战争和外交的双重困境中解救出来，他坚持严格中立的新原则，即使这意味着放弃条约中的军事义务。华盛顿最终听从了杰斐逊的建议，支持后者对条约的意见，并指示接待热内，但"不要过于热情和诚挚"。[9]

尽管华盛顿方面态度冷淡，热内还是受到了胜利英雄般的欢迎，包括议员们在国会大厅起立鼓掌。热内错误估计了美国的热情，忽略了它的中立性。他装备私掠船，招募美国人进行海陆远征，以对抗西班牙控制的佛罗里达，并命令法国驻查尔斯顿领事将从英国手中夺取的商船作为战利品出售。

当杰斐逊支持热内的观点，即法国战利品是法国财产，可以由法国领事出售时，华盛顿愤怒地予以反对，并命令所有的法国私掠船离开美国港口。他无视了杰斐逊的断言，即中立实际上是亲英立场，因为其无视美国对法国的条约义务。

当汉密尔顿两次书面攻击杰斐逊的解释时，杰斐逊写信给麦迪逊："看在上帝的份上，我亲爱的先生，拿起你的笔，选择最引人注目的异端邪说，将他攻击得体无完肤。"[10]

当一艘法国护卫舰将一艘被俘的英国商船"小萨拉号"（*Little Sarab*）拖往费城时，热内事件达到了高潮。杰斐逊命令热内扣留这艘船——它后来被重新命名为"小民主号"（*Petite Démocrate*）——直到华盛顿从弗农山庄度假回来。热内拒绝了。

在一次临时内阁会议上，汉密尔顿和战争部长亨利·诺克斯大声疾呼要在特拉华河沿岸架设大炮，以阻止"小民主号"离开。杰斐逊知道一支法国舰队正在接近费城，担心这会引发与法国的公开战争。

热内并不将美国人放在眼里，他命令"小民主号"向下游驶去，远离诺克斯的大炮射程。

当华盛顿回来后，他指责杰斐逊"屈服"于热内。

这是杰斐逊作为国务卿的最后一战。当华盛顿恳求他留下来时，杰斐逊向华盛顿保证，他的民主共和党人团体将在华盛顿第一个任期的剩余时间里支持华盛顿，但是他，杰斐逊，厌倦了这一职位，该职位迫使他"在同一个圈子里移动，我知道这个圈子让我特别讨厌；也就是说，富裕的贵族、与英国联系紧密的商人、新创造的纸币财富"。[11]杰斐逊知道汉密尔顿也要辞职并返回纽约市，为联邦党争取支持。此时，美国政党政治破茧而出。

对汉密尔顿财政政策的持续攻击出现在弗雷诺的《国家公报》上，引得汉密尔顿连续六个月在《合众国公报》上发表匿名文章进行反驳，声称杰斐逊一直反对宪法的通过，反对华盛顿政府的计划，并对反对政府的政治阴谋负责。

新成立的民主共和党协会——民主共和党将以此命名——加入了反联邦主义报纸攻击华盛顿的中立政策。华盛顿原本倾向于与法国保持友好关系，但是在恐怖统治的大规模断头台处决行动开始后，华盛顿转向亲英国的联邦主义者，在外交事务上更倾向于倾听汉密尔顿的建议。

杰斐逊和汉密尔顿写信给华盛顿，劝说他连任。即使当华盛顿试图通过写信来弥合他们的分歧时，他也能从他们的回复中看出他们的争吵有增无减。与此同时，尽管华盛顿邀请他们在弗农山庄进行私人会面以改善裂痕，但杰斐逊依然对外宣称他打算在华盛顿的第一个任期结束后辞职，并递交了辞呈。

在1792年12月大选前，公众对英法战争的看法出现了分歧。大多数联邦党人支持英国，认为英国是对抗法国无政府主义和无神论的堡垒。大多数民主共和党人同情法国人，不仅是出于原则，也是出于对英国人的长期敌意。

华盛顿以132张选举人票连任总统；亚当斯获得77票，再次当选为副总统。但是反联邦党人的投票数显示了该党的分裂有多么严重。来自纽约州、竞选副总统的乔治·克林顿获得了50张选举人票。

华盛顿的第二个任期开始时，国内和公海上都有着麻烦。对威士忌被强制征收新消费税的不满——一直以来是最不受欢迎的税收形式——导致了宾夕法尼亚州西部农场主的反抗。

由于害怕发生第二次谢斯起义，华盛顿发布公告，命令叛乱分子返回家园。他从4个州召集了12 900名民兵，在谈判无果后，下令镇压叛乱。

由华盛顿的门生、弗吉尼亚州的"轻骑兵哈利"亨利·李指挥着民兵部队，华盛顿和财政部长汉密尔顿一起从费城骑行了200英里，到达宾夕法尼亚州贝德福德，然后华盛顿才返回。没有一名"威士忌男孩"出来战斗，但汉密尔顿下令以叛国罪逮捕他们的两名领导人。华盛顿最终赦免了他们。

海上危机发生于英国军舰开始扣押从加勒比海法国控制的岛屿向法国运送货物的美国船只之后。国会通过的《中立法案》（Neutrality Act）禁止美国公民在外国军队中服役，并禁止在美国港口装备外国私掠船。但是，美国人仍然对英国感到愤愤不平，因为尽管签订了《巴黎条约》，英国仍拒绝撤离北部的军事据点，这阻碍了对西部的开拓，并使利润丰厚的毛皮贸易控制在英国人手中。英国人继续维持边境驻军的理由是，美国法院为他们收回独立战争前的债务设置了障碍。

涌入俄亥俄地区的美国定居者指责英国人煽动以贸易站为基地的、武装的印第安人屠杀拓荒者。在一次突袭中，华盛顿自己的商业伙伴之一威廉·克劳福德（William Crawford）被俘虏，在遭受折磨并被剥

277

下头皮后，克劳福德被绑在柱子上烧死。

《中立法案》未能缓解英美之间的紧张局势，当英国发布干涉中立航运的枢密院令时，紧张局势进一步恶化。英国扣押了大约250艘美国船只，并将其船员关押或强征其入伍。

就在两国濒临战争之际，美国对英国向美国出口的货物征收关税的依赖——这是政府收入的主要来源——促使华盛顿派遣首席大法官约翰·杰伊作为特使前往伦敦与英国谈判。但是杰伊得到指示，他不能做出违反美法条约的承诺。

乍一看，这似乎是美国的外交胜利，杰伊成功地获得了重大让步。在美国放弃棉花、糖和糖浆等主要商品的运输贸易后，英国同意立即撤军，允许美国船只进入西印度群岛港口，并恢复加勒比海地区的贸易。

该条约还建立了一个联合委员会，以解决独立战争前欠英国商人的260万美元债务（这些谈判又拖了6年，杰斐逊和其他债务人才终于开始还债）。

此外，该条约为非法海上掠夺提供了赔偿，并将英国与美国的贸易置于最惠国地位，但没有提及海员被强征入伍、奴隶被英国人抢走，或效忠国王者对其被没收财产的赔偿要求。

当该条约的条款在美国为人所知时，杰斐逊的民主共和党组织了广泛的反对活动。骚乱爆发，杰伊的模拟像被焚烧。条约中关于解决债务的条款让杰斐逊等南方种植园主感到恼火，因为许多债务是弗吉尼亚人欠的，他们还抱怨条约对英国人在战时北方航运中偷走奴隶保持沉默。商业利益团体也攻击该条约。

278　　华盛顿认为《杰伊条约》（Jay Treaty）并不令人满意，即使汉密尔顿通过在一系列文章中支持该条约而加入了争论。经过长时间的辩论，并在暂停讨论与利润丰厚的西印度群岛贸易有关的部分后，参议院以微弱优势批准了该条约。

众议院的民主共和党人要求所有与该条约有关的文件，并试图通过拒绝提供执行条约的资金来阻止其颁布。经过六周的僵持，华盛顿拒绝服从，"因为有必要维持宪法确定的界限"，从而确立了行政特权原则。最后，拨款提案以联邦党人的一票优势获得通过。[12]

华盛顿拒绝了联邦主义者让他继续第三个任期的诱惑，他重组了内阁，成员只有联邦主义者。他很早就意识到密西西比河自由航行的重要性，于是派遣托马斯·平克尼（Thomas Pinckney）——《独立宣言》的签署人，时任美国驻英国公使——去马德里。由此产生的条约承认密西西比河是美国的西部边界，并给予美国人在河上自由航行的权利，以及将货物存放在新奥尔良以运往欧洲的权利。乔治·华盛顿梦寐以求的《圣洛伦佐条约》（Treaty of San Lorenzo）打开了美国内陆与加勒比海和欧洲贸易的大门。

但是，正如华盛顿在给亨利·李的信中写的："没有人比我更厌倦公共生活了。"在给约翰·亚当斯的信中，他写道，他"不愿再被一群声名狼藉的涂鸦者在公开出版物中攻击"。离退休不到一年时间时，他开始撰写告别演说的初稿。

他要求汉密尔顿修改他的意见。随着他们来回传递草稿，信息越来越多。最后一稿完全是华盛顿的想法，汉密尔顿的手笔。[13]

在1796年的总统选举中，反对《杰伊条约》的杰斐逊的民主共和党，以极微弱的劣势被击败。约翰·亚当斯获得71张选举人票；杰斐逊获得68张选举人票，当选为副总统。

1797年3月4日星期六，亚当斯的就职典礼在费城的国会大厅举行，其隔壁是独立大厅，22年前，亚当斯曾在独立大厅提名华盛顿为大陆军总司令。

华盛顿穿着一套朴素的黑色西装，独自走进大厅；亚当斯穿着一套奢华的新西装，乘坐一辆崭新的豪华马车而来。简短的仪式后，华盛

279

顿向亚当斯表示祝贺，亚当斯后来在给阿比盖尔的信中回忆了他们在一起的最后时刻：

> 他似乎很喜欢战胜我。我想我听到他说："啊，我公平地退出，你公平地加入！看看我们俩谁会更幸福！" [14]

第30章 "这所房子里最好的房间"

随着拿破仑的战争席卷欧洲，美国卷入战争的威胁日益逼近。由
于美国没有海军，英国和法国都忽视了美国的中立性。

加勒比海地区的危机最具灾难性。在《杰伊条约》之后，法国私
掠船俘获了300多艘美国商船，促使国会授予亚当斯总统紧急战争权，
并创建了永久性的美国海军。海军将由6艘护卫舰组成，它们将是美
国有史以来建造的最大的船只。为了筹集资金，国会首次对土地、房
屋和奴隶征收联邦直接税。

此外，亚当斯把已经退休的66岁的乔治·华盛顿召来，任命他指
挥一支扩大的军队。华盛顿同意接受这一职位，条件是他将留在弗农
山庄并将大部分职责移交给亚历山大·汉密尔顿，后者作为总检察长，
拥有少将军衔。

如人们所知的那样，这场不宣而战的准战争始于1798年11月法国
俘获一艘美国纵帆船。两个月后，在新巡航海军的第一次胜利中，一
艘法国护卫舰向美国护卫舰"星座号"（Constellation）投降。

随着战斗的进行，美国护卫舰又击败了两艘法国护卫舰，俘获了
82艘私掠船，并收复了70多艘商船。随着每一次胜利的报道传到岸上，

美国人的自豪感和好战精神达到了新的高度。

除了独自去费城讨论重返军旅生活之外，华盛顿一直待在弗农山庄附近。他担任总统的 8 年薪酬帮助他稳定了财务状况，而且现在他有时间重组他的各种业务。他建造了一个最先进的 16 面脱粒仓，类似于法国的最新样式，使马匹能够在踏车上全天候脱粒，这促进了他的细粮面粉业务。他还建立了一个利润丰厚的威士忌酒厂。另外，他从弗农山庄骑马来到正在建设中的首都，亲自监督工人们在他刚刚在国会大厦北面购买的土地上建造两栋三层联排别墅。

然而，尽管他毕生致力于开发阿巴拉契亚山脉以西的地区，100 多万美国人已经进入内陆山谷，沿着他曾经探索过的河流漂流，并开发了许多新城镇，但他仍然无法为他西部的土地收取租金。

华盛顿在生命最后两年的大部分时间里都在努力劝说那些避开公共生活的有才华的人去竞选联邦公职。他劝说的其中一人是"轻骑兵哈利"亨利·李，他后来成了州长；另一人是约翰·马歇尔（John Marshall），他和华盛顿一起在福吉谷熬过了严冬，当时许多弗吉尼亚军官都辞职了。马歇尔学过法律，曾拒绝了华盛顿的劝说，即放弃赚钱的工作去竞选国会议员，但最终还是顺从了华盛顿的意愿。没有人，包括这名极其独立的未来的首席大法官，能够拒绝乔治·华盛顿。

当华盛顿坐下来起草遗嘱（标注日期是 1799 年 7 月 9 日）时，他的身家用今天的汇率估算可能价值 1 700 万美元，这使他成为美国最富有的 100 人之一，但是他的大部分资产与 5.1 万英亩土地和 100 名奴隶捆绑，他的继承人不易变现。

华盛顿在印有农业女神水印的、长 8.5 英寸宽 6.25 英寸的精美纸张上，一丝不苟地写下了 28 页内容。他给朋友和他所有的家仆都留下了现金遗产，包括立即给予他的男性奴仆比利·李（Billy Lee）以自由之身和一份年金，后者多年来拖着华盛顿测量用的沉重铁链在荒野中

282

穿行，并在整个独立战争期间作为保镖保护着他，而今已经瘸了腿。

华盛顿下令出售弗农山庄以外的所有土地，所得收益在23名亲戚之间平均分配。他不想让任何人因为太富有而不想工作。他没有明确遗赠的一切，包括他7 600英亩的家庭农场和1 000头牲畜，都留给了在世的玛莎。然后他将弗农山庄传给了他的侄子布什罗德（Bushrod），一名未来的最高法院大法官。

他把他所有的奴隶都留给了玛莎，给他们提供了终身年金，并指示在她死后释放他们；玛莎已经同意释放她的100名作为嫁妆的奴隶。华盛顿曾谈到出售他的西部土地——"解放我拥有的某种财产，这与我自己的感情非常矛盾"——解放他的奴隶，让他们成为他家农场的佃农。[1]

乔治·华盛顿最后的日子在1799年12月13日猝不及防地到来。那天早上，在严寒的天气里，像往常一样，他绕着农场骑马走了10英里。当他回来的时候，大衣湿透了，雪花挂在他的白发上。他没换湿衣服就来到餐桌前。

经过一个咳嗽不止的不眠之夜，他叫来一名监工给他放血，同时玛莎叫来他的医生。3名医生来到他家，争论起治疗方法，与此同时，他们一品脱接一品脱地抽血，用甘汞清洗他的身体，并将水蛭放在他的脖子上，水蛭将血液吸出，形成水疱。

华盛顿最终拒绝了进一步的治疗。他请求"允许他死去，不要再打扰他"。他说，他将死亡视为"我们都必须偿还的债务"。[2]

罗伯特·莫里斯是在他待了近一年的普莱姆街监狱——费城债务人监狱——的牢房里得知华盛顿的死讯的。由于英国加强了对美国船只的封锁，以防止美国人援助法国人，莫里斯放弃了他成功的进出口贸易业务，转而从事土地投机。莫里斯和两名年轻的合伙人——一名是宾夕法尼亚州审计长，另一名是纽约州银行家，据说和荷兰的银行有联系——一起承诺购买从宾夕法尼亚州到佐治亚州超过300万英亩的荒野。为了增加信用，这三人互相背书，从而累积了巨额债务。

莫里斯无视警告信号，开始雇用新首都的建筑师皮埃尔·朗方（Pierre L'Enfant）建造一座占据整个街区的豪华大厦。然后，在法国向英国宣战后，英格兰银行停止用金银支付票据支持的债务，震动了国际市场。在破产的银行中有一家伦敦的小银行，莫里斯在那家银行损失了12.5万英镑（约合今天的1 500万美元）。

一个国会委员会审计了战时秘密贸易委员会的账目，宣布莫里斯欠联邦政府9.3万美元（约合今天的250万美元）。莫里斯对账单提出异议，并坚称账单是基于战时贬值的货币，但他还是用一张票据支付了账单，其担保是他已经卖掉的土地。

莫里斯不顾一切地想要弥补损失，他与合伙人成立了一家新公司，出售以他们600万英亩土地投资为担保的股票。莫里斯派了十几名代理人，包括他的儿子威廉和未来的女婿，即约翰·马歇尔的兄弟，去欧洲出售股票，但是欧洲投资者对此不感兴趣。

莫里斯和他的合作伙伴试图兜售的土地具有价值，有一天将会收获可观的利润，但莫里斯需要快速盈利，以满足日益紧张的债权人的需求。

他给专员们开了期票，后者正在他现在需要开发的土地上建设新首都。但是一名从荷兰人那里获得一笔贷款来资助建设的合伙人把钱装进了自己的口袋，这使得莫里斯没有资金来修缮他的地皮。

当莫里斯未能以硬通货支付他的份额时，投资伙伴乔治·华盛顿亲自呼吁他支付——这是他的"公共义务"——以避免公共建筑的建设暂停。在国会最终同意资助公共建筑的建设后，莫里斯把他的几块地皮卖给了乔治·华盛顿，赚了一大笔钱。[3]

莫里斯恢复了信心，再次一头扎进土地购买狂潮。他买下了俄亥俄州和弗吉尼亚州的 7.6 万英亩土地，通过转让一笔到期债务来支付，该债务是一名已经破产的投资者欠他的。

莫里斯的传记作者查尔斯·拉普莱伊（Charles Rappleye）写道："这和莫里斯在独立战争期间为支持政府而开具的空头支票一样，但那时，他有个人财富和英国的欧洲竞争对手的善意来支撑他的票据，因此效果很好。但是这一次，他的信用已几近耗尽，他的资源也已经告罄。"[4]

1796 年 12 月，《独立宣言》和宪法的签署人詹姆斯·威尔逊被剥夺了最高法院大法官一职，并被送往普莱姆街监狱，成为费城第一个因债务入狱的大土地投机商。

由于债权人每天都催债，莫里斯彻底慌了神，他把家人安置在城里一栋租来的房子里，然后逃到他们在郡治安官管辖范围之外的乡村避暑山庄。但是债主们穷追不舍，在外面扎营，等他出来。1797 年圣诞节那天，当一名治安官带着一群手持鹤嘴锄的人出现时，莫里斯和几名访客拿枪对准他们，把他们赶走了。

到了 1798 年 2 月，莫里斯再也无法避开他的债权人。他叫来治安官将他逮捕，然后从他租的房子走了两个街区，来到普莱姆街监狱——这里距州议会大厦只有一个街区，20 年前，他在那里签署了《独立宣言》，作为美国独立战争时期的金融家，他在那里几乎掌握了总统般的权力。

莫里斯的妻子玛丽（Mary）筹到了足够的钱，租下了他所说的"这所房子里最好的房间"，并将他的餐费支付给狱卒。他被允许有访客来访。华盛顿在去世的前几个月，在费城与亚当斯总统会面时，还去看望了莫里斯，并留下来与这个曾经为他的军队提供食物的人共进晚餐。[5]

罗伯特·莫里斯的前合伙人古弗尼尔·莫里斯作为他的土地代理人，能够为玛丽安排每年 1 500 美元（约合今天的 3 万美元）的年金，

285

足够她在城市边缘的一条未铺路面的街道上租下一栋小房子。阿比盖尔·亚当斯在当上第一夫人的第一年前往拜访了玛丽·莫里斯，并邀请她喝茶，但是她不好意思接受这一邀请。

当全国范围内的土地价值未能恢复，且破产浪潮席卷全国时，1800年春天，国会通过了美国第一部破产救济法。包括莫里斯在内的90名曾经富有的美国人，面对一个专员小组，详细列出了他们曾经的巨额财产、债务和剩余资产。莫里斯坚称，他是本着善意进行投机的，有一天，当他的债权人偿还他的钱款后，他就能够偿还自己的债务。"我有充分的理由相信，到那一天，我应该是美国最富有的公民。"6

1801年8月26日，在联邦地方法院接受了莫里斯的书面"财产报告"并驳回了对他的索赔后，在监狱中度过了3年零6个月的罗伯特·莫里斯，美国第一位亿万富翁和美国成功的独立战争的设计师，走出了债务人监狱。他在给儿子的信中写道："我发现自己现在是一名自由的美国公民，身上没有一分钱。"7

致　谢

多年来，我的朋友兼邻居简·罗森达尔（Jan Rozendaal），一名成
功的商人，一直问我，在美国独立战争和建国初期，"金钱是如何运作
的"？在我撰写每位建国者的生平期间，我一直在搪塞他。

当我决定写作这本书时，我打算探究建国者们的个人财务问题。但
是我的朋友兼经纪人唐·费尔（Don Fehr）说服了我：读者可能会对这
样一个故事更感兴趣，即让每个人物都走到脚灯前，随着事件的发展解
释他所做的贡献。

从我的传记研究中，我已经对几位关键人物的财务状况有了一些
了解：本杰明·富兰克林"省下一便士就是赚了一便士"的致富之道；
乔治·华盛顿的大片土地；还有亚历山大·汉密尔顿宏伟的财政计划，
尽管如此，他几乎没有攒下什么钱，他的朋友们不得不通过募捐来支
付他的葬礼费用。但是，当这些人的钱"不值一个大陆币"*时，他们
是如何设法资助一场革命并在革命中幸存下来，然后建立一个新国家
的呢？

---

* 美国独立战争时期，大陆会议发行的大陆币快速贬值，后人用"不值一个大陆币"
（not worth a continental）表示毫无价值或毫无用处。——编者注

很多人甚至在我形成问题之前就在帮我找答案。美国哲学协会的图书管理员怀特菲尔德·J.贝尔（Whitefield J. Bell）读了我在《费城公报》（*Philadelphia Bulletin*）上发表的历史专题文章后，鼓励我申请资助，研究富兰克林鲜为人知的儿子威廉的生平。传记作家凯瑟琳·德温克·鲍恩（Catherine Drinker Bowen）是该协会的一名董事，她花时间与我见了几次面，并亲自推荐我获得这笔资助。

探究威廉的生平让我想到了其父在边境土地上的投机活动，以及他起先作为一名英国邮政官员，然后作为美国邮政总长的开销账目。

鲍恩夫人去世后，我应邀在第一届关于效忠派的国际会议上悼念她。在会上，我见到了已故的罗伯特·A.伊斯特（Robert A. East），他是纽约城市大学研究生院的杰出教授，也是研究独立战争时期商人的专家。我还见到了他的女婿詹姆斯·E.穆尼（James E. Mooney），在他的引荐下，我看到了宾夕法尼亚历史学会（Historical Society of Pennsylvania）和纽约历史学会（New-York Historical Society）收藏的珍贵的财务文件。

富兰克林父子试图垄断今天美国中西部的大片土地，这让我想到了年轻的托马斯·杰斐逊在谢南多厄河谷徒劳无功的法律生涯。我翻遍国会图书馆（Library of Congress）借给我的100多卷缩微胶卷，才找到了史蒂文·哈罗德·霍奇曼（Steven Harold Hochman）未发表的博士论文。这是一本详尽的财务传记，我从中可以看到杰斐逊是如何积聚债务的，尽管他娶了一名富有的、拥有大量土地的奴隶进口商的女继承人。

纽约公共图书馆（New York Public Library）的手稿档案记录了杰斐逊和詹姆斯·麦迪逊去往佛蒙特州这一新州旅游时的日常开销。在那里，已故的J.罗伯特·马奎尔（J. Robert Maguire）慷慨地允许我查看他的私人收藏，以了解麦迪逊对同一趟旅行的描述。在随后对J.皮尔庞特图书馆（J. Pierpont Library）的拜访中，馆长罗伯特·帕克斯（Robert Parks）提醒我注意杰斐逊在乔治湖用完他的大页纸后写在桦树皮上的信。

当我将注意力转向乔治·华盛顿时，我参观了弗农山庄，那里的图书管理员芭芭拉·麦克米兰（Barbara McMillan）给我看了多年来的每周种植园报告。修复主任丹尼斯·波格（Denis Pogue）带领我参观了华盛顿的家庭农场，并讲解了这座传奇宅邸的不同扩张阶段。

当我追溯华盛顿早期的军旅生涯时，当地的历史专家带我去了档案中很少提及的地方。当地的历史学家做了不懈的、值得称赞的基础性工作。布拉多克小径历史协会（Braddock Trail Historical Society）的成员带我去了森林密布的峡谷，在那里，年轻的华盛顿上校袭击了一个法国外交团体，引发了七年战争。在爱丁堡大学的一次演说期间，我和罗伯特·弗罗斯特（Robert Frost）书信的编辑唐纳德·希伊三世（Donald Sheehy III）一起挤进一辆小货车，前往宾夕法尼亚州西北部的弗伦奇溪，年轻的华盛顿在那里警告法国军官离开俄亥俄山谷，否则他们将会被英国人驱逐。

华盛顿的助手以及第一任财政部长近年来可能成为独立革命时代最受人喜爱的人物。许多杰出的学者已经为这个曾经名誉扫地的人物的复活铺平了道路。在汉密尔顿死于决斗的 200 周年纪念日，他们中的许多人被召集去参加纽约历史学会的一个研讨会，大约有 750 名高中历史老师参加了这个研讨会。当我简要介绍我在传记研究中的发现时，纽约大学杰出的经济史学家理查德·西拉（Richard Sylla）鼓励了我，并随后邀请我去纽约大学斯特恩商学院进行演说。

为了给我的研究提供资金，尚普兰学院的管理人员提供了多项资助。我特别感谢退休的罗杰·佩里（Roger W. Perry）校长和前教务长劳里·奎因（Laurie Quinn）。我还要感谢米勒信息共享中心（Miller Information

Commons）的工作人员，特别是馆际互借图书馆员布兰达·拉赫特（Brenda Racht）和参考图书馆员塔米·米勒（Tammy Miller）。

在 E.P. 达顿（E.P. Dutton），我非常感谢我特别有耐心和熟练的编辑布伦特·霍华德（Brent Howard），他教导我这位长期的老师告诉读者我发现了什么——而不仅仅是将其展示出来。他能干的助手格蕾丝·雷耶（Grace Layer）帮助我从美国哲学协会［玛丽·格蕾丝·沃尔（Mary Grace Wahl）］、韦伯－迪恩－史蒂文斯博物馆（Webb–Deane–Stevens Museum）［理查德·马利（Richard Malley）］和马萨诸塞州历史学会（Massachusetts Historical Society）［汉娜·埃尔德（Hannah Elder）］的策展人那里收集插图。我要特别感谢我最优秀的文字编辑莫琳·克里尔（Maureen Klier），感谢她对我的文字提出质疑，并进行修改、打磨和润色。

但最重要的是，我要感谢我的两位最亲密的编辑和朋友。我的妻子南希（Nancy），35 年来一直倾听、质疑、鼓励我，并慷慨地分享她对那个时代的文化和历史的深刻认识，我觉得那个时代是如此有趣和重要。我们的女儿露西（Lucy）是牛津大学出版社一名聪明而有天赋的高级编辑，她经常无私地帮助我思考我的职业和我的使命。

290

注　释

缩略词

ABF Autobiography of Benjamin Franklin

AFC Adams Family Correspondence

AH Alexander Hamilton

BF Benjamin Franklin

DGW Diary of George Washington

DH David Humphreys, *Life of General Washington*

GW George Washington

JA John Adams

JAH Journal of American History

JCC Journals of the Continental Congress

JH John Hancock

JM James Madison

L&B Lipscomb and Bergh, *Writings of Jefferson*

LDC Letters of Delegates to the Continental Congress

LOC Library of Congress

NEQ New England Quarterly

PAH Papers of Alexander Hamilton

PBF Papers of Benjamin Franklin

PG Pennsylvania Gazette

PGW Papers of George Washington

PRM Papers of Robert Morris

PTJ Papers of Thomas Jefferson

PRM Robert Morris

RV Revolutionary Virginia: The Road to Independence

SA Samuel Adams

SD Silas Deane

TJ Thomas Jefferson

WBF Writings of Benjamin Franklin

序 言

1. GW to David Humphreys，引用于 Randall, *George Washington*, 437。

2. GW to Henry Knox, March 1, 1789, *PGW, Confederation Series*, 1:345–346.

3. GW to George Augustine Washington, March 31, 1789, *PGW*, Presidential Series, 1:472–473.

4. Maier, *American Scripture*, 149.

5. Van Doren, *Benjamin Franklin*, 554.

6. Beard, *Economic Interpretation of the Constitution of the United States*, 10.

7. Beard, *Economic Interpretation of the Constitution of the United States*, 17.

第 1 章 "省下的一便士"

1. *ABF*, 164.

2. BF to William Strahan, February 12, *PBF*, 3:13.

3. *PG*, May 3, 1733.

4. Chapin, *Benjamin Franklin's Autobiography*, 177.

5. Lambert, "'Pedlar in Divinity,'" 821, 836.

6. *PBF*, 3:184.

7. *PG*, March 8, 1748.

第 2 章 "我每天的持续收获"

1. Conkling, *Memoirs of the Mother and Wife of Washington*, 43–44.

2. Lengel, *First Entrepreneur*, 21.

3. Lengel, *First Entrepreneur*, 22–23.

第 3 章 "联合，或死亡"

1. Lewis, *For King and Country*, 42.

2. *DGW*, 1:40.

3. *ABF*, 210.

4. *ABF*, 211.

第 4 章 "谁会想到呢？"

1. GW to Robert Orme, March 2, 1755, *PGW*, Colonial Series, 1:244.

2. *ABF*, 130.

3. *ABF*, 131.

4. GW to John Carlyle, May 14, 1755, *PGW*, Colonial Series, 1:274.

5. GW to John Augustus Washington, May 28, 1755, *PGW*, Colonial Series, 1:289–292.

6. Lewis, *For King and Country*, 357.

7. DH, 16–18.

8. *ABF*, 134.

9. "Instructions," August 14, 1755, *PGW*, Colonial Series, 2:4–6; Lengel, *First Entrepreneur*, 2.

第 5 章 "人民的领袖"

1. *PBF*, 6:219.

2. BF to Peter Collinson, October 25, 1755, *PBF*, 6:229.

3. John Harris to BF, October 31, 1755, *PBF*, 6:232–233.

4. Thomas Penn to Richard Peters, March 30, 1748, *PBF*, 3:186.

5. "Reply to the Governor," August 19, 1755, *PBF*, 6:151.

6. BF, "Observations Concerning the Increase of Mankind, Peopling of Countries, etc.," *ABF*, 115:n4.

7. BF to Peter Collinson, June 15, 1756, *PBF*, 6:456–457.

8. Richard Peters to Thomas Penn, June 26, 1756, *Penn Papers*, 8:123–125.

9. William Allen to Ferdinand Paris, October 25, 1755, in Walker, *Burd Papers*, 24–25.

10. William Allen to Thomas Penn, October 26, 1755, in Walker, *Burd Papers*, 25–26.

第 6 章 "两方炮火之间"

1. BF to George Whitefield, July 2, 1756, *PBF*, 6:468–469.

2. Freeman, *George Washington*, 1:335.

3. DH, 21–22.

第 7 章 "独立这个孩子出生了"

1. Gipson, *American Loyalist*, 112–113.

2. *Proceedings of the Rhode Island Historical Society*, 正如 Andreas, *Smuggler Nation*, 21 引用的。

3. Barrow, *Trade and Empire*, 161–162.

4. *Correspondence of William Pitt When Secretary of State*, London: Macmillan, 1906, 2:351–355.

5. Pencak, "John Adams."

6. Catherine Drinker Bowen, *John Adams and the American Revolution*, 214.

7. Bowen, *John Adams and the American Revolution*, 215.

8. Bowen, *John Adams and the American Revolution*, 217.

第 8 章 "一项判断错误的措施"

1. Egremont to Shelburne, May 5, 1763, *Public Records Office, Colonial Office Papers*,

Series 5, 323, 16.

2. *Papers of Sir William Johnson*, 26 vols., Albany: New York State Library, 1:528–530.

3. Barrow, *Trade and Empire*, 176.

4. Barrow, *Trade and Empire*, 175.

5. GW, "Articles of Association," June 3, 1763, *PGW*, Colonial Series, 7:219–225.

6. GW to William Crawford, September 17, 1767, *PGW*, Colonial Series, 8:279.

第 9 章 "他们还想要什么？"

1. Barrow, *Trade and Empire*, 185.

2. JA 引用于 Puls, *Samuel Adams*, 107 中的内容。

3. Maury, *Memoirs of a Huguenot Family*, 421.

4. SA, May 15, 1764, in "Instructions of the Town of Boston to Its Representatives, in the General Court," MS, Boston Public Library.

5. GW to Robert Cary and Co., September 20, 1765, *PGW*, Colonial Series, 7:402.

6. 引用于 Collier, *Roger Sherman's Connecticut*, 52。

7. *PBF*, 13:124–159.

第 10 章 "一半的英国现在都在为土地而疯狂"

1. BF to DRF, June 22, 1767, *PBF*, 14:192–195.

2. George Croghan to Sir William Johnson, March 30, 1766, *Papers of Sir William Johnson*, 5:128–130.

3. Sir William Johnson to WF, June 20, 1766, 引用于 Alvord and Carter, *New Regime*, 318–319。

4. BF to WF, September 12, 1766, *PBF*, 13:415.

5. GW to William Crawford, September 21, 1767, *PGW*, Colonial Series, 8:29.

6. Freeman, *George Washington*, 2:46.

7. Stuart, *Life of Jonathan Trumbull, Senior*, 94.

第 11 章 "和我们骨肉相连的人"

1. BF to WF, March 13, 1768, *PBF*, 15, 75–76.

2. 引用于 Barrow, *Trade and Empire*, 276。

3. GW to George Mason, April 5, 1769, *PGW*, 8:178.

4. Thomas Gage to Lord Barrington, November 12, 1770, 引用于 Fischer, *Paul Revere's Ride*, 38。

5. Gage to Hillsborough, October 31, 1768, 引用于 Fischer, *Paul Revere's Ride*, 40。

6. Middlekauff, *Glorious Cause*, 209–213.

7. 引用于 Barrow, *Trade and Empire*, 246。

8. Gilje, *Rioting in America*, 40.

9. JA, *Diary*, April 24, 1773.

10. *PBF*, 20:515–516.

11. 引用于 Fleming, *Liberty!*, 79。

12. JA, *Diary*, December 17, 1773.

第 12 章 "主要引导者"

1. Transcript of Wedderburn speech, *PBF*, 21:43–49.

2. 引用于 Aldridge, *Benjamin Franklin*, 247。

3. GW to James Wood, February 20, 1774, Founders Archives, National Archives.

4. GW to Bryan Fairfax, July 4, 1774, *PGW*, Colonial Series, 10:109–110.

5. GW to Bryan Fairfax, August 24, 1774, *PGW*, Colonial Series, 10:154–155.

6. GW to Bryan Fairfax, July 4, 1774, *PGW*, Colonial Series, 10:109–110.

第 13 章 "增加我们的财富"

1. AFC, 1:107.

2. *LDC*, 1:193n.

3. James Duane, "Notes for a Speech to Congress," October 3, 1774, *LDC*, 1:189–191.

4. Samuel Ward, "Notes for a Speech to Congress," *LDC*, 1:184–189.

5. *JCC*, 1:75–80.

6. Beeman, *Our Lives*, 161.

7. Beeman, *Our Lives*, 277.

8. *New York Journal*, January [?], 1776, in Randall, *Little Revenge*, 283.

9. Randolph, *History of Virginia*, 205.

10. Beeman, *Our Lives, Our Fortunes and Our Sacred Honor*, 290.

11. GW to Robert Mackenzie, October 9, 1774, *LDC*, 1:167.

12. GW to John Augustine Washington, March 25, 1775, *PGW*, Colonial Series, 10:308.

13. GW to George William Fairfax, March 25, 1775, *PGW*, Colonial Series, 10:308.

第 14 章 "是时候分开了"

1. 引用于 Unger, *John Hancock*, 50。

2. BF to David Hartley, May 8, 1775, *LDC*, 1:335–336.

3. Thomas Hutchinson, *Diary* 2:287. *Diary and Letters of Thomas Hutchinson*, 2 vols.,
New York: AMC, 1973), 2:287.

第 15 章 "不可原谅的反叛"

1. JA, *Diary*, August 29, 1774, in *LDC*, 1:5.

2. SD to Elizabeth Deane, September 10, 1774, *LDC*, 1:62.

3. JA, *Diary*, August 29, 1774, in *LDC*, 1:1–5.

4. GW to MW, June 18, 1775, *LDC*, 1:509–510.

5. JA to James Warren, June 20, 1775, *LDC*, 1:518.

6. RM to William Bingham, October 20, 1776, in Versteeg, *Robert Morris*, 16.

7. Rappleye, *Robert Morris*, 33.

8. RM to SD, June 5, 1776, 引用于 Rappleye, *Robert Morris*, 58。

9. JA to Horatio Gates, *LDC*, 3:586–587.

10. Henry Mowat, Henry Mowat 的航海日志摘录，来自 HMS *Canceaux*, 1775, LCC。

11. McGrath, *Give Me a Fast Ship*, 21.

12. John Page to TJ, November 11, 1775, *PTJ*, 1:258.

第 16 章 "独立就像洪流一样"

1. York, "Clandestine Aid," 27.

2. TJ to John Randolph, August 25, 1775, *PTJ*, 1:241.

3. TJ to John Randolph, November 29, 1775, *PTJ*, 1:268.

4. JA to AA, May 20, 1776, AFC, 4:195.

5. McCullough, *John Adams*, 109.

6. JA to AA, July 3, 1776, Massachusetts Historical Society, masshist.org.digitalarchive.

7. AA to JA, November 5, 1775, AFC.

8. Founders Online, National Archives, https://founders.archives.gov.

第 17 章 "一个自由独立的民族"

1. Randolph, *History of Virginia*, 5.

2. Samuel Ward to Henry Ward, June 22, 1775, *LDC*, 1:535.

3. Stanger, "The First Whistleblowers," 70.

4. *Autobiography of TJ*, 44.

5. AFC, 2:30.

6. AFC, 2:46.

第 18 章 "在这里非常有用，很受尊重"

1. Ferling, *Independence*, 149.

2. Rappleye, *Robert Morris*, 47.

3. RM to William Bingham, April 25, 1777, *LDC*, 6:651.

4. Chastellux, *Travels in North-America*, 1:200.

5. Abernethy, *Western Lands and the American Revolution*, 184.

6. 引用于 Fleming, *Liberty*, 201。

第 19 章 "为了一个小小的报复"

1. 引用于 Fleming, *Liberty*, 202。

2. GW to John Hancock, September 25, 1776, Founders Online, National Archives, founders.archives.gov.

3. Randall, "Burgoyne's Big Fail," 48.

4. Randall, "Burgoyne's Big Fail," 50.

5. Deane Papers, 5:249.

6. 引用于 Fleming, *Liberty*, 267–268。

7. 同上，268。

8. 引用于 Aldridge, *Benjamin Franklin*, 247。

第 20 章 "不和谐的部分"

1. GW to Lee, October 17, 1777, *WW*, 9:387–389.

2. GW to Lee, January 2, 1778, *WW*, 10:176.

3. Gouverneur Morris to JJ，引用于 Rappleye, *Robert Morris*, 157。

4. 同上。

5. GW to Benjamin Harrison, December 30, 1780, *WW*, 13:462.

6. RM to BF, March 31, 1780, Deane Papers, 9:213–218.

第 21 章 "社会的害虫"

1. GW to Joseph Reed, December 12, 1778, Reed, *Life and Correspondence*, 2:41–42.

2. GW to Andrew Lewis, October 1, 1778, Founders Online, National Archives, https://founders.archives.gov.

3. Sellers, *Charles Willson Peale*, 208.

第 22 章 "被拖欠军饷"

1. AH to RM, April 30, 1781, in *PRM*, 1:32.

2. AH to GW, April 8, 1783, Founders Online, National Archives, https://founders.archives.gov.

3. RM to JJ, November 27, 1783, *PRM*, 8:785.

4. RM to BF, July 13, 1781, 引用于 Versteeg, *Robert Morris*, 67–68。

5. JA to AA, AFC, 3:9.

6. Boldt, *Founding City*, 44.

7. 引用于 JJ, *Diary*, 3:77。

8. *PRM*, 7:249n3.

9. 同上。

10. JM, "Notes of Debate," January 7, 1783, *JCC*, 25:847.

11. GW to Theodoric Bland, April 4, 1783, *WW*, 26:285.

12. "Circular to the States," June 8, 1783, *WW*, 26:283–296.

13. 引用于 Rappleye, *Robert Morris*, 381。

第 23 章 "最可耻的利益"

1. TJ to JM, February 20, 1784, *PTJ*, 6:549.

2. AH to James Duane, August 5, 1783, *PAH*, 3:430.

3. RL to AH, August 30, 1783, *PAH*, 3:434–435.

4. AH to John B. Church, March 10, 1784, *PAH*, 3:520–523.

5. Lafayette to GW, *PGW*, Confederation Series, 2:175.

6. GW to William Crawford, September 1789, WW, 27:346.

第 24 章 "天堂是沉默的"

1. Abernethy, *Western Lands and the American Revolution*, 365.

2. TJ to JM, April 25, 1784, *PTJ*, 7:118.

3. TJ to Jean Nicolas Démeunier, June 22, 1786, *PTJ*, 10:58.

第 25 章 "我不会满足"

1. Hochman, "Thomas Jefferson," 178.

2. GW to Chastellux, October 12, 1783, *WW*, 27:188–190.

3. TJ to JM, February 20, 1784, *PGW*, Confederation Series, 2:86.

4. GW to Thomas Johnson, October 15, 1784, *PGW*, Confederation Series, 2:86.

5. GW to Jacob Read, November 3, 1784, *PGW*, Confederation Series, 2:118–123.

6. GW to R. H. Lee, December 14, 1784, *PGW*, Confederation Series, 2:181–183.

7. *Virginia Gazette*, December 4, 1784.

8. GW to JM, November 28, 1784, *PGW*, 2:155–157.

9. GW to GWF, February 27, 1785, *PGW*, 2:386–390; GW to RM, February 1, 1785, *PGW*, 2:309–315.

10. GW to RM, February 1, 1785, *PGW*, Confederation Series, 2:309–315; R. H. Lee to William Short, June 13, 1785，引用于 Rick W. Sturdevant, "Quest for Eden: George Washington's Frontier Land Interests," PhD diss., University of California at Santa Barbara, 221。

11. 引用于 Randall, *George Washington*, 428。

12. R. H. Lee to William Short, June 13, 1785，引用于 Sturdevant, "Quest for Eden," 221。

13. "Address of the Annapolis Convention," September 14, 1786, *PAH*, 3:686–689.

第26章 "即将来临的风暴"

1. Beeman, *Plain, Honest Men*, 17.

2. Henry Lee to GW, in Beeman, *Plain, Honest Men*, 17.

3. Henry Lee to GW, in Beeman, *Plain, Honest Men*, 17.

4. JM to James Madison Sr., November 1, 1786, *PJM*, 9:154.

5. R. H. Lee to GW, November 11, 1786, Founders Online, National Archives, https://founders.archives.gov.

6. TJ to AA, February 22, 1787, *PTJ*, 11:174.

7. GW to JM, November 5, 1786, Founders Online.

第27章 "普通、诚实的人"

1. 引用于 Stewart, *Summer of 1787*, 112。

2. McDonald, *We the People*, 40–52, 91.

3. 引用于 William Jay, *Life of John Jay*, 1:70。

4. 引用于 Beeman, *Plain, Honest Men*, 17。

5. Farrand, Max, ed. *Records of the Federal Congress of 1787*. New Haven, Yale University Press, 1911, 2:641.

第 28 章 "餐桌谈判"

1. Custis, George Washington Parke, *Recollections and Private Memoirs of Washington*. New York: Derby and Jackson, 1860, 349.

2. 引用于 Forrest McDonald, *AH*, 128。

3. BF, "Last Will and Testament," *Writings of Benjamin Franklin*, 10:493–510.

第 29 章 "克林顿菌"

1. 引用于 Randall and Nahra, *Forgotten Americans*, 107。

2. TJ to Thomas Mann Randolph, Randall and Nahra, *Forgotten Americans*, 109.

3. Randall and Nahra, *Forgotten Americans*, 109.

4. 同上。

5. Randall and Nahra, *Forgotten Americans*, 110.

6. Randall and Nahra, *Forgotten Americans*, 113.

7. Randall and Nahra, *Forgotten Americans*, 114.

8. Randall and Nahra, *Forgotten Americans*, 116.

9. GW to TJ, Freeman, GW, *First in Peace*, 7:73–75.

10. TJ to JM, 引用于 Seth Lipsky, *Citizens' Constitution*. New York: BasicBooks, 2009, 148。

11. TJ, Memoir, *Correspondence and Miscellanies*, TJ Randolph, ed. Charlottesville, Va.: F. Carr, 1829, 492.

12. GW to Congress, March 30, 1795, in Bemis, Stanley Flagg, *Pinckney's Treaty: America's Advantage from Europe's Distress, 1783-1800*, 19.

13. GW to Henry Lee, 引用于 Richard Norton Smith, *Patriarch*, 229。

14. JA to AA, March 5, 1797, *Adams Family Correspondence*. ed. by L. H. Butterfield et al. Cambridge, Mass.: Harvard University Press, 12: 244.

第 30 章 "这所房子里最好的房间"

1. GW to Tobias Lear, May 6, 1794, *PGW*, Presidential Series, 16:2.

2. Lear, Letters and Recollections of GW. New York: Doubleday, 1906, 129–141.

3. 引用于 Rappleye, *Robert Morris*, 504。

4. 同上。

5. Rappleye, *Robert Morris*, 509.

6. RM to John Nicholson, May 11, 1798, Huntingdon Library.

7. Rappalye, *Robert Morris*, 512.

参考文献

Abernethy, Thomas Perkins. *Western Lands and the American Revolution*. Charlottesville, Va.: University of Virginia Press, 1937.

Aldridge, Alfred Owen. *Benjamin Franklin: Philosopher and Man*. Philadelphia: Lippincott, 1936.

Alvord, Clarence Walworth, and Clarence Edwin Carter. *The New Regime, 1765–1767*. Springfield: Illinois State Historical Library, 1916.

Anderson, D. K., and G. T. Anderson. "The Death of Silas Deane." *New England Quarterly* 62 (1984): 98–105.

Andreas, Peter. *Smuggler Nation: How Illicit Trade Made America*. New York: Oxford University Press, 2013.

Appleby, Joyce O. *The Relentless Revolution: A History of Capitalism*. New York: W. W. Norton, 2011.

Baker, Mark Allen. "Silas Deane." In *Spies of Revolutionary Connecticut*. Charleston, S.C.: History Press, 2014.

Barrow, Thomas C. *Trade and Empire: The British Customs Service in Colonial America, 1660–1775*. Cambridge, Mass.: Harvard University Press, 1967.

Beard, Charles A. *An Economic Interpretation of the Constitution of the United States*. New York: Macmillan, 1913.

Beeman, Richard. "The British Secret Service and the French-American Alliance." *American Historical Review* 29 (October 1932–July 1924): 491.

———. *Our Lives, Our Fortunes and Our Sacred Honor: The Forging of American Independence, 1774–1776*. New York: Basic Books, 2013.

———. *Plain, Honest Men: The Making of the American Constitution*. New York: Random House, 2009.

Bemis, Stanley Flagg. *Diplomacy of the American Revolution*. Bloomington: University of Indiana Press, 1935.

——— Bemis, Stanley Flagg. *Pinckney's Treaty, America's Advantage from Europe's Distress, 1783–1800*. New Haven, Yale University Press, 1965.

Berkin, Carol. *A Sovereign People: The Crises of the 1790s and the Birth of American Nationalism*. New York: Basic Books, 2017.

Bezanson, Anne, et al. *Prices and Inflation During the American Revolution*. Philadelphia: University of Pennsylvania Press, 1951.

Billias, George Athen. *Elbridge Gerry: Founding Father and Republican Statesman*. New York: McGraw Hill, 1976.

Boldt, David R., ed., with Willard Sterne Randall. *The Founding City*. Philadelphia: Chilton Books, 1976.

Bowen, Catherine Drinker. *John Adams and the American Revolution*. New York: Grosset and Dunlap, 1949.

———. *Miracle at Philadelphia: The Story of the Constitutional Convention, May to September 1787*. Boston: Little, Brown, 1966.

Bowen, H. V. *Revenue and Reform: The Indian Problem in British Politics, 1757–1773*. Cambridge: Cambridge University Press, 1991.

Bowman, Frank O., III. *High Crimes and Misdemeanors: A History of Impeachment for the Age of Trump*. Cambridge: Cambridge University Press, 2019.

Boyd, Julian P. "Death of a Kindly Teacher of Treason." *William and Mary Quarterly*, 3rd ser., 16 (2–4): 165–87, 310–42, 515–50.

———, ed. *Papers of Thomas Jefferson*. Princeton, N.J.: Princeton University Press, 1950—.

Brands, H. W. *The First American: The Life and Times of Benjamin Franklin*. New York: Doubleday, 2000.

Breen, T. H. *Tobacco Culture: The Mentality of the Great Tidewater Planters on the Eve of the Revolution*. Princeton, N.J.: Princeton University Press, 1985.

Buel, Richard. *In Irons: Britain's Naval Supremacy and the American Revolution*. New Haven, Conn.: Yale University Press, 1998.

Bunker, Nick. *Young Benjamin Franklin: The Birth of Ingenuity*. New York: Alfred A. Knopf, 2018.

Burnett, Edward C. *The Continental Congress*. New York: W. W. Norton, 1943.

Burstein, Stanley M. "The Classics and the American Republic." *The History Teacher* 30, no. 1 (November 1966): 29–44.

Butz, Stephen D. *Shays' Settlement in Vermont: A Story of Revolt and Archaeology*. Charleston, S.C.: History Press, 2017.

Calloway, Colin G. *The Indian World of George Washington*. New York: Oxford University Press, 2018.

Carp, E. Wayne. *"To Starve the Army at Pleasure": Continental Army Administration and American Political Culture*. Chapel Hill: University of North Carolina Press, 1984.

Chapin, Joyce E., ed., *Benjamin Franklin's Autobiography*. New York: W. W. Norton, 2012.

Chastellux, Marquis de. *Travels in North-America in the Years 1780–81–82*. New York: White, Gallaher, & White, 1827.

Chernow, Barbara Ann. *Robert Morris: Land Speculator, 1790–1801*. New York: Columbia University, 1974.

Coe, Alexis. *You Never Forget Your First: A Biography of George Washington*. New York: Viking, 2020.

Coleman, Peter J. *Debtors and Creditors in America: Insolvency, Imprisonment for Debt, and Bankruptcy, 1607–1900*. Madison: University of Wisconsin Press, 1974.

Collier, Christopher, and David Lovejoy. *Roger Sherman's Connecticut: Yankee Politics and the America Revolution*. Middletown, Conn.: G. B. Wilson, 1973.

Conkling, Margaret C. *Memoirs of the Mother and Wife of Washington*. Auburn, N.Y.: Derby-Miller, 1850.

Deane, Silas. The Deane Papers, 1774–90. 5 vols. New York: New-York Historical Society, 1887.

Davidson, James West, and Mark Hamilton Lytle. *After the Fact: The Art of Historical Detection*. 5th ed., New York: McGraw-Hill, 2004.

Doerflinger, Thomas M. *A Vigorous Spirit of Enterprise: Merchants and Economic Development in Revolutionary America*. Chapel Hill: University of North Carolina Press, 1986.

Downing, Ned W. *The Revolutionary Beginning of the American Stock Market*. New York: Museum of American Finance, 2010.

Dull, Jonathan. *Diplomatic History of the American Revolution*. New Haven, Conn.: Yale University Press, 1985.

East, Robert A. *Business Enterprises in the American Revolutionary Era*. New York: Columbia University Press, 1938.

Ellis, Joseph J. *His Excellency, George Washington*. New York: Random House, 2004.

———. *The Quartet*. New York: Penguin, 2015.

Ernst, Joseph Albert. *Money and Politics in America, 1755–1775: A Study in the Currency Act of 1764 and the Political Economy of Revolution*. Chapel Hill: University of North Carolina Press, 1973.

Feer, Robert A. "Shays's Rebellion and the Constitution: A Study in Causation." *New England Quarterly* 42, no. 3 (September 1969): 338–410.

Fenster, Julie M. *Jefferson's America: The President, the Purchase, and the Explorers Who Transformed America*. New York: Broadway Books, 2016.

Ferguson, H. James. *The Power of the Purse: A History of American Public Finance, 1776–1790*. Chapel Hill: University of North Carolina Press, 1961.

Ferling, John. *Independence: The Struggle to Set America Free*. New York: Bloomsbury Press, 2011.

———. *John Adams: A Life*. Knoxville: University of Tennessee Press, 1992.

Ferris, Robert, and James Charlton. *The Signers of the Constitution*. Flagstaff, Ariz: Interpretive Publications, 1986.

Fischer, David Hackett. *Paul Revere's Ride*. New York: Oxford University Press, 1994.

Fleming, Thomas. *Liberty! The American Revolution*. New York: Viking, 1977.

———. *The Perils of Peace: America's Struggle for Survival After Yorktown*. New York: HarperCollins, 2007.

Flower, Milton E. *John Dickinson, Conservative Revolutionary*. Charlottesville, Va.: University of Virginia Press, 1983.

Franklin, Benjamin. *The Autobiography of Benjamin Franklin*. Ed. by Leonard W. Larrabee et al. New Haven, Conn.: Yale University Press, 1964.

Freeman, Douglas Southall. *George Washington: A Biography*. 7 vols. New York: Scribners, 1948–1957.

Friedenberg, Daniel M. *Life, Liberty and the Pursuit of Land: The Plunder of Early America*. Buffalo, N.Y.: Prometheus Books, 1992.

Gilje, Paul A. *Rioting in America*. Indianapolis, Ind.: Indianapolis University Press, 1996.

Gipson, Lawrence Henry. *American Loyalist: Jared Ingersoll*. New Haven, Conn.: Yale University Press, 1971.

Goldstein, Kalman. "Silas Deane's Preparation for Rascality." *Historian* 43 (1980–81): 75–97.

Gordon, John Steele. *Hamilton's Blessing: The Extraordinary Life and Times of Our National Debt*. New York: Walker, 2010.

Green, James N. "Benjamin Franklin as Publisher and Bookseller." In *Reappraising Benjamin Franklin: A Bicentennial Perspective*, edited by J. A. Leo Lemay. Newark: University of Delaware Press, 1976.

Gross, Robert, ed. *In Debt to Shays: The Bicentennial of an Agrarian Revolution*. Charlottesville: University of Virginia Press, 1993.

Hamilton, Alexander. *Papers*. Ed. by Harold C. Syrett and Jacob E. Cooke, 26 vols. New York: Columbia University Press, 1961–87.

Hammond, Bray. *Banks and Politics in America: From the Revolution to the Civil War*. Princeton, N.J.: Princeton University Press, 1957.

Hancock, David. *Citizens of the World: London Merchants and the Integration of the British Atlantic Community, 1735–1785*. London, Cambridge University Press, 1995.

Henderson, H. James. *Party Politics in the Continental Congress*. New York: McGraw-Hill, 1974.

Hochman, Steven Harold. "Thomas Jefferson: A Personal Financial Biography." Unpublished doctoral dissertation, Charlottesville: University of Virginia, 1987.

Humphreys, David. *Life of General Washington*. Athens: University of Georgia Press, 1991.

Hutchinson, Thomas. Diary and Letters. 2 vols. Boston: Houghton Mifflin, 1884. Press, 1991.

Irwin, Douglas A., and Richard Sylla, eds. *Founding Choices: American Economic Policy in the 1790s*. Chicago: National Bureau of Economic Research, 2011.

Isaacson, Walter. *Benjamin Franklin: An American Life*. New York: Simon & Schuster, 2003.

James, Coy Hilton. *Silas Deane, Patriot or Traitor?* East Lansing: Michigan State University Press, 1975.

Jay, William. *Life of John Jay*. 2 vols. New York: Harper and Harper, 1833.

Jefferson, Thomas. *Papers*. Julian Boyd et al., eds. Princeton, N. J.: Princeton University Press, 1950–.

Jensen, Merrill. *The Articles of Confederation*. Madison: University of Wisconsin Press, 1948.

———. *The Founding of a Nation: A History of the American Revolution, 1763–1776*. New York: Oxford University Press, 1968.

Johnson, Paul. *A History of the American People*. New York: HarperCollins, 1998.

Journals of the Continental Congress. 1774–89. Library of Congress, Washington, D.C.

Ketcham, Ralph. *James Madison*. Charlottesville: University of Virginia Press, 1990.

Kiernan, Denise, and Joseph D'Agnese. *Signing Their Lives Away: The Fame and Misfortune of the Men Who Signed the U.S. Constitution*. New York: Penguin Random House, 2009.

Konkle, Burton Alva. *Thomas Willing and the First American Financial System*. Philadelphia: University of Pennsylvania Press, 1957.

Lamb, Brian, Susan Swain, and C-SPAN. *The Presidents: Noted Historians Rank America's Best—and Worst—Chief Executives*. New York: PublicAffairs, 2019.

Lambert, Frank. "'Pedlar in Divinity': George Whitefield and the Great Awakening, 1737–1745." *Journal of American History* 77, no. 3 (December 1990): 821–36.

Larson, Edward J., and Michael P. Winship. *The Constitutional Convention: A Narrative History from the Notes of James Madison*. New York: Modern Library, 2006.

Lengel, Edward G. *First Entrepreneur: How George Washington Built His—and the Nation's—Prosperity*. New York: Da Capo, 2016.

Lewis, Thomas A. *For King and Country: George Washington, the Early Years*. New York: John Wiley, 1993.

Liss, Peggy. *Atlantic Empires: The Network of Trade and Revolution, 1713–1826*. Baltimore: Johns Hopkins University Press, 1983.

Maier, Pauline. *American Scripture: Making the Declaration of Independence*. New York: Random House, 1997.

———. *The Old Revolutionaries: Political Lives in the Age of Samuel Adams*. New York: Knopf, 1980.

Maury, Ann. *Memoirs of a Huguenot Family*. New York: G. P. Putnam's Sons, 1872.

McAnear, Beverly. "Personal Accounts of the Albany Congress of 1754." *Mississippi Valley Historical Review* 39, no. 4 (March 1953): 727–46.

McCraw, Thomas. *The Founders and Finance*. Cambridge, Mass.: Harvard University Press, 2006.

McCullough, John. *John Adams*. New York: Simon & Schuster, 2001.

McCusker, John J., and Russell R. Menard. *The Economy of British America, 1607–1789*. Chapel Hill: University of North Carolina Press, 1985.

McDonald, Forrest. *We the People: The Economic Origins of the Constitution*. Chicago: University of Chicago Press, 1958.

McGrath, Tim. *Give Me a Fast Ship: The Continental Navy in the American Revolution*. New York: Random House, 2015.

Middlekauff, Robert. *The Glorious Cause: The American Revolution*. New York: Oxford University Press, 2007.

Mitchell, Brian R. *British Historical Statistics*. New York: Cambridge University Press, 1988.

Morgan, Edmund S., and Helen M. *The Stamp Act Crisis: Prologue to Revolution*. Chapel Hill: University of North Carolina Press, 1953.

Morton, Bryan, and Donald Spinelli. *Beaumarchais and the American Revolution*. Lanham, Md.: Regnery, 2002.

Murphy, Orville T. *Charles Gravier, Comte de Vergennes: French Diplomacy in the Age of Revolution, 1719–1787*. Albany: State University of New York Press, 1982.

Nash, Gary. *The Unknown American Revolution: The Unruly Birth of Democracy and the Struggle to Create America*. New York: Penguin, 2005.

New-York Historical Society. *Collections of the New-York Historical Society for the Year 1886*. New York: Printed for the Society, 1887.

Noble, John. "A Few Notes on the Shays Rebellion." Notes from the *Proceedings of the American Antiquarian Society*. Worcester, Mass.: Charles Hamilton, 1903.

Nuxoll, Elizabeth. *Congress and the Munitions Merchants: The Secret Committee of Trade During the American Revolution, 1775–1777*. New York: Garland, 1985.

Padover, Saul K. *The Living United States Constitution*. New York: Meridian, 1995.

Patten, Robert. *Patriot Pirates: The Privateer War for Freedom and Fortune in the American Revolution*. New York: Pantheon, 2008.

Paulo, Joel Richard. *Unlikely Allies: How a Merchant, a Playwright, and a Spy Saved the American Revolution*. New York: Riverhead Books, 2009.

Pencak, William. "John Adams." *American National Biography*. 24 vols. New York: Oxford University Press, 1999.

Penn, William. *Papers*. Historical Society of Pennsylvania, Philadelphia, Pa.

Petersen, Randy. *The Printer and the Preacher: Ben Franklin, George Whitefield, and the Surprising Friendship That Invented America*. New York: Thomas Nelson, 2015.

Phillips, Philip Lee. "Washington as Surveyor and Mapmaker." *Daughters of the American Revolution Magazine* 55, no. 3 (1921): 115–32.

Platt, J. D. R. *Jeremiah Wadsworth, Federalist Entrepreneur*. New York: Columbia University Press, 1955.

Potts, Louis W. *Arthur Lee: A Virtuous Revolutionary*. Baton Rouge: University of Louisiana Press, 1981.

Puls, Mark D. *Samuel Adams: Father of the American Revolution*. New York: Palgrave Macmillan, 2006.

Rakove, Jack. *The Beginnings of National Politics: An Interpretive History of the Continental Congress*. New York: Knopf, 1979.

Randall, Willard Sterne. *Alexander Hamilton: A Life*. New York: HarperCollins, 2003.

———. *Benedict Arnold: Patriot and Traitor*. New York: William Morrow, 1990.

———. "Burgoyne's Big Fail." *MHQ: The Quarterly Magazine of Military History* 32, no. 3 (Spring 2020): 48.

———. *Ethan Allen: His Life and Times*. New York: W. W. Norton, 2011.

———. *George Washington: A Life*. New York: Henry Holt, 1998.

————. *A Little Revenge: Benjamin Franklin and His Son*. Boston: Little, Brown, 1984.

————. *Thomas Jefferson: A Life*. New York: Henry Holt, 1993.

————. *Unshackling America: How the War of 1812 Truly Ended the American Revolution*. New York: St. Martin's, 2017.

Randall, Willard Sterne, and Nancy Nahra. *American Lives*. 2 vols. New York: HarperCollins, 1997.

————. *Forgotten Americans: Footnote Figures Who Changed American History*. Reading, Mass.: Addison Wesley Longman, 1998.

Randolph, Edmund. *History of Virginia*. Richmond: Virginia Historical Society, 1970.

Rappleye, Charles. *Robert Morris: Financier of the American Revolution*. New York: Simon & Schuster, 2010.

————. *Sons of Providence: The Brown Brothers, the Slave Trade, and the American Revolution*. New York: Simon & Schuster, 2006.

Reed, Joseph. *Life and Correspondence*. Ed. by William B. Reed. 2 vols. Philadelphia: Lindsay and Blakiston, 1847.

Richards, Leonard L. *Shays's Rebellion: The American Revolution's Final Battle*. Philadelphia: University of Pennsylvania Press, 2002.

Roberts, Cokie. *Founding Mothers: The Women Who Raised Our Nation*. New York: William Morrow, 2004.

Rossiter, Clinton. *1787: The Grand Convention*. New York: W. W. Norton, 1987.

Schaeper, Thomas J. *Edward Bancroft: Scientist, Author, Spy*. New Haven, Conn.: Yale University Press, 2009.

Sellers, Charles Coleman. *Charles Willson Peale*. New York, Scribner's, 1979.

Shannon, Timothy J. *Indians and Colonists at the Crossroads of Empire: The Albany Congress of 1754*. Ithaca, N.Y.: Cornell University Press, 2000.

Signer, Michael. *Becoming Madison: The Extraordinary Origins of the Least Likely Founding Father*. New York: PublicAffairs, 2015.

Smith, Paul H., ed. *Letters to Delegates of the Continental Congress, 1774–1789*. 26 vols. Washington, D.C.: Library of Congress, 1976.

Smith, Richard Norton. *Patriarch: George Washington and the New American Nation*. Boston: Houghton Mifflin, 1993.

Stanger, Allison. "The First Whistleblowers." *MHQ: The Quarterly Magazine of Military History* 32, no. 3 (Spring 2020): 68–74.

Stevens, Benjamin F. *B. F. Stevens's Facsimiles of Manuscripts in European Archives Relating to America 1773–1783, with Descriptions, Editorial Notes, Collations, References and Translations*. London: Malby and Sons, 1889–1895, no. 1371.

Stewart, David O. *The Summer of 1787*. New York: Simon & Schuster, 2007.

Stinchcombe, William. "A Note on Silas Deane's Death." *William and Mary Quarterly*, 3rd ser., 32 (1975): 619–24.

Stuart, I. W. *Life of Jonathan Trumbull, Senior*. Boston: Crocker and Brewster, 1859.

Sylla, Richard, and David J. Cowen. *Alexander Hamilton on Finance, Credit, and Debt*. New York: Columbia University Press, 2018.

Szathmary, David. *Shays' Rebellion: The Making of an Agrarian Insurrection*. Amherst: University of Massachusetts Press, 1980.

Unger, Harlow Giles. *John Hancock: Merchant King and American Patriot*. Edison, N.J.: Castle Books, 2000.

Van Alstyne, Richard W. "Great Britain, the War of American Independence, and the 'Gathering Storm' in Europe, 1775–1778." *Huntington Library Quarterly* 27, no. 4 (August 1964): 328.

Van Doren, Carl. *Benjamin Franklin*. New York: Viking, 1938.

———. *Secret History of the American Revolution*. New York: Viking, 1941.

Van Doren, Carl, and Julian Boyd. *Indian Treaties Printed by Benjamin Franklin*. Philadelphia: Historical Society of Pennsylvania, 1938.

Van Schreeven, William J. et al. *Revolutionary Virginia: The Road to Independence*. 7 vols. Charlottesville: University Press of Virginia, 1973–1983.

Van Vlack, Milton C. *Silas Deane: Revolutionary War Diplomat and Politician*. Jefferson, N.C.: McFarland, 2013.

Versteeg, Clarence. *Robert Morris: Revolutionary Financier*. Philadelphia: University of Pennsylvania Press, 1954.

Washington, George. *Diary*. Ed. by Donald Jackson et al., 5 vols. Charlottesville, Va.: University of Virginia Press, 1976–79.

———. *Papers*. Charlottesville, Va.: University of Virginia Press, 1968–.

Wiencek, Henry. *An Imperfect God: George Washington, His Slaves, and the Creation of America*. New York: Farrar, Straus and Giroux, 2003.

Wood, Gordon S. *Creation of the American Republic, 1776–1787*. New York: W. W. Norton, 1972.

Wright, Esmond. *Franklin of Philadelphia*. Cambridge, Mass.: Belknap Press of Harvard University, 1986.

Wright, Robert E. *One Nation Under Death: Hamilton, Jefferson, and the History of What We Owe*. New York: McGraw-Hill, 2008.

Wright, Robert E., and David J. Cowen. *Financial Founding Fathers: The Men Who Made America Rich*. Chicago: University of Chicago Press, 2006.

York, Neil L. "Clandestine Aid and the American Revolutionary War Effort: A Reexamination." *Military Affairs* 43, no. 1 (February 1979): 26–30.

索 引

（索引中的页码为原书页码，即本书边码。）

的和平条约 , 198, 206, 208; presidency of 的总统任期 , 278–279, 280; and presidential election of 1792 和 1792 年的总统选举 , 276; and presidential election of 1796 和 1796 年的总统选举 , 278–279; and Preston trial 和普雷斯顿审判 , 110; and Quasi–War (1798–1800) 和准战争（ 1798—1800 年）, 280–281; and Second Continental Congress 和第二届大陆会议 , 142, 143, 144; and Shays's Rebellion 和谢斯起义 , 239; and standing committee of correspondence 和常设通讯委员会 , 113; and Washington 和华盛顿 , 188, 279

Adams, John Quincy 约翰 · 昆西 · 亚当斯 , 270

Adams, Samuel 塞缪尔 · 亚当斯 : background of 的背景 , 86; and Boston Massacre 和波士顿惨案 , 110; and Boston Tea Party 和波士顿倾茶事件 , 116; and Constitutional Convention 和制宪会议 , 242; and Currency Act (1764) 和《货币法》（ 1764 年）, 86; and economic sanctions against Britain 和针对英国的经济制裁 , 130; and family malt business 和家族麦芽生意 , 86; and First Continental Congress 和第一届大陆会议 , 128, 130; and Galloway Plan of Union 和加洛韦的联盟计划 , 128; and Hancock 和汉考克 , 94; and Hutchinson–Oliver letters 和哈钦森、奥利弗的信件 , 114; Hutchinson's criticisms of 哈钦森对……的批评 , 113; as leader of resistance/protest movement 作为反抗 / 抗议运动的领袖 , 86, 92, 94, 114–115; and Massacre Day 和惨案纪念日 , 114–115, 137; and Morris 和莫里斯 , 204; and ratification of Constitution 和宪法的批准 , 257; resentment of British 对英国人的憎恶 , 85; and Second Continental Congress 和第二届大陆会议 , 136, 143; on taxation without representation 关于没有代表权的纳税 , 87–88; treason charges against 针对……的叛国指控 , 118, 137

Adams, Samuel, Sr. 老塞缪尔 · 亚当斯 , 85, 86

Albany congress 奥尔巴尼会议 , 32

Albany Plan of Union 奥尔巴尼联盟计划 , 56

Allen, Ethan 伊桑 · 艾伦 , 95, 138

Allen, William 威廉 · 艾伦 , 54–55

Alsop, John 约翰 · 阿尔索普 , 146

American Board of Customs Commissioners 美洲海关专员委员会 , 106, 111, 114

American Prohibitory Act (1775)《美洲禁止法案》（ 1775 年）, 133, 167, 170

American Revenue Act《美洲税收法》, 84

Annapolis Convention 安纳波利斯会议 , 234

义，237; and soldiers' back pay 和拖欠士兵的军饷，201; taxation powers of 的税收权，166, 198; and trade with Caribbean islands 和与加勒比海群岛的贸易，167; and Washington's call for professional military 和华盛顿呼吁职业军队，176–178

confiscation bill 没收法案，217

Congress 国会。See Confederation Congress; Continental Congress, First; Continental Congress, Second; U.S. Congress 见邦联国会；第一届大陆会议；第二届大陆会议；联邦国会

Connecticut 康涅狄格：borders of 的边界，178; and Boston Port Act 和《波士顿港口法》，121; and customs duties 和关税，222; land speculation in 在……的土地投机，95; militia of 的民兵，134, 175; preparations for war 为战争做准备，134–135; and Quebec Act (1774) 和《魁北克法》（1774 年），122; and ratification of Constitution 和宪法的批准，257; recruitment of soldiers 招募士兵，177–178; relinquishment of frontier lands 放弃边境土地，179; and smuggling 和走私，70

conscientious objectors 出于良心拒服兵役者，156

Constitution, U.S. 联邦宪法：amendments to 修正案，258; Beard's hypothesis on origins of 比尔德关于……的根源的假说，2–3; and Bill of Rights 和《权利法案》，258; emoluments clause in 在……中的薪酬条款，260; and Hamilton's national bank proposal 和汉密尔顿的国家银行的提议，265; and Potomac waterway talks at Mount Vernon 和在弗农山庄举行的关于波托马克水道的会议，233; ratification of 的批准，255, 256–257

Constitutional Convention 制宪会议：Annapolis delegates' call for 安纳波利斯会议的代表呼吁，234; arrival of delegates 代表的到达，242; backgrounds and demographics of delegates 代表的背景和人口统计数据，242–243; boycotts of 的抵制，242; delegates who refused to sign or walked out of 拒绝签字或走出……的代表，244, 253–254; and draft of Constitution 和宪法草案，251; and emoluments issue 和薪酬问题，252–253; financial states of delegates 代表的财务状况，243–244; Franklin's perspective on 富兰克林关于……的观点，255; Hamilton's proposals at 汉密尔顿在……上的提议，248–251; land companies/speculators present at 出席……的土地公司／投机者，245–246; models of government discussed in 在……中讨论的政府形式，247–248; self-interests of delegates at 出席……的代表们的自身利益，254–255; signing of Constitution 宪法的签署，253–254; and Washington 和华盛顿，241, 245

Constitutional Society 宪法协会，196

Continental Army 大陆军：and banks established by Morris 和由莫里斯建立的银行，203;

and conscientious objectors 和出于良心拒服兵役者, 156; and Declaration of Independence 和《独立宣言》, 167; disbanding of 的解散, 211; equipment/supplies of 的设备 / 补给, 151, 168, 198; Franklin's unconventional ideas for 富兰克林关于……的新奇的观点, 155; land promised to soldiers 承诺给士兵的土地, 178, 179, 211; and merchants attacked by militias 和被民兵攻击的商人, 197; mutinies in 在……中的兵变, 200–201, 202; posts abandoned by militiamen 被民兵放弃的站点, 175, 176; recruitment of soldiers 招募士兵, 156, 177–178, 201; reliance on states for material support 依靠州以获取物质支持, 198; and setbacks in Canada 和在加拿大的失败, 153; and smallpox 和天花, 153; and soldiers' back pay 和拖欠士兵的军饷, 200–201, 209–211, 212, 263; at Valley Forge 在福吉谷, 195; Washington appointed commander of 华盛顿被任命为……的指挥官, 144–146; Washington's call for professional military 华盛顿呼吁职业军队, 176–178。

See also weapons and ammunition 另见武器和弹药

Continental Congress, First 第一届大陆会议: and Adams, John 和约翰·亚当斯, 127, 128, 129, 133; and Articles of Association 和《联盟条例》, 130–131; composition of 的构成, 127, 142; and Declaration of Rights and Grievances 和《权利和不满宣言》, 128–129; and economic sanctions against Britain 和针对英国的经济制裁, 129–130; and Fairfax Resolves 和《费尔法克斯决议》, 125–126; foreign trade opened by 由……开拓的对外贸易, 134; and Galloway Plan of Union 和加洛韦的联盟计划, 127–128; and Jefferson's *A Summary View* 和杰斐逊的《概述》, 159; and King George III 和国王乔治三世, 130–131, 132, 133; legal backgrounds of members 成员的法律背景, 142; and Paine 和潘恩, 150; secrecy rules of 的保密规则, 133; and Suffolk Resolves 和《沙福克决议》, 123; and Washington 和华盛顿, 125, 134

Continental Congress, Second 第二届大陆会议: and Adams, John 和约翰·亚当斯, 142, 143, 144; and Adams, Samuel 和塞缪尔·亚当斯, 136; and arrest of William Franklin 和对威廉·富兰克林的逮捕, 140–141; businessmen present at 出现在……的商人, 138–139; Committee on Secret Correspondence 秘密通信委员会, 146, 147; composition of 的构成, 142–143; debate on declaring independence 关于宣布独立的辩论, 152–153, 154; and foreign aid 和外国援助, 157; and Hancock 和汉考克, 136, 137–138, 143; and Jefferson 和杰斐逊, 152; public attack on King George 对国王乔治的公开攻击, 153; Secret Committee on Foreign Affairs 秘密外交事务委员会, 157, 191; Secret Committee on Trade 秘密贸易委员会, 146, 147, 148; and standing committee to rule 和常务委员会行使权力, 157; and Washington 和华盛顿, 134, 143–146

Continental Congress, Third 第三届大陆会议, 199–200

"The Continentalist" (Hamilton)《大陆主义者》(汉密尔顿), 199

Continental Navy 大陆海军, 171–172

Conway, Henry 亨利·康韦, 96

Conway, Thomas 托马斯·康韦, 188

Cornwallis, Lord 康华利勋爵, 206

Crawford, William 威廉·克劳福德, 277

credit 信用 / 信贷 : colonial economy based on barter and 基于易货贸易和⋯⋯的殖民地经济, 85, 87; and economic crisis in Britain 和英国的经济危机, 115; exhausted by Congress 被国会耗尽, 198, 200; extended by British and European merchants 由英国和欧洲商人提供, 88, 147, 225; extended by France 由法国提供, 210; extended by Trumbull 由特兰伯尔提供, 101; and federal assumption of state war debts 和联邦承担州战争债务, 262–263; Franklin on 富兰克林关于, 8; and Hamilton's national bank proposal 和汉密尔顿关于国家银行的提议, 199; and Madison 和麦迪逊, 200; of Morris 莫里斯的, 147, 190, 210, 211, 283, 284; and Morris's role as superintendent of finance 和莫里斯作为财政总长的作用, 203, 204, 205, 211, 212; and peace treaty with Great Britain 和与英国的和平条约, 209; and postwar depression 和战后萧条, 1; repayment in gold/silver 用金 / 银偿还, 101; and Secret Committee on Trade 和秘密贸易委员会, 146; and soldiers' back pay 和拖欠士兵的军饷, 211; Washington on 华盛顿关于, 192, 212。See also debts 另见债务

The Crisis (Paine)《危机》(潘恩), 242

Cromwell, Oliver 奥利弗·克伦威尔, 145–146

currency 货币 : and banks established by Morris 和由莫里斯建立的银行, 204; Currency Act (1764)《货币法》(1764 年), 86–87, 160; depreciation of Continental 大陆币的贬值, 195, 197–198, 200, 201, 209, 213, 221; and federal assumption of state debts 和联邦承担州债务, 262; Franklin's oversight of engraving 富兰克林对于雕版的监管, 156; issued by Virginia House of Burgesses 由弗吉尼亚殖民地下议院发行的, 86; lack of intercolonial currency 缺乏跨殖民地的货币, 85, 86, 87, 125, 160; merchants' reluctance to accept 商人不愿接受, 196, 214, 261; and national bank proposed by

Hamilton 和由汉密尔顿提议的国家银行, 198–199; and Washington 和华盛顿, 88, 125, 213

Cushing, Thomas 托马斯·库欣, 114

Cutler, Manasseh 马纳塞赫·卡特勒, 256

Dane, Nathan 内森·戴恩, 256

Dartmouth, Lord 达特茅斯勋爵, 113, 119, 131

Day, Luke 卢克·戴, 238

Dayton, Jonathan 乔纳森·戴顿, 242

Deane, Silas 塞拉斯·迪恩: accused of financial peculation 被指控财务挪用, 188, 189–190, 191, 192; background of 的背景, 139; as commercial agent for Morris 作为莫里斯的商业代理人, 168; commissions of 的委托, 170; diplomatic service in France 在法国的外交工作, 167–168, 169–170, 174, 182, 183; financial ruin of 的经济崩溃, 192–193; financing of Allen's mission 对艾伦任务的资助, 138; gift accepted from French 从法国人那里接受的礼物, 189, 252; privateering investments of 的私掠船投资, 173, 188; privateers commissioned by 受……委托的私掠船, 171, 174; recalled from France 被从法国召回, 187–188, 189; and Secret Committee on Trade 和秘密贸易委员会, 146, 168; and Washington 和华盛顿, 144; and weapons procurement 和武器采购, 169–170, 181–182; and western land claims 和对西部土地的所有权, 180

debts 债务: and bankruptcies 和破产, 235, 284; and bankruptcy relief law 和破产救济法, 285; and debtors' prisons 和债务人监狱, 94, 235–236, 282–283, 284, 285; federal assumption of state 联邦承担州, 262–265; and Jay Treaty 和《杰伊条约》, 277; of Jefferson 杰斐逊的, 260, 261, 262, 273; merchants suing to collect 起诉催收的商人, 225; Morris imprisoned for 莫里斯因为……入狱, 282–283, 284–285; national debt 国家债务, 262, 263; paid in raw materials 用原材料支付, 87; and peace treaty with Great Britain 和与英国的和平条约, 209; and Shays's Rebellion 和谢斯起义, 235–239; and voting rights 和选举权, 258; of Washington 华盛顿的, 99; Wilson imprisoned for 威尔逊因为……入狱, 284。See also credit 另见信用 / 信贷

Declaration of Independence《独立宣言》: debate preceding 之前的辩论, 152–153, 154; discussions of slave trade in 关于……中奴隶贸易条款的讨论, 160–161, 162–163; drafted by Jefferson 由杰斐逊起草, 159–160; edited by Congress 由国会修订, 162–

Fort Ticonderoga 提康德罗加堡, 138, 180–181

Fox, Charles James 查尔斯·詹姆斯·福克斯, 183

France 法国 : Adams's diplomatic service in 亚当斯在……的外交工作, 198; alliance with Americans 与美国人结盟, 168–170, 182–184; and Braddock's defeat at Fort Duquesne 和布拉多克在迪尤肯堡的失败, 40; contraband trade with 与……的违禁贸易, 71; credit extended to U.S. by 由……向美国提供的信贷, 210; Deane's diplomatic service in 迪恩在……的外交工作, 167–168, 169–170, 174, 182, 183; and financial crisis of U.S. 和美国的金融危机, 210; and Fort Necessity 和尼塞瑟提堡, 30, 39–40; Franklin on threat of 富兰克林关于……的威胁, 31–32; Franklin's diplomatic service in 富兰克林在……的外交工作, 170, 182–184, 252–253; French Revolution 法国大革命, 268, 273–274; and Genet affair 和热内事件, 273–275; Jefferson's diplomatic service in 杰斐逊在……的外交工作, 222, 252–253, 259–261; and Ohio Country 和俄亥俄地区, 26–31, 35, 40; privateers in Caribbean 在加勒比地区的私掠船, 280–281; and Quasi–War (1798–1800) 和准战争（1798—1800 年）, 280–281; Reign of Terror in 在……的恐怖统治, 273, 274, 275; soldiers from 来自……的士兵, 195; and Treaty of Paris (1763) 和《巴黎条约》(1763 年), 80, 168; and Treaty of Paris (1783) 和《巴黎条约》(1783 年), 198, 206–209, 214, 221, 272, 276; treaty with U.S. 与美国的条约, 183–184, 194, 273–274; and war of Spain and Great Britain 和西班牙与英国的战争, 13; war with Great Britain 与英国的战争, 273, 275–276, 283; weapons and equipment supplied by 由……提供的武器和装备, 168, 169–170, 181–182, 194。See also Fort Duquesne 另见迪尤肯堡

Francey, Theveneau de 瑟弗诺·德·弗朗西, 190

Franklin, Benjamin 本杰明·富兰克林 : and Adams, John 和约翰·亚当斯, 206; almanac published by 由……出版的年鉴, 8, 11; arrival in Philadelphia at seventeen 17 岁时来到费城, 7; Autobiography《自传》, 10; and banks established by Morris 和由莫里斯建立的银行, 205; birth of 的诞生, 7; book publishing 图书出版, 10–11, 14, 20; and Braddock expedition 和布拉多克远征, 37–38, 41, 51; on British in Philadelphia 关于英国人在费城, 182; civil suits against 针对……的民事诉讼, 120; and Constitutional Convention 和制宪会议, 242, 245, 255; and currency, American 和美国货币, 156; and Deane 和迪恩, 192; death of 的死亡, 262; and Declaration of Independence 和《独立宣言》, 2, 154; and defense committee (Pennsylvania) 和防御委员会（宾夕

of British imports 和抵制英国进口货物 , 107; disinherited by Benjamin 被本杰明剥夺继承权 , 262; and First Continental Congress 和第一届大陆会议 , 127; and frontier defenses 和边境防御 , 51; land speculation of 的土地投机 , 96–98, 122; Loyalist stance of 的效忠王国的立场 , 139–141, 207, 262; militia service of 在民兵中的服役 , 13; and provisions for Braddock's army 和为布拉多克的军队准备的给养 , 38; as royal governor of New Jersey 作为新泽西的皇家总督 , 95, 122, 139–140

Franklin, William Temple (grandson) 威廉·坦普尔·富兰克林（孙子）, 121, 139, 252

Franklin & Hall 富兰克林和霍尔公司 , 14

French and Indian War 法印战争 : and divided loyalties of merchants 和商人们分裂的忠诚 , 67; end of 的终结 , 65; and Fort Necessity 和尼塞瑟提堡 , 30; and Franklin's militia 和富兰克林的民兵 , 51–54; and Gnadenhutten massacre (1755) 和吉内登哈滕屠杀（1755 年）, 50, 51; land grants for veterans of 授予……老兵的土地 , 88; and postwar depression 和战后萧条 , 71–72, 84, 85, 88; Washington's service in 华盛顿在……中的服役 , 28–31

French Caribbean islands 法属加勒比海岛 , 69, 70, 71, 170

Freneau, Philip 菲利普·弗雷诺 , 269, 270, 271, 275

Fry, Joshua 约书亚·弗赖伊 , 28, 31

fur trade 毛皮贸易 , 83, 122, 138, 230, 276

Gadsden, Christopher 克里斯托弗·加斯登 , 161

Gage, Sir Thomas 托马斯·盖奇爵士 , 108–109, 137

Galloway, Joseph 约瑟夫·加洛韦 , 127–128, 139–140, 187

Gates, Horatio 霍雷肖·盖茨 , 148, 188

Gazette of the United States《合众国公报》, 268, 269, 275

Genet, Edmond-Charles 埃德蒙-查尔斯·热内 , 273–275

George II, King of Great Britain 英国国王乔治二世 , 12, 27, 31, 35, 55, 65

George III, King of Great Britain 英国国王乔治三世 : and Articles of Association 和《联盟条例》, 130–131; ascendency to throne 登基 , 65–66; and Burgoyne's capture of Ticonderoga 和伯戈因夺取提康德罗加堡 , 181; Congress's public attack on 国会公开攻击 , 153; and Currency Act (1764) 和《货币法》（1764 年）, 86–87; and Declaration of Independence 和《独立宣言》, 160; and growing unrest 和日益增长的不安 , 105; and Jefferson's *A*

Halifax, Lord 哈利法克斯伯爵，55

Hamilton, Alexander 亚历山大·汉密尔顿：and Adams 和亚当斯，268; at Annapolis Convention 在安纳波利斯会议上，234; and banking 和银行业，218; Constitution signed by 由……签署的宪法，253–254; and Constitutional Convention 和制宪会议，234, 248–251, 253–254; "The Continentalist"《大陆主义者》,199; and depreciation of Continental currency 和大陆币的贬值，197–198; and Duane 和杜安，162–163; and federal assumption of state debts 和联邦承担州债务，262–265; and federal customs duties 和联邦关税，239; and Federalist Papers 和《联邦党人文集》，257; and Federalists 和联邦党人，273; and France's war with Great Britain 和法国与英国的战争，273; and Genet affair 和热内事件，274; and Jay Treaty 和《杰伊条约》，278; and Jefferson 和杰斐逊，268, 269, 270–271, 274, 275; and judicial review 和司法审查，216–217; law practice of 的法律实践，248; and Loyalists 和效忠国王者，215–217; and Madison 和麦迪逊，251; and Morris 和莫里斯，203–204; and national bank 和国家银行，198–199, 265–266; and national debt 和国家债务，262, 263; nationalist solutions advocated by 由……提倡的国家主义解决方案，202, 221; partisan policy critiques of 对……的党派政策批判，271; and ratification of Constitution 和宪法的批准，257–258; royal cannon seized by 由……夺取的皇家加农炮，151; as secretary of the Treasury 作为财政部长，259, 275; on slave trade 关于奴隶贸易，248–249; and soldiers' back pay 和拖欠士兵的军饷，210, 211, 263; on taxes imposed by Congress 关于国会施加的税收，198; and Washington 和华盛顿，275, 278; and Whiskey Rebellion 和威士忌叛乱，276

Hamilton, James 詹姆斯·汉密尔顿，70–71

Hamilton, John 约翰·汉密尔顿，270, 271

Hancock, John 约翰·汉考克：and Adams 和亚当斯，111; background of 的背景，136–137; bankrolling of resistance movement 抗议运动的资金，137; and Boston Tea Party 和波士顿倾茶事件，117, 137; business success of 的商业成功，136–137; civic leadership of 的公民领袖地位，137; and constitution of Massachusetts 和马萨诸塞宪法，246; and Declaration of Independence 和《独立宣言》，166–167; Hutchinson's criticisms of 哈钦森对……的批评，113; as leader of resistance/protest movement 作为抗议／反抗运动的领袖，94, 114–115; and Massacre Day oration 和惨案纪念日演说，114–115, 137; and Second Continental Congress 和第二届大陆会议，136, 137–138, 144; and Shays's Rebellion 和谢斯起义，238; slaves held by 由……拥有的奴隶，162; and Stamp Act

Franklin's fort prototype 和富兰克林堡垒的原型, 52; Gnadenhutten massacre (1755) 吉内登哈滕屠杀（1755 年）, 50, 51; hostilities in Pennsylvania 在宾夕法尼亚的敌意, 45–50, 56; and land sales/purchases 和土地出售 / 购买, 81, 82, 178–179; and limitations on westward expansion 和对向西部扩张的限制, 80–83; sovereignty denied by British government 被英国政府否认的主权, 81; trade with 与……贸易, 65; and voting rights 和选举权, 258

inflation 通货膨胀, 195–196

Iron Act (1750)《制铁法》（1750 年）, 78

Iroquois Confederacy 易洛魁联盟, 32, 179

Jay, John 约翰·杰伊: and Deane 和迪恩, 189; diplomatic negotiations with Britain 与英国的外交谈判, 277–278; and Livingston 和利文斯顿, 217; and Morris 和莫里斯, 205; and peace treaty with Great Britain 和与英国的和平条约, 207, 208; and ratification of Constitution 和宪法的批准, 257; resignation as minister to France 辞去驻法公使一职, 224; on voting eligibility 关于选举资格, 247

Jay Treaty《杰伊条约》, 277–278, 280

Jefferson, Martha (daughter) 玛莎·杰斐逊（女儿）, 260

Jefferson, Martha (wife) 玛莎·杰斐逊（妻子）, 158–159

Jefferson, Thomas 托马斯·杰斐逊: ambivalence on independence 对独立持矛盾态度, 151; background of 的背景, 107–108; and boycott of British imports 和抵制英国进口货物, 108; and capital location 和首都位置, 264–265; and Constitutional Convention 和制宪会议, 242; and costs of moving from France to U.S. 和从法国搬至美国的费用, 273; debts of 的债务, 260, 261, 262, 273; and Declaration of Independence 和《独立宣言》, 154, 159–160, 162–163, 164; and Democratic–Republicans 和民主共和党人, 273, 275; diplomatic service in France 在法国的外交工作, 222, 224, 252–253, 259–261; and federal assumption of state debts 和联邦承担州债务, 264; financial affairs of 的财政事务, 158–159, 269; and France's war with Great Britain 和法国与英国的战争, 273; and Genet affair 和热内事件, 274–275; gift accepted from French 从法国人那里接受的礼物, 260–261; and Hamilton 和汉密尔顿, 268, 269, 270–271, 274, 275; and inheritance of Martha 和玛莎的继承, 158–159; land and slave sales of 的土地和奴隶出售, 225–226, 261–262; and Land Ordinance (1784) 和《土地法令》（1784 年）,

223–224, 255; law practice of 的法律实践, 107, 158; and *National Gazette* (partisan newspaper) 和《国家公报》(党派报纸), 269, 271; and Paine's *The Rights of Man* 和潘恩的《人的权利》, 268, 269; and Potomac Company 和波托马克公司, 219; and Potomac waterway 和波托马克水道, 228–229, 230, 231; and presidential election of 1796 和 1796 年的总统选举, 278; properties ransacked by British 被英国人洗劫的财产, 206, 261–262; property taxes of 的财产税, 260; salary as diplomat 作为外交官的薪水, 260; and Second Continental Congress 和第二届大陆会议, 152; secretary of state appointment 国务卿的任命, 259–260, 262, 275; and Shays's Rebellion 和谢斯起义, 239; slaves held by 由······拥有的奴隶, 158, 269, 271; and standing committee of correspondence 和常设通讯委员会, 113; and states' rights 和州权, 266; and sugar imports 和糖进口, 271–272; *A Summary View of the Rights of British North America*《英属北美权利概述》, 159; and support for Continental armies 和对大陆军的支持, 198; trip to New England with Madison 与麦迪逊前往新英格兰的旅行, 267–273; Virginia's inability to reimburse 弗吉尼亚无力偿还, 213; and Washington 和华盛顿, 230; and western land claims 和对西部土地的所有权, 179, 180

Johnson, Sir William 威廉·约翰逊爵士, 81, 96, 97

Johnson, Thomas 托马斯·约翰逊, 229

Johnson, William Samuel 威廉·塞缪尔·约翰逊, 101, 251

"Join, or Die" political cartoon "联合，或死亡"政治漫画, 31

judicial review, principle of 司法审查的原则, 216–217

judicial system, federal 联邦司法体系, 166, 217

Jumonville, Joseph Coulon de Villiers, Sieur de 约瑟夫·库隆·德·维利尔斯, 29, 42

Knox, Henry 亨利·诺克斯, 1, 209, 236–237, 259, 274

Knox, John 约翰·诺克斯, 160

Lafayette, Marquis de 拉法耶特侯爵, 218–219

Lake Champlain 尚普兰湖, 35, 138, 143, 180, 272

La Luzerne, Chevalier de 拉·卢泽恩骑士, 189, 207

land 土地: federal tax on 联邦税, 280; as payment for military service 作为军队服役的报酬, 88, 95, 178, 179, 211; and Quebec Act (1774) 和《魁北克法》(1774 年),

219, 226, 228–229, 230, 231, 233; and ratification of Constitution 和宪法的批准 , 257; and Shays's Rebellion 和谢斯起义 , 237; and soldiers' back pay 和拖欠士兵的军饷 , 210; on state of treasury 关于财政状况 , 210; and states' rights 和州权 , 266; at Third Continental Congress 在第三届大陆会议上 , 199–200

Maier, Pauline 波琳·梅尔 , 159

maple syrup industry 枫糖浆工业 , 271–272

Marshall, John 约翰·马歇尔 , 281

Martin, Luther 路德·马丁 , 244

Maryland 马里兰 : and Articles of Confederation 和《邦联条例》, 166, 179, 180; and Potomac waterway 和波托马克水道 , 227, 229, 230, 231, 232; and ratification of Constitution 和宪法的批准 , 257; and slave trade 和奴隶贸易 , 161; and Virginia's claims to western lands 和弗吉尼亚对西部土地的所有权 , 179, 223; and Washington, D.C. 和华盛顿特区 , 265; western boundary of 的西部边界 , 178

Mason, George 乔治·梅森 , 125, 253

Massachusetts 马萨诸塞 : and Battle of Bunker Hill 和邦克山战役 , 145; borders of 的边界 , 178; British bombardment of Falmouth 英国人对法尔茅斯的轰炸 , 148; and Coercive Acts (1774) 和强制性法案（1774 年）, 121, 127; and customs duties 和关税 , 222; early fighting in 在……的早期战斗 , 135; and Franklin's stipend 和富兰克林的津贴 , 157; qualifications for public office in 在……担任公职的资格 , 246–247; and Quebec Act (1774) 和《魁北克法》（1774 年）, 122; and ratification of Constitution 和宪法的批准 , 257; recruitment of soldiers 招募士兵 , 177–178; and salaries of executive and judiciary 和文职官员和法官的薪水 , 112, 116; and Shays's Rebellion 和谢斯起义 , 235–239, 240; ship raids in 在……的船只突袭 , 74–75; and standing committee of correspondence 和常设通讯委员会 , 113; and Suffolk Resolves 和《沙福克决议》, 123

McDonald, Forrest 福里斯特·麦克唐纳 , 254

McDougall, Alexander 亚历山大·麦克杜格尔 , 209, 210

Mercer, George 乔治·默瑟 , 45, 62, 244

Mercer, John Francis 约翰·弗朗西斯·默瑟 , 244

merchants 商人 : accused of market manipulation 被指控操纵市场 , 196; attacked by militia members 遭到民兵的攻击 , 196–197; blamed for shortages 因短缺遭到指责 , 196; credit extended by 由……提供的信贷 , 88, 147, 225; as delegates at Constitutional

Convention 作为制宪会议代表, 242, 243, 244; and forestalling practices 和"抢先"的做法, 196; George III's response to 乔治三世对于……的回应, 133; high-interest loans to farmers 向农场主发放的高利贷, 235; and payment in gold/silver 和用金／银支付, 261; planters' debts to British 种植园主欠英国人的债务, 225; and postwar depression 和战后萧条, 225; prewar debts to 战前债务, 214; price controls protested by 遭到……抗议的价格控制, 196; privateers' capture of ships 私掠船俘获船只, 280–281; and profits in wartime 和战时利润, 195; reluctance to accept currency 不愿接受货币, 196, 214, 261; suing to collect debts 起诉讨债, 225; Washington's criticisms of 华盛顿对……的批评, 195

Middleton, Henry 亨利·米德尔顿, 161

Mifflin, Thomas 托马斯·米夫林, 196

Military Adventurers Companies 军事冒险家公司, 246

Mingo 明戈, 40

Mississippi Land Company 密西西比土地公司, 83, 97–98, 246

molasses 糖浆, 68, 69–70

Molasses Act (1733)《糖浆法》(1733 年), 69, 71, 84

Montgomery, Richard 理查德·蒙哥马利, 153

Moore, Sir Henry 亨利·摩尔爵士, 96

Moravian settlements 摩拉维亚教徒定居点, 49–51

Morris, Gouverneur 古弗尼尔·莫里斯, 245, 247, 258, 284–285

Morris, Mary (wife of financier) 玛丽·莫里斯(金融家的妻子), 284, 285

Morris, Robert Hunter (governor) 罗伯特·亨特·莫里斯(总督), 48–49, 52–53, 54

Morris, Robert (merchant and financier) 罗伯特·莫里斯(商人和金融家): accused of defrauding Congress 被指控诈取国会的钱款, 190–191; accused of market manipulation 被指控操纵市场, 196; on administrative system of U.S. 关于美国的行政体系, 202; authority and influence of 的权威和影响, 174, 190; background of 的背景, 132–133; banks established by 由……建立的银行, 203, 204–205; commissions of 的委托, 170; and Constitutional Convention 和制宪会议, 243, 245, 254–255; and Deane 和迪恩, 168, 189–190, 192; in debtors' prison 在债务人监狱, 282–283, 284–285; and equipment/supplies for army 和为军队提供的装备／补给, 146–148, 203, 284; financial ruin of 的金融破产, 282–285; and foreign trade in America 和美洲的对外贸易, 174; and George III's response to merchants 和乔治三世给商人的回复, 133; Hamilton's advocacy for 汉密尔顿的提议, 203–204; land speculation of 的土地投机, 283, 284; and Paine 和潘恩, 191; and Potomac waterway 和波托马克水道, 231; privateering investments of 的私掠船投资, 173–174, 191; qualifications of 的资格, 203; resignation of 的辞职, 191; sale of vessels to Navy Committee 将船只出售给海军委员会, 172; and Secret Committee on Trade 和秘密贸易委员会, 168, 173, 283; and soldiers' back pay 和拖欠士兵的军饷, 209–210, 211, 212; as superintendent of finance 作为财政总长, 202, 204, 209, 210; and Washington 和华盛顿, 203, 259, 283–284; wealth of 的财富, 202–203, 243n; and western land claims 和对西部土地的所有权, 180

Morris, William 威廉·莫里斯, 283

Mount Vernon 弗农山庄: acquisition of site of 的所在地的获得, 18; British forces at 英国军队在, 205, 219; business ventures at 商业投资在, 281; and death of Lawrence Washington 和劳伦斯·华盛顿的去世, 25; family's relocation to farm 家庭重新安置至农场, 18; fisheries at 渔场在, 124; Georgian-style furnishing of 的乔治风格家具, 20; and marriage to Martha 和与玛莎的婚姻, 60; Martha's move to 玛莎搬至, 64; and nation's capital 和国家的首都, 265; neglected conditions of farm at 在……的农场疏于照看的情况, 63, 227; Potomac waterway talks at 在……举行的波托马克水道会议, 233; and retirement years of Washington 和华盛顿的隐退岁月, 281; Washington's inheritance of 华盛顿对于……的继承, 31; and will of Washington 和华盛顿的遗嘱, 282

Mowat, Henry 亨利·莫瓦特, 148

Napoleonic Wars 拿破仑的战争, 280

national bank 国家银行, 198–199, 265–266

national debt 国家债务, 211, 262, 263

National Gazette (partisan newspaper)《国家公报》(党派报纸), 269, 271, 275

naturalization 归化, 258

Navigation Act (1756)《航海法》(1756 年), 214, 272

Necker, Jacques 雅克·内克尔, 218

neutrality policy/Neutrality Act 中立政策 /《中立法案》, 274, 275, 276, 277, 280

New England 新英格兰: and Boston Port Act (1774) 和《波士顿港口法》(1774 年), 121–122; and British acts of navigation 和英国人的航海法, 68; and Coercive Acts

(1774) 和强制性法案（1774 年），121, 122; and Constitutional Convention 和制宪会议，251; and debate on declaring independence 和关于宣布独立的辩论，154; and economic sanctions against Britain 和针对英国的经济制裁，129; and fisheries/fishing rights 和渔场 / 捕鱼权，121, 132, 198, 208; Gage's perspective on 盖奇关于……的看法，109; and Hancock's business enterprises 和汉考克的商业企业，137; Jefferson and Madison's trip to 杰斐逊和麦迪逊前往……的旅行，267–273; land speculation in 在……的土地投机，95; and legal profession 和法律职业，109; Loyalists' flights from 效忠国王者从……逃离，135; mail service to 邮政服务，12; militia of 的民兵，145, 155, 156; and Navigation Act (1756) 和《航海法》（1756 年），214; preparations for war 为战争做准备，134–135; and protest/resistance movement 和抗议 / 抵抗运动，94, 115, 134; and Quebec Act (1774) 和《魁北克法》（1774 年），122–123, 124; and ships subject to seizures 和遭到扣押的船只，133; and slave trade 和奴隶贸易，161, 162; and smuggling 和走私，70; and sugar/molasses trade 和蔗糖 / 糖浆贸易，68; trade cut off by Parliament 被议会切断的贸易，121–122; and Trumbull 和特兰伯尔，100, 101; and writs of assistance 和搜查令状，75

New England Restraining Act (1775)《新英格兰限制法案》（1775 年），132

New Hampshire 新罕布什尔，178, 257

New Jersey 新泽西，72, 178, 222, 223, 257

New Jersey plan 新泽西方案，247, 249

New Orleans 新奥尔良，207–208

New Wales Company 新威尔士公司，246

New York 纽约：confiscation bill of 的没收法案，217; and customs duties 和关税，222; and Hamilton's abolitionism 和汉密尔顿的废奴主义，249; and Hamilton's signing of Constitution 和汉密尔顿签署宪法，254; Loyalists in 效忠国王者在，214; militia of 的民兵，179; and ratification of Constitution 和宪法的批准，257–258; relinquishment of frontier lands 放弃边境土地，179; Trespass Act of 的《非法侵入法案》，215–216

New York City 纽约市：boycott of British imports 抵制英国进口货物，106; British forces in 英国军队在，167, 174–175, 187, 194; burning of 的烧毁，176; and customs duties 和关税，222; and privateers 和私掠船，67

Nixon, John 约翰·尼克松，205

Norfolk, Virginia 弗吉尼亚诺福克，151–152

Shelburne, Lord 谢尔本勋爵, 81, 97, 207

Sherman, Roger 罗杰·谢尔曼, 154, 167–168

Shirley, William 威廉·雪利, 73

Simpson, Gilbert 吉尔伯特·辛普森, 219

Sinclair, Sir John 约翰·辛克莱爵士, 37

slaves and slave trade 奴隶和奴隶贸易: attempted abolition of 尝试废除, 223–224; and Declaration of Independence 和《独立宣言》, 160–161, 162–163; delegates' ownership of slaves 代表拥有奴隶, 161–162; and Fairfax Resolves 和《费尔法克斯决议》, 126; federal tax on 对……的联邦税, 280; of Franklin 富兰克林的, 162, 242; and Hamilton's abolitionism 和汉密尔顿的废奴主义, 248–249; and Jay Treaty 和《杰伊条约》, 277; and Jefferson's Land Ordinance (1784) 和杰斐逊的《土地法令》（1784 年）, 223–224; and liberty as inherent right 和自由作为与生俱来的权利, 77; and North/South divisions 和北/南划分, 252; and Northwest Ordinance 和《西北法令》, 256; prevalence of slaves in colonies 奴隶遍布殖民地, 161; rumors on alignment with British 与英国人结盟的传言, 149; and three–fifths clause 和 3/5 条款, 251; and trade boycotts 和贸易抵制, 106, 126, 130; and voting rights 和选举权, 258; and Washington 和华盛顿, 100, 161–162, 219, 245, 281–282; and West Indies sugar/molasses trade 和西印度群岛的蔗糖/糖浆贸易, 68

smallpox 天花, 153

smuggling 走私, 70–71, 73–75, 84, 110, 111–112, 115–116。*See also* trade and commerce 另见贸易和商业

Sons of Liberty 自由之子: and Boston Tea Party 和波士顿倾茶事件, 117; customs collector tarred and feathered by 被……涂上沥青并粘上羽毛的海关税收官员, 111; and Hancock 和汉考克, 94; and Hutchinson 和哈钦森, 92, 113; punishment of dissenters 对持异议者的惩罚, 92, 131–132; and statue of King George 和乔治国王的雕像, 167

South Carolina 南卡罗来纳: borders of 的边界, 178; and Boston Port Act 和《波士顿港口法》, 121; British weapons and gunpower seized in 在……夺取的英国武器和火药, 151; and Declaration of Independence 和《独立宣言》, 162; and economic sanctions against Britain 和针对英国的经济制裁, 129–130; qualifications for public office in 在……担任公职的资格, 247; and ratification of Constitution 和宪法的批准, 257; and slave trade 和奴隶贸易, 161

Southern colonies/states 南部殖民地 / 州：and American Prohibitory Act (1775) 和《美洲禁止法案》（1775 年），133; and Constitutional Convention 和制宪会议，251; and Declaration of Independence 和《独立宣言》，162; and economic sanctions against Britain 和针对英国的经济制裁，129; English perceptions of 英国人对于……的看法，66; and federal assumption of state debts 和联邦承担州债务，263, 264; and Hamilton's abolitionism 和汉密尔顿的废奴主义，248-249; and Jay Treaty 和《杰伊条约》，277; and Jefferson's Land Ordinance (1784) 和杰斐逊的《土地法令》（1784 年），224; and location of capital 和首都位置，264; and Stamp Act (1765) 和《印花税法》（1765 年），89; and three-fifths clause 和 3/5 条款，251

Spain 西班牙，12-13, 183, 207-208, 214, 226

Spanish Caribbean islands 西属加勒比群岛，69, 70, 170

squatters 擅自占地者，219-220

Stamp Act (1765)《印花税法》（1765 年），88-91, 100

Stamp Act Congress 印花税法案会议，91-92

stamp commissioners 印花税专员，92

standing committees of correspondence 常设通讯委员会，112-113

Stanhope, Lord 斯坦霍普勋爵，120

state governments/rights 州政府 / 权利，250, 266

St. Clair, Arthur 阿瑟·圣克莱尔，256

Stiles, Ezra 以斯拉·斯泰尔斯，123

Stockton, Richard 理查德·斯托克顿，206

Stone, Thomas 托马斯·斯通，233

Stranger, Allison 埃利森·斯登吉，161

Suffolk Resolves《沙福克决议》，123

sugar 糖，68, 69-70, 271-272

A Summary View of the Rights of British North America (Jefferson)《英属北美权利概述》（杰斐逊），159

Susquehanna Land Company 萨斯奎汉纳土地公司，138, 179, 246

Swift, John 约翰·斯威夫特，111

taxation 税收：and American planters 和美洲种植园主，98; and American Revenue Act

和对英国出口货物征收的关税, 277; and depression following French and Indian War 和法印战争后的萧条, 71–72; and economic sanctions against Britain 和针对英国的经济制裁, 129–130; embargoed by America 遭到美洲禁运, 107, 125, 129–130; embargoed by Britain 遭到英国禁运, 167, 214; and evasion of customs duties 和逃避关税, 68–74; expenses associated with 与……有关的开支, 98–99; and "flags of truce" 和 "休战文书", 68; inferior products imported from Britain 从英国进口的劣质产品, 99; international/foreign trade 国际 / 对外贸易, 134, 224, 225; and limitations placed on westward expansion 和对向西部扩张施加的限制, 82, 83; and Morris 和莫里斯, 174; and Navigation Act (1756) 和《航海法》(1756 年), 214; and Paxton court case 和帕克斯顿诉讼案, 74–79; and postwar depression 和战后萧条, 225; and protest movement 和抗议运动, 88, 92; and Secret Committee on Trade 和秘密贸易委员会, 146–148, 168, 173, 283; and ship seizures 和俘获船只, 74–75, 133; and smuggling 和走私, 70–71, 73–75, 84, 110, 111–112, 115–116; stifled by Britain 遭到英国扼杀, 78, 85, 93–94; tariffs on 对……的关税, 84–85; and Treaty of San Lorenzo (1795) 和《圣洛伦佐条约》(1795 年), 278; and writs of assistance 和搜查令状, 73–78, 85。See also boycotts 另见抵制

Transylvania Company 特兰西法尼亚公司, 246

treasury, postwar status of 战后的财政状况, 213

treaties, international 国际条约, 217, 248, 273–274

Treaty of Easton (1758)《伊斯顿条约》(1758 年), 80

Treaty of Paris (1763)《巴黎条约》(1763 年), 80, 168

Treaty of Paris (1783)《巴黎条约》(1783 年), 198, 206–209, 214, 221, 272, 276

Treaty of San Lorenzo (1795)《圣洛伦佐条约》(1795 年), 278

Trespass Act of New York 纽约的《非法侵入法案》, 215–216

Troup, Robert 罗伯特·特罗普, 270

Trumbull, Jonathan 乔纳森·特兰伯尔: background of 的背景, 100–101; and Britain's sovereignty claims 和英国的主权要求, 100; preparations for war 为战争做准备, 134; and privateering ships 和私掠船, 173; and protest movement 和抗议运动, 101–102; and Susquehanna Land Company 和萨斯奎汉纳土地公司, 138; and western land claims 和对西部土地的所有权, 180

Trumbull family of Connecticut 康涅狄格的特兰伯尔家族, 70

Washington, Bushrod (nephew) 布什罗德·华盛顿（侄子），282

Washington, D.C. 华盛顿特区，265